JU1/ACADEMICO

Hablan de *Esta Extraña y Sagrada Escritura*

"Tengo amigos que lanzan cualquier suerte de afirmaciones raras y respaldan perspectivas extrañas, pero, dado que son mis amigos, no puedo simplemente descartar lo que dicen. Tener amigos que piensan de manera diferente a la mía me permite expandir mi pensamiento y me rescata de las limitaciones de mis persuasiones actuales. Yo les doy el beneficio de la duda cada vez que dicen cosas que se salen de cauce. Matthew Schlimm nos invita a hacer algo parecido en lo relacionado con el Antiguo Testamento. Nos ayuda a escuchar muchas de las aseveraciones tan protuberantes por las que ese texto es conocido y, de la misma manera, comparte con nosotros las observaciones de otras personas que valen la pena conocer y que también son amigas del Antiguo Testamento (e incluso las de otras más que no necesariamente se considerarían ellas mismas tan amigas de ese texto)."

—**John Goldsingay**, Fuller Theological Seminary

"En estos días en que son tantos los que critican y marginan al Antiguo Testamento, Schlimm sostiene que lo que debemos hacer es apreciarlo como un amigo –uno que es, a la vez, extraño, perspicaz, complicado, controversial y realista. No está dispuesto a descartar el Antiguo Testamento ni a su Dios. *Esta extraña y sagrada Escritura* toma entre manos, de manera creativa, las dificultades que tantos problemas les traen a sus intérpretes. Si bien muchas personas pueden distanciarse del autor y de sus afirmaciones, el tono del libro y su presentación invita a sus lectores a participar en una conversación en torno a esta amiga peculiar que llamamos Biblia".

—**M. Daniel Carroll R. (Rodas)**, Denver Seminary

Esta Extraña y Sagrada Escritura

LUCHANDO CON EL ANTIGUO TESTAMENTO
Y TODAS SUS RAREZAS

Matthew Richard Schlimm

Copyright © 2015 by Matthew Richard Schlimm

Esta Extraña y Sagrada Escritura
Luchando con el Antiguo Testamento y todas sus Rarezas
de Matthew Richard Schlimm. 2021, JUANUNO1 Ediciones.

Publicado originalmente en inglés con el título *This Strange and Sacred Scripture*
por Baker Academic, una división de Baker Publishing Group,
Grand Rapids, Michigan, 49516, U.S.A.

ALL RIGHTS RESERVED. | TODOS LOS DERECHOS RESERVADOS.
Published in the United States by JUANUNO1 Ediciones,
an imprint of the JuanUno1 Publishing House, LLC.
Publicado en los Estados Unidos por JUANUNO1 Ediciones,
un sello editorial de JuanUno1 Publishing House, LLC.
www.juanuno1.com

Colección JU1/ACADEMICO

JUANUNO1 EDICIONES, logos and its open books colophon, are registered trademarks of JuanUno1 Publishing House, LLC. / JUANUNO1 EDICIONES, los logotipos y las terminaciones de los libros, son marcas registradas de JuanUno1 Publishing House, LLC.

Library of Congress Cataloging-in-Publication Data
Name: Schlimm, Matthew Richard, author
Esta extraña y sagrada escritura: luchando con el Antiguo Testamento y todas sus Rarezas / Matthew Richard Schlimm.
Published: Miami : JUANUNO1 Ediciones, 2021
Identifiers: LCCN 2021931420
LC record available at https://lccn.loc.gov/2021931420

REL006210 RELIGION / Biblical Studies / Old Testament / General
REL006090 RELIGION / Biblical Criticism & Interpretation / Old Testament
REL006700 RELIGION / Biblical Studies / Bible Study Guides

Paperback ISBN 978-1-63753-006-1
Ebook ISBN 978-1-63753-007-8

Traducción
Alvin Góngora
Nueva Corrección
Tomás Jara
Créditos Portada
Equipo de Media y Redes JuanUno1 Publishing House
Concepto diagramación interior & ebook
Ma. Gabriela Centurión
Director de Publicaciones
Hernán Dalbes

First Edition | Primera Edición
Miami, FL. USA.
Febrero 2021

A
Stephanie Lind Schlimm

En memoria de
Catherine Ann Schlimm

Contenido

Lista de figuras
Prefacio y agradecimientos 11
Abreviaturas 17

1. El Antiguo Testamento: ¿Enemigo, extraño o amigo de la fe cristiana? 19
2. Nuestros momentos fugaces en el Paraíso 33
3. Tinieblas sobre la faz del abismo 51
4. La Biblia: no apta para menores 71
5. Mata todo lo que respire: la violencia en el Antiguo Testamento 91
6. Varón y hembra los creó: el género y el Antiguo Testamento 119
7. ¿Que Dios nos manda hacer *qué*? Leyes extrañas en la Biblia 143
8. ¿Ley grabada en piedra? La naturaleza dinámica de la ley de Dios 163
9. La verdad es polifacética 187
10. Llorando a mares y rabiando con Dios 213
11. Grande y terrible es la ira del Señor 237
12. La autoridad del Antiguo Testamento 259

Apéndice: una traducción literal de Génesis 2:4b-4:16 273

Obras consultadas 281

Figuras

1. Los ríos de Génesis 45
2. Atrahasis 65
3. ¡Más carne! 76
4. El sitio asirio 92
5. *Detroit Industry, South Wall* 196
6. Los cuernos de Moisés 264

Prefacio y agradecimientos

Es difícil afincarse en un terreno medio. Intenta, por ejemplo, caminar por el filo agudo de una montaña.

En este libro procuro encontrar y quedarme en una zona intermedia al abordar los problemas del Antiguo Testamento. No es nada fácil. Por una parte, busco afirmar el estatus sagrado del texto, así como la iglesia lo ha hecho durante siglos. Me niego a abdicar a la Biblia sin importar lo problemático que pueda resultar. El Antiguo Testamento ha sido mi amigo desde mi infancia y, tal como sucede con cualquier buen amigo, hay compromisos que persisten en medio de todas las dificultades.

Por otra parte, también he buscado ser totalmente honesto en cuanto a los asuntos perturbadores que los lectores y las lectoras pueden encontrar en el Antiguo Testamento. Les huyo a las soluciones fáciles que les faltan al respeto a las reacciones honestas de quienes leen la Biblia. No abandono el sentido que Dios me ha dado para discernir entre lo correcto y lo equivocado como para ir y validar pecados como la violencia y el sexismo en Su nombre.

Es fácil deslizarse de lo alto de una montaña, rodar ladera abajo y sufrir una lesión o la misma muerte. De manera similar, es fácil renunciar al Antiguo Testamento o insistir en que la gente acepte todo lo que la Biblia dice en un acto de fe ciega. Con todo, cualquier opción que se tome tiene sus riesgos: si rechazamos el Antiguo Testamento, nuestra fe resulta lesionada al negársele todas las riquezas que allí se esconden. Si lo aceptamos ciegamente y de manera simple, es nuestra conciencia la que va a sufrir lesiones serias.

Es solo desde lo alto de la cumbre que podemos contemplar la belleza en cualquier dirección. Este libro trata de encontrar la belleza del Antiguo Testamento incluso allí donde nos las tenemos que ver con temas difíciles.

Este es un libro escrito por gente cristiana para gente cristiana. Hay ocasiones en que un académico se ve en la necesidad de dirigirse a un público más amplio. Sin embargo, hay igualmente momentos en los que un académico tiene cosas importantes para compartir con su comunidad de fe.

Mi intención es escribir de una manera que invite a la conversación y en un estilo que haga de este libro un texto legible tanto para estudiantes universitarios como para la gente en la congregación interesada en el tema. Al mismo tiempo, me propongo abordar estos asuntos de manera inteligente al punto tal que este libro sea de provecho para estudiantes de seminario y, por qué no, incluso para académicos.

El presente libro busca responder esas preguntas que naturalmente aparecen cuando la gente cristiana de hoy abre el Antiguo Testamento. Personalmente, no me ocupo de algunas de las cuestiones que llaman la atención del estudio académico (por ejemplo, cuántas capas de edición hay sobre los diferentes libros de la Biblia). La investigación bíblica académica cuenta con recursos para responder esos asuntos que los cristianos con frecuencia plantean en torno al Antiguo Testamento. Sin embargo, me valgo de esos recursos. Las personas que leen con el ánimo de indagar a mayor profundidad bien pueden fijarse en las notas al pie de página y en las secciones tituladas "Para un estudio posterior" que se encuentran al final de cada capítulo. El sitio www.MatthewSchlimm.com ofrece otros recursos adicionales.

Con todo y esas limitaciones, este libro dista mucho de ser exhaustivo. No me enfoco en los sucesos extraños que ocurren en la Biblia tan solo una vez, como por ejemplo los eventos espeluznantes de Éxodo 4:24-26 o el relato de *Nefilim* que se encuentra en Génesis 6:1-4 (aunque el nombre de uno de mis equipos de fútbol de la liga NFL de fantasía es "Nefilim"). No tengo el espacio para explorar asuntos como la elección (por qué parece que Dios tuviera favoritos) o la manera en la que el Antiguo Testamento se relaciona con el Nuevo. Es mucho lo que se podría decir de los temas que aquí abordo de manera sucinta, como los salmos imprecatorios. Es posible que algunos textos que podrían surgir en el futuro se ocupen de esos tópicos.

Una palabra acerca de los términos "Antiguo Testamento"

Puede parecer extraño que en un libro que afirma el valor del Antiguo Testamento yo haya optado por llamarlo *Antiguo Testamento*. Ese título es problemático, y algunos han propuesto que, antes bien, nos refiramos a los primeros 39 libros de la Biblia protestante ya sea como la *Biblia Hebrea* o como el *Primer Testamento*.[1]

Hay buenas razones para preferir esos títulos alternativos. A estas alturas del partido, "antiguo" significa con frecuencia "inferior". Nadie se jacta de decir "yo hago todo mi trabajo en un computador realmente viejo". Busca, nada más, las palabras "antiguo" y "viejo" en un diccionario y, con toda seguridad, vas a dar con connotaciones supremamente negativas: *pasado de moda, obsoleto, arcaico, senil, decrépito, dilapidado, descolorido, aburrido, endeble, débil, remoto, pasado, extinguido, superado, reemplazable* y *en vía de extinción*.[2] No puede ser en absoluto un retrato atractivo.

Infortunadamente, sustitutos como la *Biblia Hebrea* y el *Primer Testamento* tienen también sus problemas. Algunas partes del Antiguo Testamento fueron escritas originalmente en arameo, no en hebreo, así que llamarlo *Biblia Hebrea* es inexacto, en el mejor de los casos. Además, ese título no es relevante para la gran mayoría de cristianos de hoy, que leen una traducción antes que el original en hebreo. Algunos intérpretes judíos han incluso descubierto que el nombre Biblia *Hebrea* es más problemático que *Antiguo Testamento*. (Ver "Una perspectiva judía del título 'Antiguo Testamento'").

> **Una perspectiva judía del título "Antiguo Testamento"**
>
> "Al menos para los seminarios y las iglesias cristianos, el término *Antiguo Testamento* no es solamente apropiado, sino también deseable. Yo insisto, además, que términos como *Biblia Hebrea* [...] sirven a la postre para borrar el judaísmo (se habla de "judíos", no de "hebreos") o para negarles a los cristianos parte de su propio canon... El término supuestamente 'neutral' no es más que uno que puntualiza la hegemonía protestante".
>
> Amy-Jill Levine, "Jewish-Christians Relations", 297

El título *Primer Testamento*, por su parte, carece de reconocimiento. Hay un antecedente bíblico (Heb. 8-9), pero en vista de que muy pocos lo usan, se presta a confusiones. Quienes nunca antes han oído el concepto

---

1 Para ensayos sobre este y otros tópicos relacionados, ver Brooks y Collins (eds.), *Hebrew Bible or Old Testament?*; Knowles *et al.* (eds.), *Contesting Texts*; Bells y Kaminsky (eds), *Christians, and the Theology of the Hebrew Scriptures.*

2 https://dle.rae.es/ (Consultado el 18 de noviembre de 2020. Nota del traductor).

podrían asumir que se refiere a algo correspondiente a una esfera por fuera de las Biblias protestante y católica, algo así como el *Libro de Mormón* con el subtítulo *El otro testamento de Jesucristo*.

En últimas, me he decidido por conservar el nombre *Antiguo Testamento* porque, con todo y sus problemas, los cristianos tienden a saber lo que quiero decir cuando lo uso. El nombre no describe a cabalidad aquello a lo que se refiere (si bien el Antiguo Testamento es viejo, es un texto que habla de manera novedosa a las comunidades de fe de hoy). Es importante recordar que los nombres rara vez le hacen justicia a las complejidades de lo que describen. Mi apellido, por ejemplo, es una palabra alemana que significa *malo, terrible, grave, irritado, mal* y *altivo*.[3] No tengo la menor idea de lo que mis antepasados pudieron haber hecho para merecer ese nombre. Espero, eso sí, que cuando alguna persona germanohablante me conozca, pueda admitir, al menos, que el significado de mi apellido no es la mejor descripción de lo que soy. De manera similar, el rótulo "Antiguo Testamento" no describe el contenido de ese libro de manera precisa. Con todo, aún podemos usar esas palabras por conveniencia, así como cualquiera puede saludarme pronunciando mi apellido.

Agradecimientos

No podría haber escrito este libro sin una comunidad de apoyo. Primero, y ante todo, agradezco al rector y a los miembros de la junta directiva de la Universidad de Dubuque. Su respaldo generoso para mí como académico me permitió terminar este libro rápidamente. Agradezco de manera especial el sabático que me concedieron en la primavera de 2012 y por la beca de Investigación en Renovación de la Iglesia Joseph y Linda Chlapaty con la que me honraron en el año académico 2012-2013. El Seminario Teológico de la Universidad de Dubuque es un lugar maravilloso en el que desarrollamos una tarea fenomenal de formación de pastores para el ministerio.

Además, me siento profundamente agradecido con muchas personas que leyeron algunos borradores de este libro (incluso secciones enteras) y me ofrecieron sus comentarios que fueron de importancia vital: John Goldingsay, Amy Frykholm, Caleb Schultz, Elmer Colyer, Jacob Stromberg,

---

[3] https://es.pons.com/traducci%C3%B3n/alem%C3%A1n-espa%C3%B1ol/schlimm. (Consultado el 18 de noviembre de 2020. Nota del traductor).

Amanda Benckhuysen, Margaret Jumonville, Stephanie Schlimm, David McNitzky, David Stark y las clases de educación cristiana de la Iglesia Unida Metodista Alamo Heights (San Antonio, Texas) y la Iglesia Unida Metodista Highland (Raleigh, Carolina del Norte). Gracias igualmente a mis confiables asistentes de investigación John Emery, Stephen Cort y Julius Sheppard.

Por último, agradezco a mi familia: Roger, Ruth, Ann, John, David, G & G, Gram, Amanda, Mamá y Papá. Agradezco de manera especial a mi maravillosa esposa, Stephanie, y a nuestros hijos Isaiah y Anna. Ellos me hacen sonreír más de lo que jamás podría imaginar.

Abreviaturas

General

ABD	*Anchor Bible Dictionary.* Editado por D. N. Freedman. 6 vols. New York: Doubleday, 1992	NLT	New Living Translation
a. e. c	Antes de la Era Común	NRSV	New Revised Standard Version
AEL	*Ancient Egyptian Literature.* Editado por Miriam Lichtheim. 2ª ed. 3 vols. University of California Press, 2006.	*Gen. litt.*	*De Genesi ad litteram,* De Génesis interpretado literalmente
alt.	alterado	KJV	Versión bíblica del rey Santiago
ANF	*The Ante-Nicene Fathers.* Editado por Alexander Roberts y James Donaldson. 1885-87. 10 vols. Reimpresión. Peabody, MA: Hendrickson, 1994.	LCL	Biblioteca Clásica Loeb
AT	Antiguo Testamento	n.	nota, nota a pie de página, nota al final
BDAG	Bauer, W. F. W. Danker, W. F. Arndt y F. W. Gingrich. *Greek-English Lexicon of the New Testament and Other Early Christian Literature.* 3ª ed. Chicago University of Chicago Press, 2000.	NASB	New American Standard Bible
BIC	Biblia Inglesa Común	NT	Nuevo Testamento
e. c.	Era Común	OTP	*Old Testament Pseudepigrapha.* Editado por J. H. Charlesworth. 2 vols. Peabody, MA: Hendrickson, 1983-85.
Cap(s).	capítulo(s)	TDNT	*Theological Dictionary of the New Testament.* Editado por G. Kittel y G. Friedrich. Trad. Por G. W. Bromiley. 10 vols. Grand Rapids: Eerdmans, 1964-76.

COS	*The Context of Scripture.* Editado por W. W. Hallo. 3 vols. Leiden: Brill, 1997-2003.	TDOT	*Theological Dictionary of the Old Testament.* Editado por G. J. Botterweck y H. Ringgren. Trad. Por J. T. Willis, G. W. Bromiley y D. F. Green. 15 vols. Grand Rapids: Eerdmans, 1974-1995.		
NJPS	*The Tanakh: The Holy Scriptures; The New JPS Translation according to the Traditional Hebrew Text*	x	(número de veces en los que ocurre un término).		

Antiguo Testamento

Génesis	Gen.	Nehemías	Neh.	Oseas	Os.
Éxodo	Éx.	Ester	Est.	Joel	Jl.
Levítico	Lev.	Job	Job	Amós	Am.
Números	Núm.	Salmos	Sal.	Abdías	Abd.
Deuteronomio	Dt.	Proverbios	Pr.	Jonás	Jon.
Josué	Jos.	Eclesiastés	Ecl.	Miqueas	Miq.
Jueces	Jue.	Cantares	Can.	Nahum	Nah.
Rut	Rt.	Isaías	Is.	Habacuc	Hab.
1-2 Samuel	1-2 Sam.	Jeremías	Jer.	Sofonías	Sof.
1-2 Reyes	1-2 Re.	Lamentaciones	Lam.	Hageo	Hag.
1-2 Crónicas	1-2 Cr.	Ezequiel	Ez.	Zacarías	Zac.
Esdras	Esd.	Daniel	Dan.	Malaquías	Mal.

Nuevo Testamento

Mateo	Mt.	1-2 Tesalonicenses	1-2 Tes.
Marcos	Mr.	1-2 Timoteo	1-2 Tim.
Lucas	Lc.	Tito	Tit.
Juan	Jn.	Filemón	Fil.
Hechos	Hch.	Hebreos	Heb.
Romanos	Rom.	Santiago	Stg.
1-2 Corintios	1-2 Cor.	1-2 Pedro	1-2 Pe.
Gálatas	Gal.	1-3 Juan	1-3 Jn.
Efesios	Ef.	Judas	Jud.
Filipenses	Flp.	Apocalipsis	Apc.
Colosenses	Col.		

1

El Antiguo Testamento: ¿enemigo, extraño o amigo de la fe cristiana?

Hay una tensión profunda justo en el corazón de la fe cristiana. Por una parte, la iglesia afirma la naturaleza sagrada del Antiguo Testamento. Lo reconocemos como Palabra de Dios. Ocupa tres cuartas partes de nuestras Biblias.

Sin embargo, el Antiguo Testamento es totalmente extraño. Es lo último que esperaríamos oír como palabra de Dios. Sigue siendo foráneo, aun cuando esté escrito en castellano. Está lleno de historias, leyes y poesía extrañas (Ver "Extraño, desconocido y sorprendente").

Desde el principio, quienes lo leen encuentran un discurso sobre los orígenes del cosmos que nada tiene que ver con los descubrimientos científicos.

Como si semejante obstáculo no fuese suficiente, los capítulos restantes nos muestran a las figuras legendarias de nuestra fe involucradas en todo tipo de conductas sórdidas. David, el rey por antonomasia de Israel, es en realidad el más sombrío de los políticos —uno que hace asesinar a su amigo después de dormir con la esposa de este.

Incluso si llegamos a tragarnos el libertinaje de los personajes del Antiguo Testamento, nos espera otra serie de desafíos cuando nos enfrentamos a su violencia. Prácticamente cada libro veterotestamentario habla de guerras. No las podemos evitar. Quizás lo más perturbador aún es que a veces Dios les ordena a los israelitas que maten todo lo que respira. ¿Por qué la iglesia ha conservado estos escritos en sus Biblias?

O, si nos fijamos en otro problema igualmente notorio, ¿por qué el Antiguo Testamento les presta tan poca atención a las mujeres? ¿Por qué algunos textos las subvaloran? Es obvio que el Antiguo Testamento proviene de una cultura con prejuicios a favor de los varones; pero

¿podemos decir algo positivo sobre la Biblia y las mujeres?

La peculiaridad de la Biblia se hace evidente en los códigos legales. ¿Qué hacemos con esas listas interminables de leyes y reglamentos? ¿Cómo puede alguien tenerlas todas presentes? ¿Por qué alguien querría hacerlo? ¿Por qué esas leyes ordenan cosas tan raras como sacrificar animales en el lugar de culto? ¿Por qué el Antiguo Testamento prohíbe comer cerdo (incluido el jamón), pero después permite comer langostas?

Cuando quienes lo leen pasan un buen tiempo con el Antiguo Testamento empiezan a observar que uno de sus textos dice algo totalmente contrario de lo que dice en otro lugar. Para dar uno de muchos ejemplos posibles: algunos pasajes afirman que la gente recibe en vida lo que se merece (Dt. 28), mientras otros muestran una certeza de que el malvado prospera mientras el justo sufre (Ecl. 8:14). ¿Cuál pasaje está en lo cierto? ¿Qué hacemos frente a las contradicciones del Antiguo Testamento?

Las oraciones que encontramos en el Antiguo Testamento constituyen otra de sus singularidades extrañas. En lugar de calmarse, al orar la gente muestra lo peor de su enojo hacia Dios. La gente grita de rabia a su Creador, le lanza insultos, cuestionan las decisiones divinas, demandan que Dios se ponga a trabajar. ¿Quiénes se atreven a hablar con tal animosidad a quien los hizo?

Y más preocupantes aún son los textos donde Dios habla con poca delicadeza contra Israel. Para mucha gente, la del Antiguo Testamento

Extraño, desconocido y sorprendente

"Hay algo muy extraño en las historias bíblicas —algo que no podemos reducir a la categoría de nuestras experiencias; algo que no puede ser domesticado en nuestro mundo. La historia bíblica tiene una dimensión ofensiva, 'escandalosa'".
Bernhard W. Anderson, *Living Word of the Bible*, 82.

"Puesto que la Biblia es, como confesamos, 'la palabra viva del Dios viviente', no se va a someter de ningún modo complaciente a los relatos que elegimos hacer sobre ella. Hay algo intrínsecamente desconocido sobre el libro y, cuando tratamos de sobreponernos a dicha extrañeza, nos encontramos en el campo peligroso de la idolatría".
Walter Brueggemann, en Walter Brueggemann, William C. Placher y Brian K. Blount, *Struggling with Scripture*, 5.

"Cada parte de la Biblia es, en esencia, sorprendente".
Ellen F. Davis, *Wondrous Depth: Preaching the Old Testament*, 4.

es una divinidad cruel, vengativa y destructiva. Esa gente ve muy poca semejanza entre esa divinidad airada y la perdonadora del Nuevo Testamento.

El Antiguo Testamento realmente es una Escritura extraña (ver "Si nosotros hubiéramos escrito la Biblia").

> #### Si nosotros hubiéramos escrito la Biblia
> Si Dios nos hubiera puesto a cualquiera de nosotras, a alguno de nosotros, a escribir las Escrituras para las miles de millones de generaciones futuras de creyentes, seguramente hubiéramos hecho algo muy distinto. Contaríamos los orígenes del mundo teniendo en cuenta los últimos descubrimientos científicos. Nuestros personajes evitarían el mal usando elementos graciosos para inspirar a otros a hacer lo mismo. La violencia pasaría a un plano más lejano mientras la paz llovería por doquier. Los varones y las mujeres seríamos tratados como iguales, sin desigualdades insensatas. La legislación no divagaría ni tampoco ordenaría hacer cosas tan extrañas. Eliminaríamos toda contradicción antes de mandar el texto a imprenta. Las oraciones serían hermosas y el amor de Dios sería siempre evidente.
> Sin embargo, Dios no nos dio la tarea de hacer las Escrituras. Así que, ¿qué hacemos con el Antiguo Testamento, tan diferente de lo que nos imaginamos que debe ser la palabra de Dios?

El Antiguo Testamento como enemigo: Marción y su prole

Ante tantas características preocupantes, mucha gente ha optado por negarle al Antiguo Testamento su carácter sagrado. Unos cien años después de la muerte de Jesús, un líder influyente llamado Marción hizo justamente eso. Marción creía firmemente que el Dios iracundo del Antiguo Testamento no podía ser a la vez el Dios amoroso revelado en Jesucristo.[1]

Aunque la iglesia de Roma lo expulsó en el año 144 e. c., sus ideas se extendieron rápidamente. Algunos historiadores calculan que para el 170 e. c. había más marcionistas que opositores a Marción.[2]

Con el correr del tiempo, líderes eclesiásticos como Ireneo y Tertuliano

---

1 Ver Tertuliano, *Against Marcion* 1.25-26, (*ANF* 3, 290-293); Moll, *The Arch-Heretic Marcion*, 47-64, esp. 54, 59, 62-64. Uso el rótulo "Antiguo Testamento [AT]" por conveniencia, no porque Marción lo utilizara.
2 Clabeaux, "Marcion", *ABD* 4, 514-515.

atacaron el pensamiento marcionista mostrando, entre otros hechos, que Jesús mismo no había venido a destruir el Antiguo Testamento (Mt. 5:17).[3] Con el tiempo, el movimiento de Marción fue perdiendo popularidad. Sin embargo, aunque muchos detalles de su pensamiento se han desvanecido, su impulso básico de devaluar el Antiguo Testamento persiste.

Para identificar un ejemplo extremo, en el siglo XVIII, el filósofo británico Thomas Morgan proclamó con odio que los autores del Antiguo Testamento eran "un Pueblo milagrosamente estúpido, siempre inspirado y poseído por el Espíritu del Diablo".[4] Abundan más ejemplos, especialmente en las décadas previas al Holocausto, cuando muchos académicos alemanes hablaban en términos comparables. Ellos invitaban a retomar los ideales de Marción y ridiculizaban los contenidos del Antiguo Testamento. (Ver "Preparando el camino al nazismo").

Preparando el camino para el nazismo

En las últimas décadas del siglo XIX y primeras del XX, muchos pensadores prominentes en Alemania le restaron valor al Antiguo Testamento. Tanto el teólogo Friedrich Schleiermacher como el historiador de la iglesia Adolf von Harnack expresaron sus grandes simpatías por Marción.[a] En el campo bíblico, el famoso especialista en el Antiguo Testamento, Friedrich Delitzsch enfatizó que "El Antiguo Testamento está lleno de todo tipo de engaños".[b] Entretanto, el mundialmente conocido especialista en el Nuevo Testamento, Rudolf Bultmann, escribía: "Para el mundo cristiano, el Antiguo Testamento no es palabra de Dios en el verdadero sentido".[c] No es difícil imaginarse cómo tales afirmaciones le sirvieron a una sociedad deseosa de perseguir a la población judía.

a. Schleiermacher, *Christian Faith*, 608-611; Harnack, Marcion: *Marcion*, esp. 134, 137-138, 142-143.
b. Friedrich Delitzsch, *Die grosse Täuschung*, 2. 52 (traducido al inglés por Kraeling, *The Old Testament*, 158).
c. Rudolf Bultmann, "*Significance of the Old Testament*", 32; ver también 34-35. Sobre este tópico, ver más en S. Heschel, *Aryan Jesus*.

---

3 Ireneo se enfrenta a Marción en *Against Heresies*, por ejemplo en 1.27; 3.4; 3.12.12; 3.25.3; 4.27-32 (*ANF* 1, 309-567, por ej., 352, 417, 434-435, 459, 498-506). Tertuliano se enfrenta a Marción en *Against Marcion*, (*ANF* 3: 269-475), esp. 7.7 (*ANF* 3: 352). Ver la discusión de estas y otras obras antiguas en Moll, *Arch- Heretic Marcion*, 48-54.
4 Morgan, *Moral Philosopher*, 2:71.

El Antiguo Testamento como extraño: la iglesia hoy

Hoy son muy pocos los cristianos y cristianas que pueden querer llegar tan lejos como Marción o el nazismo. Sin embargo, el Antiguo Testamento es tan extraño que les resulta mucho más sencillo ignorarlo que enfrentarse a todos los desafíos que les presenta. En otras palabras, no nos oponemos abiertamente al Antiguo Testamento, pero tampoco nos molestamos mucho en enfatizar su importancia. Podemos reconocer su utilidad para comprender el trasfondo judío de Jesús o de Pablo, pero solemos concentrarnos en el Nuevo Testamento. Tratamos al Antiguo Testamento no tanto como a un enemigo, sino más bien como a un extraño, alguien a quien llamamos amigo, pero que en realidad conocemos superficialmente (ver "La situación actual").

La situación actual

"Sería más correcto hablar no de un rechazo, sino de una apatía hacia el Antiguo Testamento, un sentimiento de que no importa tanto; una sensación de que, aunque sin duda se pueden esgrimir argumentos sobre su importancia, todo el asunto sigue siendo remoto y carente de inmediatez".

James Barr, "New Crisis", 29.

"Pocos cristianos hoy adoptarían una perspectiva tan negativa del Antiguo Testamento como las extremas de Marción, Harnack o el régimen nazi. Sin embargo, no se necesita descanonizar oficial y explícitamente el Antiguo Testamento para lograr el mismo efecto".

J. J. M. Roberts, "Old Testament for the Church", 18.

Muchas iglesias, por lo tanto, no tienen prácticamente nada que hacer con el Antiguo Testamento durante el culto dominical. Algunas congregaciones directamente evitan su lectura, mientras que otras leen un párrafo del Antiguo Testamento pero siempre predican a partir del Nuevo.[5]

Mi impresión *no* es que estas iglesias odian el Antiguo Testamento. En realidad, la gente en esas congregaciones tienen una conciencia aguda de que este les plantea asuntos espinosos. Reconocen que esos temas son demasiado complejos como para tratarlos en medio de un culto. Saben también que, a menudo, la gente se siente estúpida al no entender lo que dice la Biblia, como si fuera su culpa no saber qué es lo que pasa en esos

---

5 R. Hays, "Can the Gospels Teach Us?", 405.

textos. Entonces, es más sencillo dejar de lado el Antiguo Testamento, tratarlo como a alguien extraño, antes que poner toda la atención en ese extranjero.

El Antiguo Testamento como amigo en la fe

La desventaja de ignorar el Antiguo Testamento es que les prestamos oídos sordos a todas las cosas increíbles que Dios tiene para decirnos a través de ese texto. Durante miles de años, lectoras y lectores, tanto judíos como cristianos, han atesorado las palabras de estas Escrituras. Gente de todo el mundo y de diferentes eras ha afirmado con audacia que experimenta la presencia de la única y verdadera divinidad al leer y estudiar el increíblemente raro Antiguo Testamento.

En este libro sostengo que, aun enfrentando preguntas que nos causan perplejidad, podemos ver el Antiguo Testamento como un amigo en la fe.[6] Esta idea, sin embargo, necesita ser expuesta con más detenimiento. ¿Cómo puede el Antiguo Testamento, o cualquier otro libro, servirnos como amigo? Hay una historieta de Calvin y Hobbes en la que Calvin espera el bus escolar junto con la buena de Susie Derkins, su vecina y compañera de clase. Manual escolar en mano, ella dice: "¡Me encantan mis libros! Solo piénsalo: ¡muy pronto nos habremos leído todo esto!". En el siguiente cuadro, continúa: "Me encanta leer antes de clase para saber qué es lo próximo que vamos a aprender. ¡Es tan interesante aprender! Tener un libro es como tener una buena amiga".

Entonces Calvin levanta su propio manual, en el que se ve que ha pasado una considerable cantidad de tiempo garabateándolo, y contesta: "Si hojeas *mi* libro, ¡un T. Rex animado maneja el Batimóvil y explota!".

La historieta finaliza con Susie mirando con expresión vacía al espacio y pensando "a veces me parece que los únicos amigos que valen la pena son los libros".[7]

Esta idea de *amistades literarias* ha circulado por siglos. En el Renacimiento italiano, Nicolás Maquiavelo describió su amistad con sus libros. Luego de sufrir prisiones y torturas, pasó por el exilio. Transcurrió los días

---

[6] Hay una vasta bibliografía que lidia con las cuestiones que plantea el Antiguo Testamento. Dos ejemplos recientes son Lamb, *God Behaving Badly*; Copan, *Is God a Moral Monster?* Una diferencia fundamental entre estos libros y el mío es mi énfasis en ver el AT como un amigo en la fe.
[7] Watterson, *There's Treasure Everywhere*, 25.

como granjero y en sus noches leía libros impresionantes. Es así como nos habla de su experiencia:

> *Me quito mi ropa de trabajo llena de polvillo y barro, y me pongo un ropaje real, luzco unas galas sacerdotales. Vestido así, de manera apropiada, entro a los atrios de los hombres de la antigüedad donde, recibido con calidez, me alimento de lo que es mi única comida y que fue preparada para mí. No me avergüenza hablar con ellos ni preguntarles las razones de sus acciones y ellos, dada su humanidad, me contestan. Pueden pasar cuatro horas sin que sienta cansancio; olvidadas mis penas, no temo pobreza ni muerte. Me entrego totalmente a ellas.*[8]

La sensación de Maquiavelo de que los libros puedan ser buena compañía se ha hecho muy común en nuestros días. El gran crítico literario Wayne Booth dice que las amistades literarias ofrecen "amores de un tipo que hacen que la vida juntos valga totalmente la pena".[9] (Ver "Los libros nos importan").

El corazón de este libro es la idea básica de que EL ANTIGUO TESTAMENTO ES NUESTRO AMIGO EN LA FE.[10] A medida que nos familiarizamos con sus personajes, sus autores y sus autoras, nos metemos en sus mundos. Personajes, autores y autoras nos enseñan sobre las dificultades de una vida moral, las maravillas del culto y las añoranzas de una divinidad que creó el universo. Al abrazar el Antiguo Testamento, abrazamos su Dios. A medida que nos acercamos al Antiguo Testamento, nos acercamos al Dios que se apareció en la tienda de Abraham y de Sara, la divinidad que escuchó las oraciones desesperadas de Ana, el Dios que se puso del lado de Daniel en tierra extranjera.

"Sin amigos", escribió Aristóteles, "los individuos no elegirían vivir

> LOS LIBROS NOS IMPORTAN
> "A la gente le importan los libros que lee, y lo que les importa los cambia —ya sea mientras leen, ya sea en múltiples formas posteriores, que son más difíciles de discernir".
> Martha Nussbaum, *El conocimiento del amor*, 231

---

8 Citado en Marriott, "Biographical Note: Nicolò Machiavelli 1469-1527", en *The Prince*, x.
9 Booth, *Company We Keep*; cap. 6, esp. 174.
10 Mi mentora, Ellen F. Davis, explica cómo puede ser el AT un amigo en la fe en "Losing a Friend", 83-94; ver Lancaster, *Women and the Authority of Scripture*, 169.

aun si poseyeran todos los demás bienes".[11] Hay muchas razones para que Aristóteles pensara tan positivamente de la amistad y cada una de ellas puede ayudarnos a ver el Antiguo Testamento como a un amigo en la fe.

Primero, la amistad disipa la soledad. Hoy, muchas personas cristianas se sienten muy solas. La cultura secular en la que vivimos nos enseña a vivir como si Dios no existiese, así que necesitamos tener gente a nuestro alrededor que nos asegure que no estamos locos por creer en él. Necesitamos amigas y amigos que admiren en lugar de que cuestionen el sacrificio personal. Eso es precisamente lo que nos enseña el Antiguo Testamento. Nos recuerda que la gente de fe no está sola, sino rodeada por una gran nube de testigos, como dice Hebreos 12:1, una comunidad de héroes que nos alienta aun cuando el mundo trata de bajarnos de un disparo (ver "Derribando el aislamiento").

> DERRIBANDO EL AISLAMIENTO
>
> "Leer el Antiguo Testamento nos llevará a formar comunidad. El Antiguo Testamento derriba nuestro aislamiento y nos enseña que entramos a una vida de promesa al unirnos al pueblo de Dios".
>
> Michael Duggan, *Consuming Fire*, xiv

Segundo, es divertido estar con amigos. Si bien ciertas secciones del Antiguo Testamento son difíciles y requieren que tengamos disciplina para leerlas, otras partes nos dan mucha alegría. Por ejemplo, la historia de José y sus hermanos (Génesis 37-50) se ha ganado un lugar entre las grandes historias de la literatura mundial.[12] Por una parte, tiene mucho que enseñarnos sobre Dios y sobre nosotras y nosotros; por otro, tal aprendizaje es una actividad innatamente placentera: viajamos con José a medida que su suerte va cambiando y su encuentro con sus hermanos más tarde en la vida nos mantiene en suspenso. La lectura de otras secciones de la Biblia también nos causa placer, sean las deslumbrantes visiones de esperanza en Isaías 40-55, las imágenes de intimidad sexual del Cantar de los Cantares o el momento extático en que Ester logra salvar a su pueblo. Leer el Antiguo Testamento es como escuchar a una amiga que sabe cómo captar nuestra imaginación, susurrarnos secretos jugosos y contarnos grandes historias.

---

11 Aristóteles, *Nichomachean Ethics* 8.1 (trad. por Rackham; LCL, 73:450-451, modificado para observar lenguaje inclusivo).

12 Como dice Speiser (*Genesis*, 292), "en cuanto a un efecto dramático sostenido, ninguna narración del Pentateuco la supera".

Tercero, además de darnos felicidad, las amistades también nos resultan útiles. Los amigos, las amigas nos dan información e ideas valiosas que nos hacen más fácil la vida. El Antiguo Testamento nos equipa para una vida fiel (ver 2 Tim. 3:16-17). Las lectoras y los lectores del Antiguo Testamento aprendemos oraciones que podemos rezar cuando necesitamos clamar a Dios, cuentos que nos hablan al corazón y discursos proféticos que cuestionan nuestro modo de vivir. En fin, leer el Antiguo Testamento nos acerca a la presencia de Dios.

Finalmente, las mejores amistades nos hacen mejores personas. Nuestros amigos moldean nuestras actitudes, deseos y carácter; nos volvemos un poco como nuestras amistades. Cuando el Antiguo Testamento se convierte en nuestro amigo, nos hacemos más santos, más conscientes de la presencia de Dios en el mundo y no mantenemos más cercanos a la justicia y al derecho.

Muchos de nosotros hacemos cosas que no haríamos si no fuese porque nos las recomendó una amistad de confianza. De manera similar, el Antiguo Testamento nos inspira a probar cosas nuevas. Ese texto nos da formas nuevas de hacer y ser —formas de vida que nunca habríamos considerado (ver "El mundo renovado").

A medida que nos inspiran a intentar nuevas cosas, los buenos amigos saben quiénes somos realmente. En ocasiones, ellos y ellas saben qué es lo mejor para nosotros. Siempre necesitamos esos amigos cercanos en nuestra vida porque todos padecemos

> **EL MUNDO RENOVADO**
>
> "Creamos un mundo nuevo cada día con nuestras amistades. Sin su cuidado cariñoso, el coraje no alcanzaría para mantener nuestros corazones con la suficiente fuerza para vivir".
>
> Helen Keller, vía Seymour, *The Treasure of Friendship*, 8.

una tendencia a engañarnos a nosotros mismos. A veces no vemos que el pecado nos daña a nosotros y a nuestros seres queridos. Otras veces sufrimos de baja autoestima, sentimos que no valemos nada y que no hay razón alguna por la que debamos, o podamos, ser amados. Como si fuera una buena amiga, el Antiguo Testamento nos recuerda los peligros del pecado y también que somos hechos a imagen de Dios (Gén. 1:26-28). El Antiguo Testamento se las ingenia para mantener en tensión lo peor de la naturaleza humana y el valor que tenemos ante los ojos de Dios. El Antiguo Testamento nos recuerda todo aquello que realmente importa.

Ser amigas y amigos del Antiguo Testamento

Las amistades duraderas no suceden por casualidad. Para que se desarrollen deben darse ciertos elementos, como la confianza, el respeto y la vulnerabilidad. No podemos desarrollar una amistad profunda con el Antiguo Testamento si desconfiamos de él o si tenemos algún tipo de prejuicio en su contra.[13] Tampoco vamos a llegar muy lejos si creemos que sabemos lo que nos dirá antes de escucharlo atentamente (ver "Leer con confianza").

> **Leer con confianza**
>
> "Debo subordinar mi mente y mi corazón al libro si quiero disfrutarlo al máximo".
>
> Wayne C. Booth, *Rhetoric of Fiction*, 137-138.
>
> "Ningún poema cederá su secreto a un lector que lee considerando que el autor pretende engañarle. Debemos arriesgarnos a ser incorporados por la obra, si es que hemos de recibir algo".
>
> C. S. Lewis, *Experiment in Criticism*, 94.

Puesto que el Antiguo Testamento es un amigo tan peculiar, se trata de una amistad que requiere trabajo extra de nuestra parte. No nos podemos relacionar con él sobre la base de una cultura en común o de una época que estemos compartiendo; las barreras culturales, geográficas y temporales son demasiado grandes. Nuestra amistad con el Antiguo Testamento es como una relación a la distancia.

Seguramente se darán malos entendidos en las comunicaciones. Necesitaremos una persistencia pacífica al lidiar con todas las diferencias entre nuestro mundo y el del Antiguo Testamento.

Lamentablemente, la paciencia no es una virtud que la mayoría de nosotros practiquemos fácilmente. Nuestra cultura nos enseña a leer a la mayor velocidad posible. Con el Antiguo Testamento, sin embargo, necesitamos aplicar el freno (ver "Mirar con atención"). A veces, algunos pasajes solamente empiezan a tener sentido si leemos, releemos y volvemos a leer, deteniéndonos a reflexionar en ciertas palabras y frases. Hablando sobre la Escritura, un rabino antiguo dijo: "Sea que mires para este lado, sea que mires para el otro, todo está allí; mantén tu ojo atento, crece y envejece en

---

[13] Davis, "Losing a Friend", 86, 88.

el texto y no te muevas, pues no tienes mejor porción que esa".[14] Estas palabras son tan válidas hoy como lo fueron siglos atrás.

Las buenas amistades requieren no solamente paciencia sino también mecanismos fructíferos para trabajar las diferencias. En toda amistad surgen desafíos no anticipados. Aun los amigos más cercanos pueden tener diferencias fundamentales en sus perspectivas sobre un tema. Un componente de una buena amistad es que esas diferencias no la arruinen, sino que, con humildad, se consideren diversas perspectivas y se abran nuevas formas de vivir.

MIRAR CON ATENCIÓN

"Las películas y la televisión, y aun las novelas modernas, nos han enseñado a esperar escenas dramáticas, experimentos psicológicos e intercambios explosivos. Pero la Biblia cuenta una historia del mismo modo que Rembrandt bosqueja la suya. Hay que desacelerar nuestro ritmo y mirar con cuidado para ver algo; y después dejar que tu corazón se quede un tiempo en lo que ves".

Ellen F. Davis, *Getting Involved with God*: Rediscovering the Old Testamen

A veces una amiga dice algo que nos enoja. Sin embargo, si la amistad es verdadera, sobrevivirá a dichos desafíos. A un amigo le siguen importando sus amigos aun cuando no los entienda del todo. Podemos cuestionar a nuestras amistades. Podemos desafiarlas. Podemos hasta reírnos de nuestras diferencias y perspectivas opuestas. Lo que no hacemos es rechazarlas sencillamente porque no sean lo que esperábamos. El Antiguo Testamento contiene mucho material inesperado y hacernos amigos con él requiere la voluntad de trabajar nuestras diferencias mutuas.[15]

Los cristianos tenemos muchas amistades en la fe, no solo el Antiguo Testamento, también tenemos el Nuevo Testamento, la rica tradición de la iglesia, las enseñanzas de la iglesia hoy en boga y la compañía de otras personas creyentes (es decir, amistades literales). El Espíritu Santo puede usar nuestras experiencias, razón y emociones para ayudar a algunas de esas amistades.[16] Si bien este libro se centra en recuperar el Antiguo

---

14 Goldin (ed.), *Living Talmud*, 223 (lenguaje actualizado). Ellen Davis es quien llamó mi atención a esta cita.

15 Davis, "Losing a Friend", 88

16 La tradición wesleyana sostiene que la Biblia es la principal fuente de autoridad teológica, pero reconoce también la importancia de la tradición, la razón y la experiencia (ver W. Stephen Gunter *et al.*, *Wesley and the Quadrilateral*). Además, hay elementos en nuestra tradición para agregar a esa lista, como las emociones y los demás creyentes.

Testamento como compañero teológico, es mi esperanza que este se una a una gran compañía de amigas y amigos que nos acerquen todos juntos a la presencia de Dios y nos ayuden a discernir su voluntad.

Conclusión

Algunas de las amistades que más nos desafían en la vida son las que hemos creado con gente muy distinta a nosotros; gente de otras culturas que no tiene nuestra misma edad ni demografía. Al chocarse nuestros mundos, se abren nuevas realidades. Ya no nos asombra la misma existencia aburrida que llevábamos. Somos transformados al renovar nuestras mentes. A pesar de su edad, el Antiguo Testamento puede darle a la iglesia nuevas maneras de pensar sobre Dios, la humanidad y la creación.

Para un estudio posterior

Hay otros libros que igualmente nutren una amistad profunda con el Antiguo Testamento, bien sea que apelen al imaginario de la amistad o no. Los libros que se mencionan a continuación fueron escritos por dos de los mejores profesores de seminario con los que contamos hoy, y cada uno nos ofrece alternativas diversas de crecimiento cercano con la Palabra de Dios.

Davis, Ellen F. *Getting Involved with God: Rediscovering the Old Testament*. Cambridge, MA: Cowley, 2001.

> Ellen Davis realiza un trabajo magistral al estudiar minuciosamente toda una variedad de pasajes del Antiguo Testamento. Este libro ha llevado a que muchos se enamoren del Antiguo Testamento.

Fretheim, Terence E. *About the Bible: Short Answers to Big Questions*, 1999. Edición revisada y ampliada. Minneapolis: Augsburg, 2009.

> Terry Fretheim sobresale de manera excelente al explicar con claridad una multitud de preguntas que se hace la gente cuando

se enfrenta a la Biblia, tales como: ¿Por qué hay tantas diferencias en las traducciones bíblicas? ¿Las oraciones cambian en realidad el futuro?

El sitio www.MatthewSchlimm.com cuenta con recursos adicionales que incluyen preguntas para la discusión en grupos.

2

Nuestros momentos fugaces en el Paraíso

Desde su primera página, el Antiguo Testamento nos ubica ante un problema: ¿Cómo lo leemos después de Darwin? Los científicos afirman que la Tierra tiene miles de millones de años. Pero Génesis habla de seis días. La evolución afirma que la humanidad desciende de los animales. La Biblia habla de que Adán y Eva fueron creados por la mano de Dios.

¿Podemos tomar la Biblia en serio y al mismo tiempo estar abiertos a las afirmaciones de la ciencia moderna? ¿O es que tenemos que elegir una de las dos?

A muchas personas esta pregunta les parece francamente incómoda, porque parece que sus lealtades más profundas entran en conflicto. Por un lado, afirman que la Biblia es confiable, veraz y sagrada. Por el otro, se preguntan si pueden negar honestamente la evidencia que los científicos han acumulado a favor de la teoría de la evolución y la vejez de la tierra. ¿Cómo equilibramos nuestro firme compromiso con las Escrituras con una consideración honesta de la evidencia científica? Este capítulo se ocupa de esas preguntas. Comencemos, entonces, por atender la cuestión del género literario.

El problema del género

Quizás el juicio más importante que pueden hacer los lectores es qué *tipo de literatura* o *género* están leyendo. Si hacemos un juicio equivocado sobre el género que tenemos ante nosotros, fácilmente podríamos pasar por alto los puntos más importantes que la literatura está tratando de transmitir. De hecho, las cosas pueden resultar hasta cómicas cuando se cometen estos errores.

En un acto de *stand-up comedy*, Ricky Gervais presenta su propia interpretación de la popular canción infantil *Humpty Dumpty*. Resulta graciosa precisamente porque toma elementos de la historia demasiado literalmente. Gervais advierte: "Nunca he descubierto cuál es la moraleja de Humpty Dumpty. Solo puedo pensar en 'No te sientes en una pared si eres un huevo'.[1] ¿Cómo se aplica eso a una persona de tan solo ocho años de edad?". A medida que continúa, las cosas se tornan más ridículas: "No envíen caballos para realizar procedimientos médicos. Por supuesto: no pudieron volver a armarlo... No cuentan con la destreza para ese tipo de trabajos... No tienen pulgares, y mucho menos pulgares oponibles... Si tuviera que diseñar un dispositivo perfecto para triturar huevos, sería precisamente una pezuña".[2]

A la mayoría de nosotros nunca se nos ocurriría tomar Humpty Dumpty tan literal. Instintivamente, sabemos que no debe entenderse de esta manera. Sin embargo, muchos sospechamos que hay más en este poema que su inteligente rima y ritmo. Es un verso que tiene un nivel de sabiduría proverbial, lo que indica que colocarse por encima de los demás ("en una pared") puede conducir a un desastre ("una gran caída") que no se puede arreglar ("no podría volver a armarlo"), no importa cuántos recursos tengamos ("todos los caballos y todos los hombres del rey").

Sobre la base de esta interpretación, Hollywood realizó dos películas: *Todos los hombres del rey*,[3] y otra llamada *Todos los hombres del presidente*, cada una sobre la situación política en Estados Unidos. Estos títulos hacen claras alusiones (o referencias) a la canción infantil, mostrando cómo el poder puede corromper y conducir a un desastre irreparable. Son filmes que ilustran, de diferentes formas, el significado figurativo de Humpty Dumpty. Ricky Gervais, sin embargo, pierde intencionalmente el significado figurativo para mostrar cuán absurdo es el sentido literal del poema.

Para tomar un ejemplo más serio, John Bunyan escribió el libro clásico *El progreso del peregrino* en el siglo XVII. Al comienzo de este libro, lo describe como una alegoría: una historia llena de significado simbólico y

---

[1] Humpty Dumpty, un personaje de la literatura infantil inglesa que se remonta a la guerra civil en Inglaterra en el siglo XVII. Es un huevo vestido como un caballero que se encuentra en lo alto de un muro y está a punto de caer al no poder resistir el avance de las tropas parlamentaristas de Oliver Cromwell. Es posible que se trate de una burla a los aliados del rey Carlos I. (Nota del traductor).
[2] Gervais, "Humpty Dumpty from Politics".
[3] En algunos países se conoce bajos los títulos *El político* o *Decepción*. (Nota del traductor)

metafórico. A medida que uno lo lee, es difícil pasar por alto el significado simbólico. El personaje principal se llama Cristiano, que viaja a un lugar llamado "la Ciudad Celestial". En el camino, habla con personas que tienen nombres como Esperanza e Hipocresía. Pasa por sitios como "El Castillo de las Dudas", propiedad del gigante Desesperación. Obviamente, no se supone que los lectores vean esta búsqueda como un viaje histórico emprendido por un individuo real que una vez caminó sobre la tierra. Más bien, describe simbólicamente los tipos de cosas que los cristianos pueden encontrar durante sus vidas.[4] Intentar leer ese relato de manera histórica llevaría a no comprenderlo del todo. Sería un ejercicio que iría en contra de las muchas señales que Bunyan les da a quienes lo leen, indicándoles que esta búsqueda debe entenderse en un sentido figurado (Ver "Lobos y ballenas").

Lobos y ballenas

"La historia de Caperucita Roja puede servir para advertir a las madres de que no envíen a sus hijas pequeñas a hacer diligencias peligrosas, así como para enseñar a las niñas pequeñas a no desviarse del camino recto, por loables sean sus intenciones. Sin embargo, en ningún caso se puede utilizar [...] para enseñar anatomía de los lobos a estudiantes de zoología".
Yehuda T. Radday, "Rivers of Paradise", p. 29

"Cuando Melville escribió *Moby Dick*, la preocupación central de su trabajo no era tanto la muerte *per se* como el efecto de una obsesión en la vida del capitán Ahab. Leer *Moby Dick* como si fuera un libro sobre ballenas, por lo tanto, malinterpreta el discurso de Melville".
Kenton L. Sparks, *God's Word*, p. 209

La forma en que leemos está determinada por lo que creemos que estamos leyendo. Si juzgamos mal el género, la Biblia puede volverse absurda.

Los cristianos suelen asumir que leer la Biblia fielmente significa que debemos leerla de manera literal. Sin embargo, como muestran estas dos ilustraciones, las interpretaciones literales, en realidad, pueden llevarnos muy lejos del significado que la literatura intenta transmitir.[5]

---

4 Bunyan, *El progreso del peregrino*.
5 La palabra "literal" significa diferentes cosas según las personas. Para algunas, leer la Biblia "literalmente" simplemente significa tomarla en serio, de acuerdo con la esencia del texto. Si lo literal se entiende en este sentido, se trata de una lectura muy buena y no pretendo criticar a quienes leen así la Biblia. Sin embargo, otras personas piensan que leer la Biblia literalmente significa que debemos

Géneros de la Biblia

"La Biblia contiene una desenfrenada variedad de géneros: historias, mitos, novelas, cuentos, parábolas, leyendas, biografías, autobiografías, cartas, genealogías, listas de reyes, itinerarios, teofanías, rituales, tratados, profecías, apocalipsis, proverbios, lamentos, poesía amorosa, canciones, e incluso una obra de escepticismo filosófico (Eclesiastés). Ninguno de los libros bíblicos corresponde precisamente a ningún género de la literatura moderna. Entonces, si nos acercamos a un libro como Génesis cual si fuera ciencia moderna [...] los resultados podrían ser muy engañosos y confusos".

Kenton L. Sparks, *Sacred Word*, 91–92

(Ver "Géneros de la Biblia").

Cuando los lectores se dirigen a los capítulos iniciales de Génesis, deben tomar una decisión sobre el tipo de literatura que tienen ante sus ojos. ¿Se entiende mejor como literatura científica? ¿O pertenece a un género diferente? ¿Estos capítulos nos invitan a ver su contenido como literal o simbólico? Esta pregunta es absolutamente crucial. Si respondemos mal, podemos terminar con el tipo de lógica absurda que Gervais propone sobre "Humpty Dumpty". Podemos perder las mismas verdades que Dios quiere que encontremos en la Biblia (ver "Internet y la Biblia").

Posibilidades simbólicas e históricas

Con frecuencia, la feligresía se siente incómoda con la pregunta "¿Podrían algunas partes de la Biblia ser más simbólicas que literales?". Queremos que la Biblia se tome en serio. Es la Palabra de Dios. Decir que un pasaje es "simplemente simbólico" parece ser una manera fácil de evitar la aplicación de los mensajes de la Biblia que son de importancia crucial a nuestras vidas. Parece que, entonces, podríamos darle a la Biblia un significado simbólico cuando no nos guste su significado literal. Además, a muchas personas les preocupa que si decimos que una parte de la Biblia es figurativa, ya estamos en una pendiente resbaladiza que puede llevar a decir que la resurrección de Jesús no sucedió literalmente (ver "¿Escoger y elegir?").

---

asumir que siempre está hablando en términos históricos y sin símbolos, exageraciones, metáforas o cifras. Este enfoque es problemático y es en lo que me centro a continuación. Tal énfasis revela más sobre el compromiso que uno ha asumido con la historia que el compromiso que uno cultiva con Dios. Ver "Literal, adj. y n.", *OED Online*; G. Green, "Narrative and Scriptural Truth", pág. 91.

Internet y la Biblia

La Internet alberga muchos tipos de sitios. Algunos se enfocan en reportar eventos mundiales. Otros permiten que la gente comparta con amigas y amigos lo que sucede en sus vidas. Otros proporcionan fragmentos de información, como recetas o informes meteorológicos. Hay otros sitios para fotos, videos, diversión, viajes, educación, juegos, compras y un millón de otras cosas.

A medida que navegamos por la red, cambiando de un sitio a otro, ajustamos automáticamente la forma en que leemos. Es posible que ni siquiera nos demos cuenta, pero procesamos un informe de noticias de manera diferente a la última actualización de alguien en Twitter o Facebook.

Es fácil olvidar que la Biblia tiene muchos tipos de literatura, al igual que la Internet tiene muchos tipos de sitios. Cuanto más comprendamos los tipos de literatura de la Biblia, mejor podremos captar su mensaje.[a]

---

a. Ver Fretheim, *About the Bible*, 59-60, para una discusión sobre los diferentes géneros en la edición dominical de un periódico.

¿Escoger y elegir?

Richard Dawkins es un ateo destacado. Afirma que los cristianos "escogen y eligen qué partes de las Escrituras creer y qué partes descartar como símbolos o alegorías. Tal selección y elección es una cuestión de decisión personal".[a]

Dawkins no se da cuenta de que los textos bíblicos le dan a la gente pistas importantes para que puedan entenderse literal o simbólicamente. No se trata de elegir lo que a uno le gusta y descartar lo que no. Más bien, es un juicio interpretativo que apela a la razón dada por Dios para otorgarle sentido a la evidencia en el texto mismo. Además, dentro del gran esquema de la tradición cristiana, los símbolos son quizás más sagrados y significativos que los relatos históricos. Los cristianos no descartamos los símbolos de las Escrituras. Vivimos por ellos.

---

a. Dawkins, *El espejismo de Dios*, pág. 269.

Sin embargo, cuando uno estudia la Biblia con detenimiento, queda claro que los mismos textos a veces quieren que entendamos las cosas literalmente, pero otras veces no lo plantean de esa manera. Jesús dice: "Y, si tu mano derecha te hace pecar, córtatela y arrójala. Más te vale perder una sola parte de tu cuerpo, y no que todo él vaya al infierno" (Mt. 5:30). Leemos este pasaje e inmediatamente sabemos que Jesús exagera un poco con el fin de llegar a un punto.

Por eso escuchamos estas palabras e invariablemente optamos por mantener intacta nuestra mano derecha. Sin embargo, los cristianos aún pueden tomar este versículo en serio sin desmembrarse: Jesús nos dice que debemos preocuparnos no solo por el pecado, sino también por las cosas que conducen a él. Por ejemplo, si el uso de Internet a altas horas de la noche conduce a la pornografía, entonces nuestros computadores deben permanecer apagados durante las horas de la noche y la madrugada (ver "La regla Alfa de la Biblia").

La regla alfa de la Biblia

"El primer mandamiento que Dios le da a Adán es 'Sé fructífero y multiplícate'. Es la Regla Alfa de la Biblia.

Ahora, si tomara la Biblia de manera absolutamente literal, podría ser 'fructífero' comprando duraznos en *Whole Foods Market* y 'multiplicar' ayudando a mi sobrina con su tarea de álgebra. Podría tachar este mandamiento de mi lista en veinte minutos.

Aquí se recalca una lección simple, pero profunda: cuando se trata de la Biblia, siempre —esto es, siempre— hay algún nivel de interpretación, incluso en las reglas aparentemente básicas. En este caso, estoy bastante seguro de que la Biblia hablaba de fertilidad, no de matemáticas".

A. J. Jacobs, *Living Biblically*, 19

Cuando miramos otras partes del Nuevo Testamento, queda claro que la resurrección de Jesús no es simplemente una metáfora. Más bien, la resurrección es obviamente algo que los escritores quieren que entendamos como un evento histórico. Por lo tanto, relacionan la vida de Jesús con otros eventos y personas históricas (Lc. 3:1-2). Del mismo modo, cuando discuten la resurrección, hacen referencias a los testigos de este evento (1 Cor. 15:6).

El apóstol Pablo dice que la resurrección debe entenderse literalmente, de lo contrario, su fe es vana (1 Cor. 15:19-20).

En la Biblia, entonces, algunos pasajes deben entenderse como literales e históricos, como la resurrección de Jesús. Pero otros son obviamente más figurativos, como las palabras cortantes de Jesús. Dios no se limita a hablar a través de la historia (ver "La Palabra de Dios y la historia").

Para comprender las profundidades de la realidad, necesitamos una variedad de géneros: no solo relatos históricos y postulados científicos,

La Palabra de Dios y la Historia

"La idea de que la Biblia declara la Palabra de Dios solo cuando habla históricamente es una que debe abandonarse, especialmente en la Iglesia cristiana ... La presunta equiparación de la Palabra de Dios con un registro 'histórico' es un postulado inadmisible que no se origina en la Biblia en absoluto, sino en el infortunado hábito del pensamiento occidental que asume que la realidad de una [narración]ᵃ se mantiene o cae según sea 'historia' o no". Karl Barth, *Dogmática eclesial*, vol. 3, pt. 1:82

a. Aquí, la palabra "narración" traduce la palabra *Geschichte* de Barth mejor que "historia". Aunque *Geschichte* puede significar "historia", también puede significar "relato" o, más en general, "narrativa", claramente el sentido que se pretende dar aquí. De lo contrario, Barth estaría diciendo que es infortunado cuando la gente asume que el relato se mantiene o cae si es historia o no. Para una expresión posterior de sentimientos similares a los de Barth, véase Mark S. Smith, *Memoirs of God*, 162–66, que condena la "exaltación de la historia como la medida absoluta o primaria de la verdad en la Biblia".

sino también poesía, alegorías e historias simbólicas (ver "Los límites de la ciencia").

Para poner las cosas de otra manera, Dios puede hablar a través de cualquier tipo de literatura. A veces, los imaginarios altamente simbólicos

Los límites de la ciencia

En las últimas décadas, se ha vuelto cada vez más claro que asuntos como la ciencia no son esfuerzos de investigación de hechos completamente neutrales. El impulso de la *modernidad por* recopilar datos y organizarlos en categorías supuestamente objetivas ha sido objeto de un mayor escrutinio (de ahí, la *posmodernidad*). La gente se ha dado cuenta de que la ciencia valora lo que se puede medir y cuantificar, en detrimento de conceptos tan significativos como la ética y el amor.

Si bien la ciencia médica nos ayuda a comprender, diagnosticar y tratar enfermedades, también es responsable de someter a los pacientes a procedimientos dolorosos y humillantes que solo retrasan la muerte, si los pacientes tienen suerte. De manera similar, el estudio científico del átomo ha llevado a nuestra capacidad para dividirlo, pero este nuevo conocimiento ha resultado en más muerte y destrucción de lo que la mente humana puede comprender.

Así que la ciencia ha profundizado nuestro conocimiento de algunas cosas, específicamente datos cuantificables y comprobables. Sin embargo, no ha podido ofrecer la guía moral, ética y crítica que la humanidad ha necesitado desesperadamente en el último siglo.

dominan el paisaje de las Escrituras. Los Salmos rebosan de poesía, cantos y metáforas que hablan a lo más profundo de nuestro corazón. Por ejemplo, el Salmo 18: 2 es solo un versículo, pero usa más de media docena de metáforas para describir a Dios:

El Señor es mi roca, mi amparo, mi libertador.
Es mi Dios, el peñasco en el que me refugio.
Es mi escudo, el poder que me salva
¡mi más alto escondite! (Sal. 18: 2)

Si tomáramos este versículo literalmente, seríamos idólatras: cada uno de nosotros necesitaría una roca, una fortaleza y un escudo para adorar. Sin embargo, si lo tomamos en sentido figurado, estas imágenes se combinan para mostrarnos la fuerza, la protección y el consuelo que Dios ofrece. (ver "Fiel vs. literal").

> FIEL VS. LITERAL
> "A fin de ser 'fieles' a la Biblia, no es necesario leerla literalmente".
> John Rogerson, "What Difference Did Darwin Make?", 89

De manera similar, las personas que leen el Nuevo Testamento saben que Jesús tenía una predilección por las historias simbólicas. Él usó las parábolas constantemente. Aunque simbólicas, estas historias revelan una profunda verdad teológica. Además, las parábolas de Jesús no están abiertas a todas las interpretaciones bajo el sol. Más bien, son historias que invitan a una variedad de buenas interpretaciones.

Entender bien la Biblia requiere que nos preguntemos: "¿Qué tipo de literatura tenemos en un pasaje en particular? ¿Su verdad se transmite de una manera más literal o más simbólica?".

¿Adán y Eva, o Humanidad y Vida?

Hay muchas señales de que las historias de Adán, Eva y sus hijos son muy simbólicas.[6] Tristemente, algunas se han perdido en la traducción. Este texto, junto con la mayor parte del Antiguo Testamento, fue escrito originalmente en hebreo (ver "Un paseo accidentado"). Cuando uno

---

6 Aunque los eruditos tienden a observar Génesis 2: 4b–3: 24 (deteniéndose antes de 4:1–16), hay muchos paralelos entre Génesis 2-3 y Génesis 4 (Schlimm, *From Fratricide to Forgiveness*, 139–40). Uno puede pensar en estos capítulos en los siguientes términos: "Si Génesis 2-3 muestra a la humanidad desobedeciendo a Dios en un ambiente casi ideal, entonces Génesis 4 muestra a la humanidad pecando en medio de las realidades concretas del mundo" (*ibid.*, 139).

aprende hebreo y estudia estos capítulos, surgen significados diferentes a los que entiende si uno mira solo las traducciones populares.⁷

> **Un paseo accidentado**
> "La Biblia fue escrita originalmente en hebreo, arameo y griego. Su viaje a otros idiomas se ha hecho famoso por sus baches; la Biblia podría ser el texto peor traducido de la historia".
>
> A. J. Jacobs, *Living Biblically*, p.66

Nombres hebreos

Nuestras Biblias en español hablan de dos personajes llamados Adán y Eva. De alguna manera, estos nombres son los apropiados, ya que guardan similitudes con su sonido en hebreo. Sin embargo, el nombre del primer hombre (*adam*) es la palabra hebrea ordinaria para "humano". "Eva" (*havvah*) en realidad significa "vida". El nombre de su primer hijo, "Caín" (*qayin*), suena como varias palabras hebreas, que incluyen "obtener", "tomar", "celos", "canción fúnebre" y, especialmente, "lanza".⁸ Todas estas se relacionan con el hijo mayor en Génesis 4. Mientras tanto, el nombre hebreo de "Abel" (*hebel*) es una palabra que se usa para referirse a un "aliento fugaz", como el que vemos en una mañana fría. En un momento está ahí y luego desaparece. Obviamente, el personaje llamado Abel en Génesis 4 se parece mucho a un aliento fugaz. Ilustra tanto en nombre como en carácter la fragilidad de la existencia humana. Finalmente, el término hebreo para la primera ubicación de Adán y Eva, Edén (*eden*), significa "bienaventuranza", "deleite" y "lujo". Ese título coincide claramente con el retrato del paraíso que se encuentra en estos capítulos.

Cuando estudiamos estos nombres en el hebreo original, comienzan a parecerse mucho más a los de los personajes de la historia alegórica de John Bunyan que a los de personajes históricos reales. Nuestras Biblias en español se pueden resumir de la siguiente manera:

Adán y Eva viven en el Jardín del Edén hasta que los echan afuera, donde Caín mata a Abel.

---

7 Las buenas Biblias de estudio y los comentarios suelen arrojar luz sobre lo que transmiten los idiomas originales. Ver el final del cap. 8 para conocer los recursos recomendados.

8 De estas palabras hebreas, la que significa "lanza" es la más cercana al nombre de Caín, pero solo aparece una vez más en la Biblia hebrea (2 Sam. 21:16). Los traductores han debatido si significa específicamente "lanza" o no, pero es claro que se refiere a algún tipo de arma.

Sin embargo, dado el significado del hebreo, sería más exacto decir:

La Humanidad y la Vida viven en el Jardín de las Delicias hasta que son expulsados fuera, donde Lanza mata a Aliento Fugaz.

Las Biblias que leemos en castellano indican que Adán y Eva son nuestros parientes lejanos, figuras antiguas con las que podríamos tener algo en común. Sin embargo, el texto hebreo original invita a sus lectores a ver a estos personajes como imágenes especulares de nosotros mismos, como representantes de la humanidad en su conjunto.[9] Verlos como simbólicos no disminuye la relevancia del texto. En todo caso, arroja nueva luz sobre cómo estos capítulos pueden iluminar nuestras vidas[10] (ver "La insuficiencia de la historia").

La insuficiencia de la Historia

"El arte literario, decía [Aristóteles], es 'más filosófico' que la historia, porque la historia simplemente nos muestra 'lo que pasó', mientras que las obras de arte literario nos muestran 'cosas que podrían suceder' en la vida humana. En otras palabras, la historia simplemente registra lo que, de hecho, ocurrió, ya sea que represente o no una posibilidad general para las vidas humanas. La literatura se centra en lo posible, invitando a sus lectores a preguntarse sobre ellos mismos".[a]

Martha Nussbaum, *Justicia poética*, 5

a. Nussbaum comenta a Aristóteles, *Justicia poética*, 9. Ver, además, Lesser, "Morally Difficult Passages", 301.

---

9 Aunque se pueden interpretar algunos pasajes como descripciones literales de "Adán" como una persona (Gén. 5:3-5; 1 Crón. 1: 1), también hay muchos otros que muestran a este personaje bajo una perspectiva simbólica. Salmo 44:4 aparece relacionado con Génesis 2-4 cuando dice: "La *humanidad* [la misma palabra para Adán] es como un soplo [la misma palabra que para Abel]. Nuestros días son como una sombra pasajera" (mi traducción; cf. NTV, "suspiro... sombra pasajera"). El apóstol Pablo también parece ser consciente de cómo la figura en Génesis 2-3 sirve como una representación de la humanidad: "todos mueren en Adán" (1 Cor. 15:22, NVI; cf. Rom. 5:14; 1 Cor. 15:45; ver Dunn, *Romanos 1-8*, 289, sobre cómo el punto teológico de Pablo no depende de ver a Adán como una persona literal; cf. Kirk, "Does Paul's Christ Require a Historical Adam?"). Otros escritos tempranos también muestran la conciencia de que Adán es un representante de la humanidad. Así, el autor de 2 Baruc 54:19 escribe: "Cada uno de nosotros se ha convertido en nuestro propio Adán" (*OTP* 1: 640).

10 Algunos intérpretes han argumentado que en lugar de representar a la humanidad como un todo, "Adán" representa a Israel en particular: Enns, *Evolution of Adam*, 65–70; Postell, *Adam as Israel*. La historia de Adán y Eva ciertamente le hace eco de manera particular a la historia de Israel (por ejemplo, padecer la expulsión de una tierra buena como resultado de la desobediencia a Dios). Sin embargo, el texto en sí tiene un alcance más universal (por ejemplo, Génesis 2:4b-7; 3:20).

Animales y árboles

¿Hay otras pistas de que los primeros capítulos del Génesis son más simbólicos que históricos?[11] Obviamente, está todo el asunto de la serpiente parlante. Quizás alguna vez hubo realmente una serpiente que podía hablar, y quizás esa serpiente le habló a la primera pareja humana. Sin embargo, ¿qué tiene más sentido: asumir la historicidad de una serpiente parlante, o asumir que los escritores de Génesis querían que viéramos esta historia como altamente simbólica? (Ver "Si Dios hubiera hecho una serpiente parlanchina literal").

> **Si Dios hubiera hecho una serpiente parlanchina literal**
>
> El Dios de la Biblia ciertamente tiene el poder de hacer una serpiente parlante. Sin embargo, lo notable de Génesis 3 es que nunca se molesta en decir algo como: "Originalmente, Dios les había dado a las serpientes la capacidad de hablar" o "en aquellos días, las serpientes podían hablar". Al final de este capítulo, cuando Dios maldice a la serpiente para que se arrastre sobre su vientre, nunca agrega: "Y además, te quitaré tu caja vocal. Aparte del siseo, a partir de ahora estarás muda".
> Si se suponía que los lectores vieran este texto como un relato histórico de una serpiente, el narrador podría haber hecho un mejor trabajo al comunicarlo.

Cuando los lectores y lectoras necesitan elegir entre dos formas de interpretar un texto, pueden hacerse esta pregunta (a veces llamada la "regla de fe" o *regula fidei*): ¿Cuál interpretación es más consistente con el resto de la Biblia y nuestra fe?[12]

Por un lado, tomar los relatos de la resurrección como históricos es consistente con un Dios que crea la vida, que ama a la humanidad y que ama la vida misma. Por otro, hay poco valor teológico en atribuir literalmente la facultad del habla a una serpiente.

Además, si aquellos que escribieron y editaron el libro de Génesis

---

11 Esta pregunta es muy importante. Muchos personajes bíblicos tienen nombres con mucho significado. Por lo tanto, no se debe asumir únicamente sobre la base de los nombres de Adán y Eva que toda la historia debe entenderse simbólicamente. El intérprete necesita ver qué otras características están presentes en el texto.

12 Varias partes de la Biblia difieren entre sí en un alto grado. Lo mismo podría decirse de la tradición cristiana. Mientras que los intérpretes no deben asumir que un pasaje dice algo idéntico a otro, una parte del AT puede iluminar otra parte. Después de todo, los escritos dentro del Antiguo Testamento proporcionan los paralelos lingüísticos, geográficos y temporales más cercanos que tenemos (Talmon, "The Comparative Method").

quisieran que tomáramos este texto literalmente, entonces de seguro habría un acuerdo muy claro entre lo que tenemos aquí y lo que tenemos en los capítulos circundantes. Sin embargo, dicho acuerdo no está presente. Piensa en una pregunta simple: ¿los animales fueron hechos antes o después del primer ser humano? En Génesis 1:20-26, los animales son lo primero. En Génesis 2:7, 18-19, lo humano es lo primero.[13] Nada de esto es un problema si se supone que debemos tomar estos capítulos en un sentido figurado. Sin embargo, si deben entenderse literalmente, entonces tenemos una gran contradicción en nuestras manos.[14]

Otra característica a considerar: los árboles descritos en Génesis 2-3 son diferentes a cualquier árbol que hayamos encontrado (3:22). Se les llama "el árbol de la vida" y "el árbol del conocimiento del bien y del mal". Estas descripciones sugieren que son representaciones figurativas, más que especies particulares de vegetación. Si bien la gente a veces piensa en el árbol del conocimiento del bien y del mal como un manzano, la Biblia nunca lo describe de esta manera. De hecho, los primeros escritores y lectores de esta historia probablemente nunca habían probado una manzana. Esta fruta es originaria de las regiones del norte del mundo, no del Medio Oriente, que dio origen a la Biblia.

Ubicación

Las pistas geográficas también apuntan a que el inicio del Génesis no debe entenderse como una historia basada en datos puros y duros. Por ejemplo, cuando se describe la ubicación del Jardín de las Delicias (*eden*), la referencia es más al mundo como un todo que a un sitio geográfico. En Génesis 2:10-14 leemos que un río fluye desde el jardín y se divide en cuatro vertientes: Pisón, Guijón, Tigris y Éufrates.

No hay río que desemboque en estos cuatro ríos. De hecho, sería im-

---

13 Génesis 1:1-2:4a probablemente se escribió en un momento diferente al de Génesis 2:4b-3:24. Los editores que reunieron estas historias no intentaron armonizar un relato de la creación con el otro. Strawn, "Evolution(ism) and Creation(ism)", sostiene que debido a que la Biblia contiene diversas perspectivas sobre cómo se llevó a cabo la creación (por ejemplo, Génesis 1; Génesis 2; Proverbios 8; Juan 1), es un error enfocarse obsesivamente en un solo texto y los detalles que contiene.

14 Algunas de las personas que estén leyendo este capítulo podrán oponerse a que yo pregunte si esta historia debe entenderse como histórica o simbólica, sosteniendo que Adán y Eva eran tanto figuras (proto) históricas como representantes simbólicos de la humanidad en su conjunto (cf. G. Wenham , *Genesis 1-15,* 90-91). Sin embargo, el hecho de que Génesis 1:1-2:4a no concuerde perfectamente con Génesis 2:4b-3:24 puede indicar que no se espera que las lectoras y los lectores deban tomar esos dos relatos de manera literal.

posible que hubiera uno.¹⁵ Estos ríos fluyen en diferentes direcciones y se originan a miles de millas de distancia entre sí. Si bien los lectores modernos han tenido dificultades para determinar la ubicación exacta de Pisón y Guijón, es probable que se refieran a las dos ramas del Nilo que fluyen de sur a norte a través del actual Sudán hasta Egipto, antes de desembocar en el mar Mediterráneo, que linda con el Océano Atlántico.¹⁶ Mientras tanto, los ríos Tigris y Éufrates nacen en la actual Turquía y fluyen del noroeste al sureste hacia Irak antes de desembocar en el Golfo Pérsico, que se conecta con el Océano Índico (ver figura 1).

Quizás los autores de Génesis reprobaron el curso de geografía o imaginaron que la tierra tenía una forma muy diferente. Sin embargo,

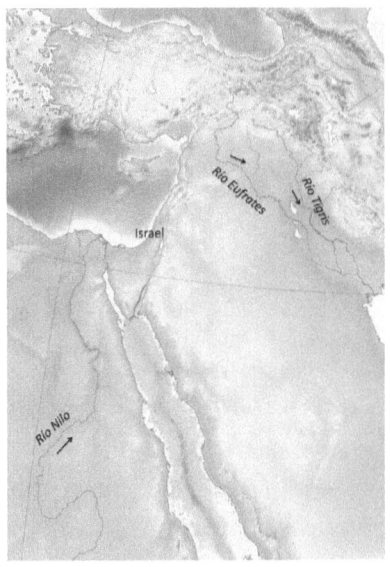

Figura 1. Los ríos de Génesis 2. Al sur de este mapa, los dos brazos del Nilo se unen para formar el Nilo. El Pisón y el Guijón con seguridad se refieren a esos dos brazos. *Wikimedia Commons*, http://commons.wikimedia.org/wiki/File:Middle_East_topographic_map-blank.svg

parece más probable que estas "indicaciones al Edén" fueran intencionalmente confusas, para invitar a los lectores a ver este jardín no tanto como una ubicación geográfica solitaria, sino como un sitio simbólico que representa un lugar al que la humanidad nunca podrá regresar; no al menos sin que la tierra sea creada de nuevo (ver "Espada de fuego").

---

15 Algunos eruditos plantean que los pueblos de la antigüedad pudieron haber creído que estos ríos estaban unidos bajo tierra (Albright, "Garden of Eden"; J. Day, *Yahweh and the Gods*, 30). Otros sostienen que convergen en el mismo lugar, posiblemente en el Golfo Pérsico (Speiser, *Genesis*, 19-20). Más convincente es el argumento de Radday, "Rivers of Paradise", 31: "El Edén no está en ninguna parte... El pasaje, por tanto, no incurre en anacronismo flagrante, sino que es un texto atemporal, no de geografía infantil, sino de utopismo". Cassuto, *Genesis: Part I*, esp. 118, hace énfasis similares, al igual que Westermann, *Genesis 1-11*, 216.

16 Aharoni y Avi-Yonah, *Macmillan Bible Atlas*, 20 (sobre la base de Génesis 10:7). Si Guijón se refiere a un pequeño manantial en Jerusalén (que a pesar de 2 Crónicas 32:30 parece poco probable debido al final de Génesis 2:13), aún estaría muy lejos de los otros ríos. Si el Pisón es el río Indo (J. Day, *Yahweh and the Gods*, 30), los puntos anteriores se refuerzan, particularmente en lo que respecta a los muy diferentes puntos de origen de estos ríos. El río Indo comienza en las montañas del Himalaya del actual Tíbet y luego fluye de norte a sur a través de la actual India y Pakistán antes de desembocar en el Mar Arábigo, que está conectado con el Océano Índico.

>
>
> UNA ESPADA DE FUEGO
>
> El final de Génesis 3 describe el Jardín del Edén como separado de la humanidad por seres celestiales llamados *querubines*, que portan espadas de fuego giratorias (Gén. 3:24). Nadie nunca dijo haber encontrado una ubicación geográfica permanente donde tales criaturas prohíban la entrada. ¡Sería una gran atracción turística! Entonces, de nuevo, parece muy poco probable que los autores de Génesis 2-3 quisieran que los lectores tomaran sus palabras como una historia corroborable con datos duros.

Una historia poética

Finalmente, la historia que nos ocupa no se parece a una narración en prosa que se dirige ininterrumpidamente hacia adelante, como encontraríamos en un recuento actual. Por el contrario, estos capítulos forman una historia poética, un género que se presta a una interpretación más figurativa.[17] Si bien la poesía en español muestra rima con mayor frecuencia, la poesía hebrea tiende a mostrar *paralelismo, repetición, juegos* de palabras y *lenguaje simbólico*.[18] Todos estos elementos están presentes en Génesis 2:4b–4:16.

El paralelismo se ve cuando una línea (o parte de una) es similar en forma o significado a otra (o a una parte de ella). Ya en Génesis 2:5, los lectores encuentran líneas paralelas:

Génesis 2:5a	//	Génesis 2:5b
Ninguna planta	//	Ninguna vegetación
del campo	//	del campo
crecía aún en la tierra	//	había brotado aún.[a]

a. Traducción propia

El propósito del paralelismo no es sonar redundante ni repetir cosas simplemente por repetirlas. Más bien, el paralelismo aumenta la belleza del texto, le da a la escritura un mayor sentido de unidad y permite amplificar

---

17 En lugar de ver a la poesía y a la prosa como dos categorías completamente distintas, quienes leen el Antiguo Testamento pueden imaginar un *continuum* poesía-prosa (Petersen y Richards, *Interpreting Hebrew Poetry*, 13-14). Los primeros capítulos del Génesis, aunque contienen una secuencia narrativa, muestran características de la poesía como el paralelismo y la repetición. Al mismo tiempo, no muestran toda la concisión y la forma métrica de la poesía hebrea.

18 Sobre este tema, ver Berlín, "Hebrew Poetry", 301-15.

y clarificar un solo pensamiento. Muchos versículos de Génesis 2:4b-4:16 muestran algún tipo de estructura paralela.

Con la *repetición*, es posible que las líneas completas no estén paralelas entre sí. Sin embargo, aparecen una y otra vez palabras similares. Por ejemplo, la palabra hebrea para "comer" (*akal*) aparece 17 veces solo en Génesis 3 (cuatro veces más en Génesis 2). Mientras tanto, en 2:4b-25, la palabra hebrea para "tierra" en el sentido de superficie, cubierta o no por los mares u otros cuerpos de agua (*erets*) aparece siete veces, mientras que la palabra hebrea para "tierra" en el sentido del material, por ejemplo, polvo (*adamah*) aparece cinco veces. A veces, estas palabras aparecen y reaparecen en momentos clave. Por lo tanto, la segunda mitad de 2:5 y todo 2:6 tienen segmentos que terminan en las palabras hebreas para "terreno" (*erets*) y "tierra" (*adamah*).

[2: 5c] Porque el Señor *Dios no había enviado lluvia sobre la tierra [erets],*
[2: 5d] y no había terrestre [adam] para trabajar la tierra [adamah].
[2: 6a] Un arroyo subía de la tierra [erets],
[2: 6b] y regó toda la faz de la tierra [adamah].[19]

Una tercera característica importante de la poesía hebrea son los juegos de palabras. En Génesis 2:4b-4:16, muchas palabras se parecen entre sí:

- La palabra hebrea para "tierra" (*adamah*) aparece con frecuencia junto con la palabra hebrea para "humano (idad)" (*adam*). Para transmitir esta similitud, las traducciones a veces traducen *adamah* como "tierra" y *adam* como "terrestre". O traducen *adamah* como "humus" y *adam* como "humano".
- La palabra hebrea para "arroyo" o "niebla" es *ed* (2:6), que suena como una forma abreviada de *eden*, el nombre del jardín (2:8,10,15; 3:23-24; 4:16).
- "Nombre" (*shem*) y "allí" (*sham*) aparecen tres veces en 2:10–14.
- "Desnudo" (*arummim*) aparece en 2:25 (ver también 3:7,10,11). Suena similar a "astuto" (*arum*) en 3:1.

---

19 Mi traducción.

En el apéndice de este libro, proporciono una traducción de Génesis 2:4b-4:16 que llama la atención sobre los elementos poéticos de este texto.[20]

Otro elemento clave de la poesía hebrea es el lenguaje simbólico. Dada la presencia de las diversas características poéticas que acabamos de mencionar, los lectores deben estar atentos a los elementos simbólicos en Génesis 2: 4b – 4: 16.

Los tesoros de Génesis 2:4b–4:16

Para señalar solo algunos de los muchos significados simbólicos de este texto, *Adán* (*humano*) y *Eva* (*vida*) resumen las características clave de la vida humana. Como estos personajes, todos hemos hecho cosas que Dios ha prohibido. En lugar de estar agradecidos por lo que teníamos, deseábamos lo que no era nuestro. Dudamos de cuán digno de confianza es Dios. Dudamos de su palabra. Sospechamos que puede haber una forma de evitar las consecuencias negativas que él predijo. Puede que no hayamos escuchado una serpiente parlante, pero escuchamos muchas otras voces que no se originaron en Dios.[21] Hemos confiado en nuestras propias sensibilidades y en las de los que nos rodean, mientras descuidamos a nuestro Creador (ver "Entendiendo la creación en términos bíblicos").

> Entendiendo la creación en términos bíblicos
>
> "La competencia de nuestras categorías de pensamiento es de suma importancia. La creencia en la creación debe ser redimida de su característica distorsión moderna de "diseño" y ser entendida de nuevo en otros términos más bíblicos. Esos términos deben incluir, al menos, a tono con Génesis 1-3, la maravilla y el deleite del mundo, la contingencia de las criaturas, la responsabilidad de las criaturas, el don de la relación entre la criatura y el Creador, y la dificultad que tienen los humanos para confiar genuinamente en Dios como un Creador sabio y, así, vivir en consecuencia".
>
> Walter Moberly, "How Should One Read?", 17.

En un momento, nuestras acciones pueden haber parecido perfectamente inofensivas, tanto como morder una fruta. De hecho, pueden haber

---

20 Como se señala allí, otras características de la poesía hebrea aparecen en Génesis 2:4b-4:16, incluyendo (1) la aliteración (sonidos consonantes repetidos) en Génesis 2:14 (el sonido "h"); (2) asonancia (repetición de sonidos de vocales) en 2:18b (el sonido de la "e"); y (3) un *inclusio* (material clave al principio y al final de una historia, como "Edén" en 2:8; 3:23-24; 4:16).

21 Ricoeur propone que veamos dentro del símbolo de la serpiente (1) "una parte de nosotros mismos

parecido acciones ventajosas, deliciosas, placenteras y garantes del éxito.

No obstante, al igual que *Humanidad* y *Vida*, nuestras acciones a menudo resultan en más dolor y caos de lo que jamás imaginamos. ¡Oh, si pudiera volver y hacerlo todo de nuevo!

Sin embargo, no hay vuelta atrás. La entrada al Edén está bloqueada. No podemos volver al paraíso. Nos avergonzamos profundamente de nosotros mismos. Nos encontramos en un mundo cruel e injusto, un mundo en el que incluso los hermanos pueden matarse unos a otros. Caminamos sobre un suelo maldito que da su fruto solo a regañadientes. Hacemos nuestro camino por la vida con sudor en la frente y espinas en los pies. Pasamos la mayor parte de ella trabajando, aunque ese trabajo nos pueda resultar francamente doloroso. Las cosas que nos brindan cierto nivel de alegría, como tener hijos, se entrelazan con mucho dolor.

Junto con *Lanza*, aprendemos que incluso cuando estamos en el altar y ofrecemos regalos a Dios, los celos y la ira pueden infiltrarse en nuestras vidas de la manera más insidiosa. Lastimamos a los más cercanos a nosotros, y al final nos encontramos lejos de Dios, vagando solos.

Conservamos un recuerdo del paraíso. Sentimos que el mundo debería ser un lugar mejor de lo que es. A veces nos sorprende ver en nosotros mismos o en nuestros hijos cuán fugaz es la vida. Nos enfrentamos a las duras realidades de la muerte de la forma que menos esperábamos.

Somos Adán. Somos Eva. Somos Caín y somos Abel.

Conclusión

La narración es fundamental en cualquier amistad cercana. Cuando nuestros mejores amigos y amigas cuentan sus mejores historias, nos aferramos a cada palabra que dicen. Nos identificamos con ellas y con ellos cuando nos relatan los giros y las vueltas de sus vidas. Nos vemos en sus historias. Nos identificamos con nuestros amigos y nuestras amigas y, al hacerlo, nos acercamos más a ellos.

Como nuestro amigo en la fe, el Antiguo Testamento nos cuenta

---

que no reconocemos"; (2) el "mal ya está ahí... [como] parte de la relación interhumana, como lenguaje, herramientas, instituciones"; y (3) "una estructura cósmica del mal". "Así, la serpiente simboliza algo de la humanidad y algo del mundo, un lado del microcosmos y un lado del macrocosmos, el caos en mí, entre nosotros y en torno a nosotros" (*La simbólica del mal*, 256–58, alterado para reflejar un lenguaje inclusivo).

historias increíbles y podemos vernos a nosotros mismos con notable claridad en sus personajes. En lugar de darnos un relato histórico seco sobre nuestros antepasados más lejanos, nos cuenta una historia sobre tú y yo. En lugar de proporcionar una explicación científico-técnica de los inicios turbios del universo, el Antiguo Testamento explica los fundamentos de Dios, de nosotros mismos y del mundo que habitamos. El significado de Génesis 2:4b-4:16 no disminuye al ver estos capítulos como una historia simbólica.[22] Si algo le ha pasado a su significado, es que ha aumentado.[23]

Se dice que "un amigo es alguien que conoce la canción en tu corazón y puede cantarla cuando hayas olvidado la letra". Olvidamos quiénes somos con demasiada frecuencia. Olvidamos nuestro desvarío. Desconfiamos de la dignidad de Dios. Y, como un buen amigo, el Antiguo Testamento nos ayuda a recordar quiénes somos, quién es Dios y cómo es realmente nuestro mundo (ver "Oración").

Oración

"Dios mío, Dios mío… eres un Dios figurativo, metafórico… un Dios en cuyas palabras hay tal altura de figuras, tales aventuras… como para buscar metáforas remotas y preciosas, tales extensiones, tales amplitudes, tales cortinas de alegorías… y tales cosas en tus palabras, que es como si todos los autores seculares surgieran de la simiente de la serpiente que se arrastra —tú eres la Paloma que vuela. ¡Qué palabras, excepto las tuyas, podrían expresar la textura y composición inexpresable de tu palabra!".

John Donne, "Devotions" (alterado para reflejar el español moderno)

Para un estudio posterior

Ver el final del capítulo 3, que ofrece un catálogo de recursos para interactuar con Génesis 1-4.

---

22 En toda la discusión anterior he hablado claramente de que el texto en cuestión es "simbólico". Si bien hay diferentes tipos de historias simbólicas (por ejemplo, parábolas, alegorías), me he abstenido intencionalmente de usar una palabra más precisa, en primer lugar porque deseo evitar términos técnicos en un libro dirigido a no especialistas; en segundo, porque los géneros con los que estamos familiarizados hoy no se ajustan perfectamente a los géneros empleados por los escritores bíblicos (cf. Sparks, *God's Word*, 211).

23 Cfr. Ricoeur, *La simbólica del mal*, 236.

3

Tinieblas sobre la faz del abismo

El capítulo anterior destacó la importancia del género literario. Vimos cómo la historia de Adán, Eva y sus hijos tiene todas las marcas de un relato altamente simbólico. ¿Podríamos decir lo mismo del primer capítulo de la Biblia, que habla de que Dios creó el mundo en siete días?[1]

La respuesta a esta pregunta no es tan sencilla, razón por la cual vamos a considerar primero Génesis 2-4. Por un lado, hay evidencia de la presencia de elementos ricamente simbólicos dentro del primer capítulo de la Biblia. Por otro lado, no es claro si los escritores y autores originales pensaron que el texto era solo simbólico. Esta complejidad plantea un punto importante: *el género literario no siempre es fácil de determinar. Algunos pasajes se parecen a más de un tipo de literatura.*[2]

Génesis 1 es simbólico

En primer lugar, consideremos la evidencia que indica que Génesis 1 es simbólico. Kenneth Burke es uno de los pensadores más influyentes en la disciplina de la crítica retórica, y plantea que los días descritos en Génesis 1 son símbolos que representan categorías de una creación de Dios bien ordenada (ver "Organizando el mundo en categorías").

Hay evidencias en el texto que permiten reforzar esa afirmación. Como dice David Wilkinson, "la estructura de los siete días refleja un

---

1 En el presente capítulo, utilizo Génesis 1, el primer capítulo de la Biblia, como una abreviatura para Génesis 1:1-2:4a. Para una evaluación concisa de las diferentes designaciones académicas de este texto, ver Waltke, "Genesis, Chapter One".

2 Sobre este tema, ver Newsom, "Spying Out the Land". Aunque los intérpretes han indicado que Génesis 2:4b-3:24 funciona de manera similar como literatura simbólica o como relato (proto)histórico (por ejemplo, G. Wenham, *Génesis 1-15*, 90-91), veo evidencias suficientes de que 2:4b-3:24 encaja en un género simbólico, si bien hay [relativamente poca] evidencia que indica que puede funcionar de manera más literal.

> ### Organizando el mundo en categorías
>
> "Imagina que quieres decir 'el mundo se puede dividir en seis clasificaciones principales'. Es decir, intentas abordar 'los principios del Orden', comenzando por el orden natural y colocando en referencia el orden sociopolítico de la humanidad. Pero quieres tratar esos asuntos en términos narrativos, lo que necesariamente implica una secuencia temporal…
>
> Enunciado narrativamente (al estilo del Génesis), no expresarías los principios en una lógica de clasificación ('la primera de las seis clases primarias fue tal y tal, la segunda, tal y tal, y así sucesivamente'). Más bien, un estilo completamente narrativo traduciría de forma adecuada la idea de seis clases de categorías a partir de una línea de tiempo, como si asignáramos a cada una de las clases un 'día' separado. De esa manera, en lugar de decir 'y eso completa la primera división amplia, o clasificación, de nuestro tema', diríamos: 'Y la tarde y la mañana fueron el primer día'. Y así sucesivamente, a través de las seis amplias clases, terminando con 'por último, pero no menos importante', para la categoría de la humanidad y su ámbito".
>
> Kenneth Burke, *Rhetoric of Religion*, 201-2 (texto alterado para la inclusión de género)

orden lógico más que cronológico".³ Los primeros tres días, o categorías, describen los ámbitos en los que tiene lugar la vida tal como la conocemos. Los segundos tres días, o categorías, describen a los *habitantes* de los reinos correspondientes:

Ámbitos	Habitantes
Día 1: Luz (separada de las tinieblas)	Día 4: Lumbreras mayores y menores
Día 2: Cielos (separados de las aguas)	Día 5: Aves y peces
Día 3: Tierra seca (con vegetación)	Día 6: Animales y seres humanos

Visto con esta lente interpretativa, Génesis 1 se trata menos de ubicar científicamente el amanecer del tiempo y más sobre reflexionar acerca del mundo increíblemente bien ordenado que Dios creó.⁴ El texto mismo habla de la bondad de ese orden, diciendo siete veces que Dios vio lo que

---

3 D. Wilkinson, *Message of Creation*, 23–24.
4 La ciencia es un esfuerzo moderno, y mucha gente ni siquiera pensaría en clasificar Gen. 1 como "científico". Sin embargo, como una forma de abordar el actual debate creacionismo-evolucionismo, es necesario señalar estos puntos. Sobre el conocimiento científico que está "fuera del alcance de las Escrituras", ver Cosgrove, *Appealing to Scripture*, cap. 4.

había hecho y lo consideró "bueno" (1:4,10,12,18,21,25, esp. 31).

Otros han hecho planteamientos similares sobre la naturaleza simbólica de Génesis 1. Claus Westermann, un destacado erudito bíblico del siglo XX, alega que es una parábola. En consecuencia, su objetivo no es describir con precisión matemática lo que sucedió en siete bloques de tiempo dispuestos en veinticuatro horas cada uno. Más bien, Génesis lleva a quienes lo leen a que imaginen cómo Dios está involucrado en los asuntos de nuestro mundo. Para Westermann, por lo tanto, el punto principal de este texto es "que el tiempo, debidamente ordenado y dirigido en períodos cuidadosamente regulados hacia la meta dada por Dios [es decir, el *Sabbath*], comenzó con la creación".[5]

Otros más señalan características específicas dentro de Génesis 1 que indican que nunca se pretendió que el texto se entendiera como científico. Por ejemplo, habla de la tarde y la mañana desde el principio, pero el sol y la luna no se crean sino hasta el cuarto día. ¿Cómo se puede medir el tiempo sin cuerpos celestes? Tal como observa Clark Pinnock, "que Dios haya hecho el sol, la luna y las estrellas el cuarto día, y no en el primero, debería decirnos que esta no es una declaración científica (Génesis 1:14-19). Este detalle en el relato sugiere que [ver a Génesis 1 como un texto científico] no funcionará y que la agenda del escritor debe haber sido un tanto diferente a la descripción de procesos físicos reales".[6] Este texto parece tratar más acerca de la naturaleza de Dios y del mundo y menos de una época anterior a la historia (ver "Incomodidad con los paralelos del Antiguo Testamento").

Por lo tanto, uno puede argumentar fácilmente que tratar de obtener información científica de Génesis 1 es como romper un huevo de chocolate Fabergé y esperar que contenga una yema y una clara. Este enfoque pasa por alto el propósito principal del texto, desprecia la descripción ingeniosa del mundo en Génesis 1, y reduce el hermoso texto a meros hechos (¡y a hechos equivocados!). Las palabras iniciales de la Biblia parecen estar mucho más preocupadas por infundir un sentido de asombro por la creación y Dios que por describir la edad de la tierra.

---

5 Westermann, *Génesis 1-11*, 90.

6 Pinnock, "Climbing Out of a Swamp", 148. Otros eruditos han ofrecido explicaciones alternativas de por qué la luz fue creada antes que los cuerpos celestes, como Westermann, *Génesis 1-11*, 112; y Mark S. Smith, *Priestly Vision*, 71-79, 98.

>
> #### Incomodidad con los paralelos del Antiguo Testamento
>
> Los cristianos a menudo nos sentimos incómodos cuando escuchamos hablar acerca de las similitudes entre la Biblia y los textos antiguos de otras religiones. Somos un público que se enfrenta a preguntas como:
>
> ¿Es la Biblia realmente única?
> ¿Es la Biblia solo un accidente de la historia?
>
> Es importante recordar que la Biblia retrata la amorosa preocupación de Dios por todos los pueblos del mundo.
> Si Dios los ama a todos, entonces seguramente les ha dado a todas las personas de otras religiones alguna medida de verdad, incluso si no es la plenitud de la verdad que se encuentra en la Biblia.
> Los seguidores de John Wesley con frecuencia hablan de diferentes tipos de gracia. Existe la gracia justificadora que uno recibe en la conversión, cuando los pecados son perdonados, así como la gracia santificante, que les ayuda a los creyentes a vivir vidas santas. Antes de estos dos tipos de gracia, existe la gracia preveniente. Está disponible para toda la humanidad y ofrece un sentido de lo que está bien y lo que está mal, de quién es Dios y de cómo funciona el mundo.
> Uno puede ver fácilmente los paralelos extrabíblicos como manifestaciones de esta gracia preveniente. Los textos antiguos pueden ser similares a la Biblia, pero eso no significa que esta sea un accidente de la historia. Más bien, estos paralelos ilustran cómo la gracia de Dios se extiende a todas las personas del mundo.[a]
>
> ---
> a. Ver Schlimm, "Wresting with Marduk"; Strawn, "Genesis, Gilgamesh".

Génesis 1 como "lo que sucedió"

La interpretación anterior tiene un gran mérito, pero necesita un poco de matiz. Las cuestiones científicas e históricas no fueron las más importantes que abordaron los autores de este texto. Al mismo tiempo, tampoco está claro que su intención fuera que el relato se entendiera *solo* como simbólico y que no reflejara nada de cómo sucedieron las cosas en realidad.[7]

---

[7] Para una discusión concisa de varios puntos de vista, ver Brett, "Motives and Intentions in Genesis 1", 13-16; también Mark S. Smith, *Priestly Vision*, 63: "Génesis 1 les dice a los lectores cómo sucedieron las cosas en verdad. Al mismo tiempo, no ofrece una explicación que se acerque a un sentido racional o científico".

En muchos aspectos, Génesis 1 refleja una comprensión antigua del orden general en el que se creó el mundo. La arqueología ha descubierto historias creacionistas del antiguo Cercano Oriente (culturas que rodeaban al antiguo Israel). Tenemos textos del antiguo Egipto y Babilonia, entre otros lugares.[8] Algunos de estos textos parecen ser aun más antiguos que el primer capítulo de la Biblia.

En muchos sentidos, Génesis 1 se distancia de esas otras historias de la creación, como veremos a continuación. Además, se cuestiona si los autores de Génesis se basaron directamente en esas otras historias; sin embargo, hay importantes puntos de concordancia entre este grupo de textos antiguos. Así que, a veces parece que Génesis estuviera haciendo eco de ideas bien conocidas de las culturas circundantes.[9]

Por ejemplo, un texto egipcio de la antigua ciudad de Memfis describe una deidad creadora llamada Ptah, que crea cosas a través de órdenes. Después de la creación, el texto dice que Ptah estaba satisfecho con la "buena" creación que llegó a existir.[10] Génesis 1 describe de manera similar a Dios creando el mundo por mandato y luego considerándolo bueno.

O bien, para mencionar otro ejemplo, un conocido texto babilónico llamado *Enuma Elish* presenta los orígenes del universo en términos de un movimiento del caos al orden que involucra lo siguiente:

1. la creación del firmamento,
2. la creación de las lumbreras,
3. la creación de la humanidad,
4. y, finalmente, el descanso divino.[11]

---

8 Se puede encontrar una breve pero útil introducción al estudio comparativo de Génesis 1 en Mark S. Smith, *Priestly Vision*, 182–85

9 Sobre este tema, ver Walton, *Ancient Near Eastern Thought*, esp. 26-27. Para un tratamiento extenso de Génesis 1, ver Walton, *Lost World of Genesis One*.

10 "The Memphite Theology", *AEL2* 1: 54–55. Otra traducción, en lugar de decir que Ptah "estaba satisfecho", dice que Ptah "descansó", lo que también tendría conexiones con Génesis ("Memphite Theology", trad. por James P. Allen [*COS* 1.15: 23]).

11 "The Creation Epic", traducido por E. A. Speiser, en Pritchard, ed., *The Ancient Near East*, 31–39. Ver esp. Tablilla IV, líneas 136–40 (firmamento); Tablilla V, líneas 1-13 (lumbreras); Tablilla VI, líneas 1-10, 33 (humanidad); Tablilla VI, líneas 34–36 (descanso / libertad del trabajo y del servicio). Los eruditos han debatido si los autores de Génesis 1 estaban familiarizados con este texto. La mayoría cree que, si bien es difícil establecer una línea de dependencia directa, existía un conjunto común de imágenes y suposiciones culturales en las que se basaron los autores de Génesis 1 al formular su trabajo. Para ver similitudes adicionales entre Génesis 1-3 y la mitología del antiguo Cercano Oriente, ver Enns, *Evolution of Adam*, 35-59; Harlow, "After Adam", págs. 182-85.

Tal orden es bastante similar al que se encuentra en Génesis 1 (ver "El propósito de Génesis 1").

El propósito de Génesis 1

"Nunca fue la intención de Dios que la gente pensara que el mundo fue creado en seis días. El propósito de la narración no era describir los orígenes, sino liberar a la humanidad de la idolatría, de adorar objetos en el mundo natural o el universo, al señalarle el orden divino que yace en el corazón mismo de la realidad".
John Rogerson, "What Difference Did Darwin Make?" 80 (sobre el pensamiento de F. D. Maurice)
"La creación de Dios en Génesis 1 le ofreció a Israel una visión de vida y bendición, de orden y santidad, en medio de un mundo estropeado por la violencia y el desastre, la servidumbre y la muerte".[a]
Mark S. Smith, *Priestly Vision*, xii

a. Ver también G. Wenham, Genesis 1-15, liii

Dadas las similitudes entre la Biblia y otros textos, es posible que quienes leyeron por primera vez Génesis 1 hayan pensado que el texto contenía información bastante confiable sobre los orígenes del mundo. Como mínimo, era un relato que reflejaba la comprensión cultural común de cómo nació el planeta.

¿Significa esto que los cristianos de hoy necesitamos aceptar de igual manera Génesis 1 como una descripción precisa del orden en que sucedieron las cosas? No necesariamente. *Hay muchas formas en que un texto bíblico puede moldear nuestras vidas.*

Descubriendo fidelidad en la continuidad con el texto bíblico

Nuestra tarea como cristianos es trabajar con el Espíritu Santo, con otros cristianos y con toda la evidencia disponible para determinar cómo un texto puede relacionarse mejor con nosotros y nosotras hoy. A veces, esta tarea requiere creatividad.

En el caso de Génesis 1, los autores no abogaron por un rechazo rotundo de todo lo que los pueblos circundantes pensaban sobre el mundo natural.¹² No asumieron que quienes estaban por fuera de sus propias comunidades de fe no contaban en absoluto con la verdad de Dios. Por el contrario, fueron autores que expusieron algunas características de los orígenes del mundo en términos que les hacían eco a los supuestos culturales más amplios.¹³

Así como los escritores de Génesis estaban abiertos a lo que la gente de las culturas circundantes pensaba sobre los orígenes del mundo, los cristianos podemos abrirnos a lo que los científicos de hoy piensan sobre lo mismo.¹⁴ Tal enfoque es mucho mejor que negar la ciencia o inventar esquemas para explicar la falta de armonía entre esta y el Génesis.

Para enfatizar sobre el mismo punto de otra manera, hacernos amigos del Antiguo Testamento no significa que debamos ser enemigos de todo lo demás. Existe un precedente bíblico para aceptar propuestas lógicas y razonables sobre los orígenes del mundo. De hecho, el desarrollo de la ciencia moderna le debe mucho a la creencia bíblica de que la creación refleja a su Creador, operando bajo principios comprensibles.¹⁵ Si creemos que Dios ama a todas las personas y les ha dado las habilidades para comprender el mundo, entonces podemos esperar la verdad desde fuentes distintas a la Biblia. La ciencia, incluido el estudio de la evolución, puede ser una de esas fuentes.

Una apertura crítica

Si bien los cristianos podemos y debemos estar abiertos a la ciencia, no necesitamos estar de acuerdo con todo lo que se ha afirmado en algún momento en nombre de la evolución. *Los autores bíblicos fueron cautelosos en relación con lo que aceptaban de las culturas circundantes* (ver "Génesis y ciencia").

Los escritores del Génesis no se comprometieron con todo lo que creían

---

12 Mark S. Smith, *Memoirs of God*, cap. 3; ver también 169

13 Cada texto abre todo un campo de significados. Dentro de ese campo hay espacio para muchas buenas interpretaciones. Sin embargo, también las hay que son malas y que quedan por fuera de ese campo de significado. Esas malas interpretaciones no coinciden con los contornos del texto en sí, y no se alinean con toda la evidencia disponible. Arriba hablé de la intención del autor, pero no quiero dar a entender que sea posible reconstruir exactamente quién escribió cada palabra de la Biblia y cuáles fueron todas sus intenciones. Antes bien, yo exploro lo que los escritores del Génesis intentaron comunicar como una forma de hablar en torno al campo de significado abierto por el texto.

14 Mark S. Smith, *Memoirs of God*, 170.

15 Goddu, "Science and the Bible", 684.

Génesis y la ciencia

El enfoque aquí plantea que así como los escritores del Génesis estaban abiertos a las ideas culturales, los cristianos también podemos estar abiertos a las ideas científicas. Como explica David Wilkinson, hay otros que relacionan al Génesis y a la ciencia de manera diferente, tomando uno de estos enfoques:

Creacionismo de siete días: el universo se hizo literalmente en siete días. Los científicos que afirman lo contrario se equivocan.

La teoría de la brecha: Dios creó originalmente el universo como en Génesis 1:1, que pudo haber ocurrido hace miles de millones de años. Sin embargo, Satanás provocó la ruina de la tierra, así que 1:2-2:4a describe cómo Dios recreó el mundo.

Teoría del día / era: La palabra "día" en Génesis 1 debe traducirse como "era", lo que significa que el mundo puede ser bastante antiguo.

Teoría de la explicación de los siete días: Dios tardó siete días en explicarle a Adán cómo se hizo el mundo, pero su creación se dio mucho antes.

Enfoque literario: Génesis 1 no transmite la verdad científica y no deberíamos esperar que lo haga. Sin embargo, transmite una verdad teológica importante.[a]

Tanto Wilkinson como yo simpatizamos con la última postura.

---

a. D. Wilkinson, *El mensaje de la creación*, 271-79

---

los pueblos vecinos. Si bien aceptaron supuestos básicos sobre el orden en que nació el mundo, rechazaron cuidadosamente las afirmaciones teológicas y éticas cuestionables. Los cristianos también podemos ejercer una apertura crítica frente a lo que otros afirman (ver "Ni totalmente idénticos ni completamente opuestos").

De hecho, estudiar la relación del Génesis con su entorno original pue-

Ni totalmente idénticos, ni completamente opuestos

El erudito bíblico Christopher B. Hays recomienda a quienes leen los textos bíblicos que los traten "como los productos ideológicos y literarios complejos que son, en lugar de asumir que deben expresar ideas idénticas a las de las culturas circundantes, o que deben oponerse completamente a ellas".[a]

Christopher B. Hays, *Death in the Iron Age II*, 1

---

a. Esta observación relacionada con el primer Isaías se aplica igualmente a otras partes de la Biblia

de proporcionar una *heurística* o una guía útil sobre cómo los cristianos podemos interactuar con las afirmaciones que se hacen en nombre de la evolución. Hay cuatro abordajes que permiten ilustrar este punto.

1. Igualdad humana

El primer ejemplo se refiere a la igualdad humana. Las culturas del antiguo Cercano Oriente no creían que todas las personas hubieran sido creadas iguales. Tendían a distinguir a los reyes y faraones de los demás y afirmaban que solo aquellos con poder mostraban la imagen de Dios. Génesis 1 rechaza esa afirmación al sostener que toda la humanidad está hecha a imagen de Dios (1: 26-28).[16]

En ocasiones, la gente ha llevado la teoría de evolución más allá del ámbito de la ciencia y ha asumido que explica cómo debería vivir la gente y cómo debería funcionar el mundo (ver "La evolución: más que una teoría científica"). En nombre de la evolución, por ejemplo, algunos han afirmado que ciertas personas son mejores que otras. La selección natural parece plantear que la "supervivencia del más fuerte" es un principio básico que rige a los habitantes del mundo. Hay quienes han ampliado ese pensamiento al punto de sugerir que algunos seres humanos son mejores

LA EVOLUCIÓN: MÁS QUE UNA TEORÍA CIENTÍFICA

"La teoría de la evolución no es solo una pieza inerte de ciencia teórica. Es también, y no puede dejar de ser, un poderoso cuento popular sobre los orígenes humanos. Cualquier relato de este tipo debe tener fuerza simbólica... Los hechos nunca se nos aparecen brutos y sin ningún sentido; siempre están organizados en algún tipo de historia, en algún drama. Y estos dramas pueden ser realmente peligrosos".

Mary Midgley, "Evolutionary Dramas", 239, 242

"Sería difícil pasar por alto el hecho de que el concepto de evolución tiene una doble vida, que hace referencia a un cuerpo de conocimiento técnico desarrollado a través de un estudio científico cuidadoso, pero que también evoca un conjunto de significados más intangibles que son, a la vez, emotivos, ideológicos, quizás incluso religiosos y que se mueven en órbita alrededor de la noción de progreso".

Thomas M. Lessl, *Rhetorical Darwinism*, xi

---

16 Ver Middleton, *Liberating Image*, esp. Cap. 3

—en mejor forma y más evolucionados— que otros. Por lo tanto, a lo largo de su historia, el darwinismo ha tenido conexiones con el racismo, la eugenesia e incluso el nazismo.[17]

Con base en las Escrituras, los cristianos podemos rechazar tales nociones y defender el valor inherente de todas las personas, ya que llevamos el sello indeleble de la imagen de Dios (también llamada *imago Dei*). Por lo tanto, podemos rechazar las nociones egoístas de que algunas personas son mejores que otras, incluso mientras aceptamos las afirmaciones más sustanciales de la evolución, como aquellas cuyo sentido encuentra un respaldo amplio en el registro fósil disponible. Al hacerlo, nos asemejamos a los autores de Génesis 1, quienes aceptaron las suposiciones culturales comunes sobre cómo fue creado el mundo y, al mismo tiempo, rechazaron las afirmaciones éticas problemáticas que las acompañaban.

Por lo tanto, cuando se presenta alguna evidencia a favor de la evolución, no necesitamos negarla de plano ni involucrarnos en ejercicios de gimnasia mental para explicarla. Si los mejores pensadores científicos de nuestros días plantean que la tierra tiene miles de millones de años, las Escrituras no nos ruegan que los desafiemos.

Al mismo tiempo, cuando los individuos exaltan la evolución a una teoría que lo abarca todo y que niega la existencia de Dios o promueve prácticas éticas horrendas, podemos ubicarnos a la vanguardia del rechazo de tales movimientos. Al hacerlo, nos alineamos con la forma en que Génesis 1 interactúa con su entorno.

2. Violencia

Un segundo ejemplo de la relación entre Génesis, su mundo y el nuestro se refiere a la violencia. Mucha gente en el antiguo Cercano Oriente asumía que el mundo había sido creado como resultado de una violenta batalla entre dioses rivales. Sus escritos religiosos relatan historias de conflictos sangrientos y alaban a las deidades victoriosas que conquistaban a otras (ver "Violencia mítica en la aurora del tiempo").

---

17 Ver las provechosas discusiones en Cunningham, *Darwin's Pious Idea*, 186-91; S. Barton, "'Male and Female'", 182-83. Para el racismo en los escritos de Darwin, ver Darwin, *El origen del hombre*, 1: 186; cf. 191, así como su discusión sobre "bárbaros" y "salvajes" a lo largo de la parte 1.
Existe una diferencia importante entre la evolución-como-teoría-científica y la evolución-como-trampolín-ideológico hacia nociones como el racismo. Sobre este tema, ver Strawn, "Evolution (ism) and Creation (ism)"; McGrath, *Darwinism and the Divine*, 27-45.

Violencia mítica en la aurora del tiempo

En una epopeya babilónica de creación llamada *Enuma Elish*, la creación ocurre cuando los dioses rivales entran en combate mortal. Marduk, la deidad tutelar de Babilonia, desafía a la diosa del mar, Tiamat, a la batalla:

"¡Levantaos, que vos y yo nos encontraremos en un solo combate!".
Tan pronto Tiamat lo escuchó,
Ella, como si estuviera poseída, abandonó sus sentidos.
Furiosa, Tiamat gritó en voz alta...
Se trabaron en un combate singular, se enfrascaron en la batalla.
El señor extendió su red para envolverla,
Al Viento Maligno, que venía detrás de él, lo desencadenó contra el rostro de ella.
Cuando Tiamat abrió la boca para consumirlo,
El señor empujó al Viento Maligno; ella sus labios no pudo cerrar.
Mientras los vientos feroces golpeaban su vientre,
Su cuerpo estaba distendido y su boca muy abierta.
El señor soltó la flecha, le desgarró el vientre
Le atravesó las entrañas y le partió el corazón.
Habiéndola así sometido, extinguió su vida.
Arrojó su cadáver para pararse sobre él...
El señor pisó las piernas de Tiamat,
Con su despiadada maza le aplastó el cráneo.[a]

En lo que sigue, Marduk cortó en dos a esa deidad monstruosa y con su cadáver hizo el mundo tal como lo conocemos.

---

a. Tomado de Pritchard, *Ancient Near East*, 34-35 (Tablilla IV, renglones 86-89, 94-104, 129-30)

Génesis 1, en marcado contraste, es un texto más bien aburrido. Hay muy poco drama. Dios simplemente habla y, como resultado, las cosas existen.[18] No hay derramamiento de sangre, no hay violencia, y no hay matanzas.[19] Sin duda, tan pronto como el ser humano sale del jardín en

---

18 Anteriormente, mencioné que la teología de Memfis describe que Ptah ordena de manera similar la existencia del mundo. Sin embargo, a diferencia de Génesis 1, la teología de Memfis no está libre de violencia. Esa teología reconoce que se necesita una pacificación en razón a la disputa entre las deidades Horus y Set ("Memphite Theology", *AEL2* 1: 52-53).

19 Aquí hablo de violencia entre dioses o entre personas. Se podría argumentar que Génesis 1:28 aprueba algún tipo de violencia, pero ciertamente no aboga por que los humanos se maten entre sí, sino que dice: "Dios los bendijo, y Dios les dijo: 'Sean fructíferos y multiplíquense, llenen la tierra y sométanla; y dominarás a los peces del mar y a las aves del cielo y a todo ser viviente que se mueve

Génesis 4, estalla la violencia. Sin embargo, cuando eso sucede, el Creador condena esa violencia, tanto antes como después de que hubo ocurrido.

Así que, en lugar de ver a la violencia como algo fundamental para la creación, Génesis presenta un mundo donde la violencia se opone a la voluntad de Dios (ver "Haz la creación, no la guerra").

Haz la creación, no la guerra

El erudito bíblico Mark Smith se pregunta por qué la violencia es un dato ausente en Génesis 1, siendo que está presente en otras historias de la creación del antiguo Cercano Oriente. Su respuesta es que "de esta manera, Dios puede ser visto como un poder más allá del conflicto, en efecto, el poder indiscutible e incuestionable más allá de cualquier poder".

Mark S. Smith, *Priestly Vision*, 69

En ocasiones, el pensamiento evolucionista se ha interpretado como tolerante de la violencia. Dentro del mundo darwiniano, las especies compiten constantemente entre sí. La razón es bastante simple: a diferencia del retrato de Génesis 1, el mundo no es bueno, no hay suficiente para todos. Y así, la violencia ocurre naturalmente cuando las especies, en la búsqueda por garantizar su supervivencia, luchan por tener acceso a recursos limitados.[20]

En contraste con esa línea de pensamiento, los cristianos podemos rechazar las nociones de que la violencia es fundamental para quiénes somos y qué es el mundo. Podemos rechazar todas las lógicas que afirman que deberíamos matar a otros, trazando así una línea directa desde el Creador no violento de Génesis 1 hasta los mandatos del Jesús que pone la

---

sobre la tierra'" (NRSV). La palabra hebrea para "someter" significa "pisar bajo los pies" (por ejemplo, Miqueas 7:19). Puede implicar violencia hacia los seres humanos (por ejemplo, Ester 7: 8), pero aquí se dirige hacia la tierra, no hacia otras personas (la palabra hebrea para "tierra" también puede significar "terreno seco" o "suelo"). Es probable que el texto visualice a los humanos como labrando, entre la naturaleza salvaje de la creación, un lugar para vivir. La palabra hebrea "dominar" se refiere al ejercicio del poder, que puede tener lugar con o sin dureza (Lev. 25:43, 46; Sal. 68:27). La naturaleza no violenta de Dios en otras partes de Génesis 1 indica que estas palabras no aprueban la violencia hacia otros humanos.

20 Algunas de las palabras favoritas de Darwin son "competencia" y "lucha", la primera aparece más de cuarenta veces en *El origen de las especies* y la segunda, más de ochenta. En varias ocasiones, incluido el párrafo final de la obra citada, Darwin caracteriza la lucha evolutiva en términos violentos, llamándola "la guerra de la naturaleza" (Darwin, *Origen de las especies*, 316). Sobre los puntos de contacto entre el pensamiento evolutivo y la violencia, ver Cunningham, *Darwin's Pious Idea*, cap. 5.

otra mejilla en Mateo 5.[21] Si bien la evolución puede enseñarnos mucho, no es necesario que nos enseñe que la violencia es justificable. Quizás pueda tener un propósito descriptivo y explicar de manera parcial las raíces de alguna violencia; sin embargo, nunca debe cumplir una función prescriptiva que la fomente.

De hecho, muchos científicos que creen en la evolución se estremecen cuando la gente usa la teoría evolutiva para justificar el racismo y la violencia en la actualidad. Ellos sostienen que la civilización y la cultura han eliminado la necesidad de que la humanidad apele a impulsos evolutivos destructivos. Por lo tanto, ya no necesitamos vernos en competencia unos con otros ni esforzarnos violentamente por sobrevivir y reproducirnos.[22] Los cristianos podemos suscribirnos a esa línea de pensamiento y ver a las comunidades humanas como dones divinos que nos permiten reflejar mejor al Dios del Génesis 1 que considera que todos los seres humanos tienen un valor infinito, que ve la violencia como innecesaria y que ha bendecido todas las formas de vida.

3. *Panteísmo, teísmo y ateísmo*

Un tercer ejemplo se refiere al estatus sagrado del mundo. En general, las religiones del antiguo Cercano Oriente observaban al cosmos en términos divinos. Las palabras hebreas ordinarias para "sol" y "luna", por ejemplo, también eran nombres de deidades.[23] Génesis rechaza firmemente ese panteísmo. Incluso llega a llamar al sol la "lumbrera mayor" y a la luna la "lumbrera menor", presumiblemente para que los nombres de estas deidades ni siquiera entraran en el texto (1:14-16). Génesis les dice a quienes lo leen que solo hay Uno que es digno de adoración, el Dios por cuya palabra el mundo llegó a existir.[24]

El pensamiento evolutivo, obviamente, no defiende al panteísmo. De hecho, puede usarse para descartar a Dios por completo. Varias

---

[21] O, para no salir de Génesis, al final del libro encontramos a José ofreciéndoles perdón a los mismos hermanos a quienes podría haber dañado, castigado o quizás asesinado (Gen. 50:15-21).

[22] Para la discusión de Darwin sobre cómo la civilización y la cultura frenan los impulsos evolutivos, ver Darwin, *El origen del hombre*, 1: 180, 185. Para una descripción más reciente del papel de la cooperación dentro de un esquema evolutivo, ver Nowak con Highfield, *SuperCooperators*.

[23] Cf. 2 Reyes 23:5,11.

[24] Génesis 1 implica que hay otros seres celestiales ("Hagamos a la humanidad a nuestra imagen", v. 26, alterado). Sin embargo, estos otros seres celestiales reciben poca atención. No se describen ni se nombran. Por tanto, el énfasis está en la unidad de Dios.

personas, tomando la evolución como punto de partida, se suscriben a un materialismo ateo: creen que la materia es todo lo que ha existido y siempre existirá. Para ellos, el mundo no es divino; no hay nada en absoluto que sea divino.[25]

Claramente, los cristianos y cristianas no avalamos ese punto de vista. No solo afirmamos la existencia de Dios, sino que además para nosotras y nosotros el mundo y todos sus habitantes han sido bendecidos por Él (Gén. 1:22). Por tanto, consideramos que hay un término medio entre la idea panteísta de que el mundo es divino y la idea materialista de que solo existe la materia física. Para nosotros, la creación no es dios, pero es sagrada; ha sido infundida con valor y bendición divinos. La creación debe ser respetada, protegida y vista como nuestra aliada. Así como los autores del Génesis rechazaron firmemente el panteísmo, nosotras y nosotros también podemos rechazar el ateísmo. La creación no debe ser divinizada ni objetivada. Tiene su valor dado por Dios, pero no es Dios (Ver "Lucha vs. Belleza").

> **Lucha vs. Belleza**
>
> Darwin vio el mundo en términos de una lucha colosal por la supervivencia. En un mundo así, es difícil que la belleza, el asombro, la maravilla o el descanso tengan valor. La Biblia, en cambio, le da a la humanidad permiso para unirse a Dios en su deleite con la belleza de la creación y el descanso en medio de su bondad.

4. Humanidad

Finalmente, pasemos a la pregunta "¿cómo llegó la humanidad hasta aquí?". Varias historias de creación del antiguo Cercano Oriente describen a la humanidad como creada a partir de la sangre de un dios sacrificado.[26] En estos relatos, la función más importante de la humanidad es hacer el trabajo de los dioses sobrevivientes a fin de que el descanso divino sea posible (ver figura 2).

El Génesis tiene cierta continuidad con esas antiguas historias del Cercano Oriente. Ambos hablan del descanso divino. Ambos ven a la humanidad como una parte de la obra de Dios (Génesis 1:26, 28 habla de que la humanidad gobierna sobre la creación). Ambos ven a la humanidad

---

25 Para una descripción popular de este tipo de visiones, ver la descripción del naturalismo filosófico en Dawkins, *El espejismo de Dios*, esp. 34, con las calificaciones allí recogidas.

26 Ver "Atra-hasis", *COS* 1.130: 150–244; Pritchard, *Ancient Near East*, 36–37 (Tablilla VI, líneas 1–38).

Figura 2. Atrahasis. Tanto el *Enuma Elish* (ver pág. 37) como el *Atrahasis* describen a la humanidad como hecha a partir de la sangre de un dios muerto. La imagen arriba muestra dos fragmentos de Atrahasis. Los escribas formaban las letras presionando una caña de junco en una tablilla de arcilla. Tomé esta fotografía en el Museo Metropolitano de Arte de Nueva York, en 2005. Para mayor información, consultar "Cuneiform Tablet: Atra-hasis, Babylonian Flood Myth" *The Metropolitan Museum of Art*, · http://www.metmuseum.org/collections/search-the-collections/30000627?img=1

como una combinación de lo divino y el polvo de la tierra: en la antigua historia de creación Atrahasis, la sangre del dios muerto se combina con arcilla; en Génesis, Dios le da su aliento a la figura que formó del polvo de la tierra (2:7).

Con todo, sería un error decir que Génesis simplemente parafrasea ideas culturales. Antes bien, en sus relatos les da nueva forma a esas ideas, defendiendo la dignidad y el valor de la humanidad, en lugar de sugerir que somos un poco más que esclavos de los dioses. En las tradiciones bíblicas, la humanidad termina participando del descanso divino al honrar el *Sabbath*. (Éx. 20:8-11). En Génesis, el trabajo que las personas hacen para Dios es la honorable tarea de gobernar sobre la creación. Los seres humanos no solo tienen una parte divina en su interior: son la imagen misma de Dios (Ver "Los orígenes humanos").

> LOS ORÍGENES HUMANOS
>
> "En la tradición mesopotámica, la humanidad fue creada a partir de la sangre de un dios que representa el caos y la culpa, por lo que la gente lleva dentro de sí elementos de una vida destinada al fracaso. Esta antropología negativa está ligada a una idea pesimista del propósito de la vida humana, que consiste en aliviar a los dioses culpables de haberles impuesto a los seres humanos la carga del trabajo. El trabajo como objeto de la vida humana se ve como un castigo por culpa de los dioses. ¡Qué diferentes son las cosas para Génesis!".
>
> Eckart Otto, *Ethik*, 62, citado en J. Barton, *Understanding*, 1, texto alterado.

Lo que vemos, entonces, es que los autores del Génesis tenían cierta apertura a las ideas de la cultura circundante. Sin embargo, esas ideas culturales fueron criticadas, modificadas y acondicionadas para afirmar el gran valor, las responsabilidades y las maravillas de los seres humanos.

Siguiendo el ejemplo del Génesis, los cristianos de hoy podemos cultivar una apertura crítica a las ideas sobre los orígenes de la humanidad. Podemos aceptar los aportes de la evolución sobre los orígenes humanos, aunque nunca debemos perder de vista que fuimos hechos a la imagen de Dios.[27] Podemos enfatizar que tener una relación lejana con otros animales no significa que debamos actuar como animales.

Además, podemos explorar formas en que la evolución aporta de manera fructífera al pensamiento teológico. Ten en cuenta estas preguntas:

- La Biblia condena el orgullo cuando las personas se exaltan a ellas mismas a una posición igual o superior a Dios. Vernos a nosotros mismos, a nosotras mismas, relacionados con los primates, ¿cómo puede fortalecer nuestra autocomprensión como criaturas, en lugar de considerarnos como si fuéramos iguales al Creador? (Ver "Humanidad y humildad").

---

27 Cunningham, *Darwin's Pious Idea*, pág. 180.

- Los eruditos bíblicos han enfatizado los mandatos bíblicos de cuidar la creación de Dios.²⁸ Vernos a nosotros mismos, a nosotras mismas, como relacionados con los animales, ¿en qué sentido refuerza la idea de que los habitantes de la tierra deben ser vistos como nuestros socios antes que como objetos manipulables?²⁹

>
> **HUMANIDAD Y HUMILDAD**
>
> "La evolución nos enseña, al menos, la humildad. La perspectiva evolutiva es un recordatorio de que, aunque hemos sido creados de manera formidable y maravillosa, fuimos hechos del polvo de la tierra. Tanto la biología como la teología insisten en un lado oscuro de la naturaleza humana".
>
> Jeff Astley, "Evolution and Evil", 175

- La Biblia presenta la lujuria y la codicia como pecados profundamente dañinos. ¿Cómo puede la reflexión sobre los impulsos animales de reproducción y supervivencia iluminar nuestra comprensión de estos pecados y la tentación que representan?³⁰

En lugar de tenerle miedo u odio a la ciencia, los cristianos y cristianas podemos ver los hallazgos científicos como oportunidades para reflexionar más profundamente sobre nuestra fe. Como dijo el Papa Benedicto XVI, "la teoría de la evolución no invalida ni corrobora la fe. Pero la desafía a entenderse a sí misma de manera más profunda"³¹. Los escritores bíblicos lucharon con conceptos culturales sobre los orígenes del mundo y llegaron a una comprensión más honda de su fe.

Una comprensión más profunda

Una forma de entender mejor un pasaje bíblico es preguntarse cuáles son las cuestiones que el texto responde. Cuando se trata de Génesis 1, en general la gente se enfoca solo en dos preguntas:

- ¿*Cuándo* nació el mundo?
- ¿*En qué orden* surgieron cada una de sus partes?

---

28 Ver, por ejemplo, Davis, *Scripture, Culture, and Agriculture*.
29 Sobre esta idea, ver Santmire, "Partnership with Nature".
30 Ver Harlow, "After Adam", 191, así como la literatura allí citada.
31 Citado en Horn y Wiedenhofer, eds., *Creation and Evolution*, 16.

Génesis 1 les echa una mirada a esas preguntas, pero, como hemos visto, se basa en gran medida en el conocimiento cultural común de su época.

Hay preguntas mucho más importantes que este texto también responde. Lamentablemente, el debate evolución vs. creación ha dejado de lado estas cuestiones que son fundamentales para el texto mismo. Aquí están las preguntas, así como resúmenes de lo que dice el texto:

P: ¿Quién es responsable del mundo?
R: Dios lo hizo y le dio a la humanidad la responsabilidad de cuidarlo.
P: ¿Quiénes somos? ¿Cuál es nuestra identidad?
R: Somos hechos a imagen de Dios, bendecidos con un valor infinito, aunque somos, en cuanto animales, meras criaturas.
P: ¿Cómo debemos relacionarnos unos con otros?
R: No de forma violenta, dado que todos llevamos la imagen de Dios, quien hizo el mundo a través del habla en lugar de la violencia.
P: ¿Qué es el mundo? ¿Es divino? ¿Es una matriz aleatoria de átomos?
R: El mundo no es divino, pero fue creado por Dios, lo que refleja un orden y una bondad asombrosos.
P: ¿Cómo debemos ordenar nuestro tiempo?
R: En períodos de siete días, permitiendo un día de descanso (inspirado por Dios) cada semana.

Estas preguntas se centran en lo que, en última instancia, importa. Nos dan una identidad, una cosmovisión y una forma de vida.

Conclusión

Contrariamente a algunas suposiciones, los científicos pueden hacerse amigos del Antiguo Testamento y, de hecho, lo hacen (ver "La unidad de la verdad"). El Antiguo Testamento no es un amigo distante o deshonesto que niega continuamente lo que la ciencia descubre.

Más bien, el Antiguo Testamento estuvo abierto a las ideas circundantes en su cultura. Sin embargo, evaluó críticamente esas ideas y utilizó los más altos estándares éticos y teológicos. Como amigo en la fe, responde a lo que otros dicen con historias profundas, con poesía rica y con valoraciones críticas. Este amigo tiene una forma de hablar que nos hace maravillarnos con la creación y adorar a nuestro Creador.

La unidad de la verdad

"El relato 'ciencia y fe en conflicto' está profundamente arraigado en la cultura estadounidense, tanto entre los cristianos que ven en la evolución una amenaza a la autoridad de las Escrituras, como entre los naturalistas metafísicos que ven como irracional cualquier cosa que no pueda ser probada [mediante] el uso de la ciencia. Todo el tiempo me encuentro con ese relato, incluso en las perspectivas de mis estudiantes en el estado de Colorado y en las escuelas cristianas locales a las que mi esposa y yo consideramos enviar a nuestros hijos. Es un relato que está arraigado. Y eso es lo que me entristece. El Salmo 19, uno de mis capítulos favoritos del Antiguo Testamento, retrata una hermosa imagen de un Dios que se revela a sí mismo a través de la majestad de su creación y también a través de las palabras inspiradas de las Escrituras. Si uno cree en la unidad de la verdad, o en que "toda la verdad es la verdad de Dios", significa que no hay un conflicto real entre lo que la ciencia sólida descubre y lo que enseñan las Escrituras; el conflicto es aparente y, cuando aparece, los humanos finitos se equivocan en algo, ya sea en su ciencia o en su comprensión de las Escrituras".

Bryan Dik, "Bill Nye vs. Ken Ham"

Para un estudio posterior

Barton, Stephen C. y David Wilkinson, eds. *Reading Genesis after Darwin*. Oxford: Oxford University Press, 2009.

> Esta es una excelente colección de ensayos escritos por destacados académicos en el campo de la religión. Es un libro de lectura obligada para los estudiantes interesados en el tema de la creación y la evolución.

Cunningham, Conor. *Darwin's Pious Idea: Why the Ultra-Darwinists and Creationists Both Get It Wrong*, Grand Rapids: Eerdmans, 2010.

> Con más de quinientas páginas, este trabajo proporciona un estudio cuidadoso, técnico y en profundidad de propuestas científicas e historias bíblicas de la creación.

Fretheim, Terence E. *God and the World in the Old Testament: A Relational Theology of Creation*. Nashville: Abingdon, 2005.

Este libro examina la creación en todo el Antiguo Testamento. Refleja la erudición convencional mientras se comunica con gran claridad. Escrito por alguien que simpatiza con la vida de fe, proporciona una gran cantidad de conocimientos sobre la creación y su lugar central en la Biblia.

Smith, Mark S. *The Priestly Vision of Genesis 1*. Minneapolis: Fortaleza, 2010.
Este libro resume una variedad de argumentos académicos sobre Génesis 1:1-2:4a. Si bien las personas que lo leen pueden no estar de acuerdo con algunas de las conclusiones de Smith, el autor posee un conocimiento impresionante de la investigación académica.

El sitio www.MatthewSchlimm.com tiene recursos adicionales, incluidas preguntas para la discusión grupal.

4

La Biblia: no apta para menores

La Biblia no es lo que esperamos. Génesis contiene muchas historias que no son edificantes ni inspiradoras. Después de dejar el arca, Noé se emborracha al punto que se desmaya desnudo (9:21). Abraham tontea con la poligamia (cap. 16). En otras dos ocasiones, Abraham miente acerca de su esposa y la entrega a otros hombres (12:10-20; 20:1-18). Su hijo, Isaac, hace básicamente lo mismo (26:7-11). Mientras tanto, las nietas de Abraham emborrachan a su padre y se acuestan con él (19:30-38). Jacob, el nieto de Abraham, se aprovecha del hambre de su hermano Esaú (25:29-34). Más tarde, el mismo Jacob engaña a su padre casi muerto y nuevamente engaña a Esaú, quien luego conspira para matarlo (27:1-45). Luego (otra vez Jacob) recibe un poco de su propia medicina de parte de su tío Labán, con quien agrava tensiones cuando decide huir con sus hijas, que, a la vez, roban los ídolos de su padre (caps. 28-31). Luego, los hijos de Jacob casi matan a su hermano José, eligiendo, al final, venderlo como esclavo (cap. 37). Ya como esclavo, se acusa falsamente a José de intentar acostarse con la esposa de su amo, por lo que lo envían a prisión (cap. 39). ¡Hablando de relaciones disfuncionales! ¡Por favor! Abraham y sus descendientes son un completo desastre.

Más allá de Génesis, quienes leen el texto sagrado encuentran israelitas recién salidos de la esclavitud, que dudan del Dios que los rescató y lo abandonan. El libro de Números describe el lloriqueo incesante que trae consigo castigo tras castigo. En un momento, la Biblia habla de los israelitas que vomitaban codornices por la nariz (Núm. 11:20). El libro de los Jueces abunda en historias de engaño y violencia. Es un libro que relata cómo un hombre mató a su propia hija para cumplir un voto imprudente (11:29-40). Jueces 19-21 cuenta una historia terrible de violación, mutilación de cadáveres y asesinato; si se tratara de una historia breve, aislada de un relato más amplio y que no fuera parte integral de la Biblia misma, los judíos probablemente la denunciarían como antisemita, y los cristianos probablemente intentarían censurarla.

En los libros que siguen al Génesis, Israel pasa de jueces a reyes, pero las historias sobre estos gobernantes no son edificantes. El rey David encarna la corrupción del poder. Abusando de su oficio, duerme con la esposa de su amigo mientras sus tropas están en guerra. Después de que sus maquinaciones iniciales de encubrimiento fracasan, ordena la muerte de dicho amigo (2 Sam. 11-12). A partir de ahí, la monarquía se sale de control.

¿Qué hacemos con estas historias perturbadoras? ¿Por qué son parte de la Santa Biblia, cuando parecen tan profanas? ¿Por qué la iglesia ha guardado estas historias confusas e impactantes en la Biblia? ¿Por qué las Biblias para niños necesitan censurar tanto de lo que dice la Escritura? ¿Qué valor redentor tienen esos relatos sórdidos?[1] (Ver "Secretillos comprometedores").

SECRETILLOS COMPROMETEDORES

"Génesis son todos esos pequeños y sucios secretos que conocemos unos de otros, encadenados entre sí en un relato de 'familia'. Esta familia es tan 'nuclear' que es de un material capaz de desatar una cadena de fisiones nucleares. Génesis es de clasificación +18, no apto para menores. Génesis es lo que las parejas esconden de los vecinos, de los hijos, y unos de otros... No es nada bonito, no es agradable, no es para gente educada, y es Escritura canónica para cientos de millones de judíos y cristianos, el trasfondo de una revelación para cientos de millones más de musulmanes y la inspiración para trillones más de personas que no profesan ninguna fe y que simplemente disfrutan de leer literatura de acción".

Burton L. Visotzky, *Genesis of Ethics*, 9–10

EN BÚSQUEDA DE SANTOS

Este capítulo explora las diferentes formas en que los intérpretes han luchado con las historias moralmente cuestionables de la Biblia. Un enfoque es buscar los personajes más santos del texto, manteniéndolos como ejemplos a seguir. Benno Jacob, un destacado erudito bíblico de principios del siglo XX, trata a José, en Génesis 37-50, de esta manera, viéndolo como un ejemplo moral.

---

[1] En Schlimm, *From Fratricide to Forgiveness*, esp. caps. 7-13, explico con mayor profundidad muchos de los puntos expuestos aquí.

Para repasar, la historia comienza con José proclamando unas pretensiones muy arrogantes ante su familia. Sus hermanos, a su vez, lo venden como esclavo (Gén. 37). José pasa de esclavo (cap. 39) a prisionero (cap. 40) y luego a supervisar la distribución de alimentos en Egipto (cap. 41). Con el tiempo, los hermanos de José van a Egipto por comida (cap. 42). José los reconoce, pero ellos no se dan cuenta quién es. José finalmente revela su verdadera identidad, y pronto la familia está viviendo en Egipto, en paz unos con otros (caps. 45; 50).

Benno Jacob defiende a José como un santo que nosotros, como lectores, podemos emular. Dice que José nunca "inventaría palabras maliciosas" sobre sus hermanos. Afirma que no tiene más que buena voluntad para con ellos y que "no muestra ningún deseo de venganza". En otras ocasiones, afirma que José "desborda de amor" por sus hermanos, no es "ni excesivo ni peligroso" y "siempre había tenido la confianza de recuperar a todos" sus hermanos.[2]

La interpretación de Benno Jacob les da a los lectores y a las lectoras lo que esperan de la Biblia: historias de santos que pueden imitar en sus propias vidas. Son innumerables los predicadores y maestros que hacen ese mismo tipo de interpretación. Afortunadamente, cuando lees la Biblia con atención, se te hace claro que José está lejos de ser un santo. Contrariamente a las afirmaciones de Benno Jacob, la Biblia dice específicamente que José trajo "un mal informe sobre" sus hermanos (37:2). Cuenta que él "les habló con dureza" (42:7, NRSV) y que los acusó falsamente varias veces, a pesar de que suplicaron, alegando su inocencia (42:9, 12, 14; cf. 42:16, 30). José encarceló a sus hermanos por crímenes que no cometieron (42:17) y los hizo aparecer como ladrones (44:1-15).

Aunque de vez en cuando tiene un gesto amable (por ejemplo, les dio de comer), durante gran parte de la historia él aparece en busca de venganza.[3] José una vez sufrió a manos de sus hermanos. Ahora ellos sufren en las de él. José solo parece interesado en reunirse con su hermano más cercano, Benjamín, no con sus medio hermanos matones.

Sin embargo, con el paso del tiempo, cambia de opinión. Los herma-

---

2 Jacob, *Genesis*, 249, 253, 284, 287, 302.

3 José les devolvió el dinero de los hermanos, lo que podría ser otro acto de bondad (Gén. 42:25). Sin embargo, la reacción de temor de los hermanos (42:28) sugiere que incluso ese "regalo" de dinero es otra forma mediante la cual José infunde terror en los corazones de sus hermanos. Ya una vez habían vendido a José por piezas de plata (37:28); ahora son piezas de plata lo que los acechan. Ver Schlimm, From *Fratricide to Forgiveness*, 173.

nos finalmente demuestran que ya no son el tipo de personas que venden a miembros de la familia para salvar sus propios cuellos (Gn. 44). José está profundamente conmovido. Ve que han cambiado. Les ofrece perdón y los hermanos hacen las paces.[4] José finalmente hace lo correcto, pero sus duras circunstancias no lo dejan libre de culpa.

Como cristianos y cristianas, nuestro trabajo no es blanquear el retrato bíblico de José ni intentar limpiar las manchas de su carácter moral. El Antiguo Testamento no nos da biografías de santos. Cuando Pablo dice "todos pecaron y están destituidos de la gloria de Dios" (Rom. 3:23), él ya ha hecho su tarea bíblica. Seguir el ejemplo de Benno Jacob y convertir a los personajes bíblicos en ejemplos a emular no funciona cuando estudiamos detenidamente el texto en cuestión.[5]

En búsqueda de paradigmas

Un enfoque alternativo de las historias bíblicas admite que ningún ser humano en las Escrituras proporciona un modelo perfecto para imitar. Sin embargo, las lectoras y los lectores todavía pueden considerar una variedad de personajes, reunir mentalmente sus mejores cualidades y armar una perspectiva de quiénes debemos ser y cómo debemos actuar. Al concentrarnos en las virtudes, quizás podamos entender mejor lo que hemos de perseguir en nuestras propias vidas.

El erudito bíblico Waldemar Janzen adopta este enfoque. Janzen observa que la mayoría de las personas tienen una imagen mental de un buen conductor y, sin embargo, no les es tan fácil nombrar a alguien que coincida perfectamente con esa descripción. De manera similar, sostiene que el Antiguo Testamento inculca a sus lectores modelos a seguir sin levantar a un solo individuo como ejemplo perfecto.[6]

Entonces, en lugar de decir que José es un santo ideal, Janzen dice que

---

[4] Algunos intérpretes plantean que José en realidad nunca perdonó a sus hermanos, ya que el texto no dice algo como "José perdonó a sus hermanos, tal como lo pidieron". Sin embargo, la lógica de la historia va indudablemente en esa dirección. Los hermanos piden explícitamente perdón (50:17), y la respuesta de José es profundamente amable. Primero, llora. A continuación, les dice a sus hermanos que no tengan miedo, porque él no está en la posición de Dios para condenar. Por segunda vez, les dice que no tengan miedo. Luego, promete cuidar de sus hijos. La perícopa concluye diciendo que José los consoló y les habló amablemente. Sin dudas, parece responder de una manera que refleja perdón. Si bien el narrador no describe hasta el último detalle, se deleita en ser conciso y hablar más a través de las palabras y acciones de los personajes que proporcionando comentarios innecesarios.

[5] Schlimm, *From Fratricide to Forgivenness*, 170, n. 13.

[6] Janzen, en *Old Testament Ethics*, 8-9, 27-28. J. Barton (*Understanding*, 73), llega a algo similar: "Po-

algunas de sus acciones pueden ayudarnos a comprender lo que significa ser una persona sabia. Así, los lectores pueden unirse a José al ver la mano de Dios obrando en el mundo, particularmente cuando se preserva la vida (Gén. 45:4-7; 50:20). Sin embargo, no necesitamos seguir todos los pasos de este personaje.[7]

Este enfoque de perseguir paradigmas es más fecundo que el de buscar santos (ver "Exégesis vs. eiségesis) Mientras las interpretaciones de Benno Jacob no se alinean con el texto, hay, con todo, cualidades positivas que los personajes de la Biblia tienen. Quienes leen el texto bíblico, pueden ensamblar mentalmente esas cualidades de diferentes personajes para llegar a un modelo por el cual luchar.

Sin embargo, los problemas persisten. ¿Por qué presentan los textos bíblicos personajes con cualidades al mismo tiempo virtuosas y pecadoras, siendo que se supone que debemos enfocarnos

EXÉGESIS VS. EISÉGESIS

A los intérpretes bíblicos les encanta hablar sobre la diferencia entre exégesis y eiségesis. Estas palabras provienen de términos griegos. *Exégesis* significa, literalmente, "sacar de". Los intérpretes lo usan para describir buenas *interpretaciones* que surgen directamente del texto bíblico. Por otro lado, *eiségesis* significa "conducir hacia" y se usa para describir malas interpretaciones en las que la gente lee sus propios pensamientos en el texto bíblico en lugar de dejar que el texto hable claramente con su propia voz. Aquí podríamos decir que *perseguir paradigmas es más exegético que buscar santos.*

principalmente en las virtudes? A menudo, las historias bíblicas muestran la naturaleza humana en su peor momento. ¿Cuál es el fin de relatar algunas historias, como las que sirven de cierre al libro de Jueces, que no mencionan algo a imitar? ¿Podemos aprender algo de esas historias negativas, antes que clasificar lo bueno y lo malo para centrarnos tan solo en lo bueno? El proyecto de Janzen se basa en lo bueno. Sin embargo, las historias confusas de la Biblia parecen decididas a presentar al bien y al mal entrelazados. ¿Existe un enfoque alternativo que se conecte mejor con las historias bíblicas?[8]

---

demos tratar todo lo que encontramos en la Biblia como una contribución a una especie de perfil de la buena vida, imaginando las posibles vidas o estilos de vida que ejemplifican sus preceptos".
7 Janzen, *Old Testament Ethics*, 125.
8 Ver también Schlimm, *From Fratricide to Forgiveness*, 97-98, 107-9.

Una cuestión de principios

Algunas personas prefieren, en cambio, buscar los principios éticos que sustentan las historias de la Biblia. Esta táctica asume que las narraciones bíblicas no están muy alejadas de las fábulas de Esopo,[9] un esclavo griego que contaba historias en la época en que se escribieron partes del Antiguo Testamento. Las historias asociadas con él iluminan una palabra de sabiduría que puede sernos de utilidad en la vida. Por ejemplo, en "El perro y su reflejo", un perro lleva un trozo de carne entre sus dientes mientras cruza un puente. Al mirar hacia el agua que corre por debajo del puente, el perro ve a otro perro con otro trozo de carne. A continuación, la fábula dice: "*Y deseando adueñarse del pedazo ajeno, soltó el suyo para arrebatar el trozo a su supuesto compadre. Pero el resultado fue que se quedó sin el propio y sin el ajeno: este porque no existía, solo era un reflejo, y el otro, el verdadero, porque se lo llevó la corriente. Nunca codicies el bien ajeno, pues puedes perder lo que ya has adquirido con tu esfuerzo*".[10] *(Ver figura 3).*

Figura 3. ¡Más carne! Wenceslas Hollar, "The Dog and His Refelction", *Wikimedia Commons*, http://commons.wikimedia.org/wiki/File:Wenceslas_Hollar_-_The_dog_and_his_refelction.jpg

Muchos predicadores consideran las historias del Antiguo Testamento similares a las fábulas de Esopo, al decir que las narraciones de la Biblia ilustran principios éticos y palabras de sabiduría para guiar a lo largo del camino de la vida. Por eso, algunos intérpretes enfatizan el principio del perdón cuando tratan con José. Un erudito dice que la historia de José les indica a sus lectores "que ellos también deberían perdonar incluso a sus

---

9 Aquí, hablo de "fábulas de Esopo" como una forma de referirme a las fábulas comúnmente asociadas con Esopo. Históricamente, se sabe poco sobre este personaje, y es dudoso que él mismo haya escrito algo (Perry, *Babrius y Fedro*, xxxv – xlvi, especialmente xxxv – xxxvi).

10 Bader, *Aesop and Company*, 20. Se usa aquí la traducción de Miguel Villarroya Martín, disponible en https://www.inmonews.es/el-perro-y-su-reflejo-en-el-rio/#:~:text=Vadeaba%20un%20perro%20un%20r%C3%ADo,trozo%20a%20su%20supuesto%20compadre. (Nota del traductor).

enemigos de vieja data si muestran una contrición sincera".[11] Sin dudas, aquí hay algo de verdad. La historia ilustra que la reconciliación puede ocurrir incluso después de que se han padecido rupturas horrendas en las relaciones.

Sin embargo, no significa que podamos ignorar la historia una vez que hemos arribado a un principio importante. La historia de José es mucho más que una forma de animarnos a perdonar a los demás. Es una narración que muestra, por ejemplo, lo difícil que puede ser el perdón real. Nos enseña que los peores conflictos pueden surgir no entre enemigos, sino entre miembros de la familia. El relato ilustra la tentación de dañar a quienes nos hicieron daño. Muestra cómo la reconciliación duradera no ocurre de la noche a la mañana. Es una crítica devastadora a quienes abaratan el perdón, convirtiéndolo en algo que podemos lograr en un instante. Muestra que algunas heridas golpean tan profundamente que debe pasar mucho tiempo antes de que se pueda ofrecer un perdón real.

Nuestro trabajo como intérpretes no consiste en resumir un montón de capítulos en un solo principio. La historia de José es demasiado rica y profunda para eso. Al enfocarnos en abstracciones, trivializamos tanto a la Biblia como a Dios (ver "Dios y los principios morales"). Entonces, ¿cómo resistimos el impulso reduccionista de colapsar historias más grandes que la vida en clichés morales bidimensionales y evidentes por sí mismos?[12]

Dios y los principios morales

"Siempre es más fácil reducir una vida con Dios a los 'principios'. Ese es nuestro mejor intento por evitar la dificultad para domesticar a Dios".

Jonathan Martin, Twitter, 17 de agosto de 2012

"Él es salvaje; tú lo sabes. No es un león *domesticado*".

C. S. Lewis, *El león, la bruja y el ropero*, 182, refiriéndose a Aslan, el león-Cristo.

"La fe que constriñe la riqueza de las tradiciones y confesiones bíblicas para hacerlas caber en una estructura dogmática es insignificante. Una fe viviente, por el contrario, se abre al abrazo de todo testimonio auténtico de la presencia de Dios y de su actividad; es una fe que se extiende en el proceso hasta alcanzar una reverencia y una sensibilidad perceptiva cada vez más acentuadas".

Paul Hanson, *Diversity of Scripture*, 3

---

11 G. Wenham, *Story as Torah*, pág. 38.
12 Sobre los principios de la ética bíblica, ver Schlimm, *From Fratricide to Forgiveness*, 94–95, 100-107.

Leer bien las historias

Hay diferencias importantes entre lo que la Biblia pretende y lo que, en general, la gente cree de ella, éticamente hablando.

Asumimos que el razonamiento moral es tan simple como enfocarse en el bien. Como resultado, buscamos santos, modelos o principios. Sin embargo, la Biblia presupone que *con demasiada frecuencia, lo bueno está inextricablemente entrelazado con lo malo*. Todos y todas llevamos la imagen de Dios, pero somos pecadores y pecadoras. Un buen Dios creó un buen mundo, pero esa creación "espera con gran anhelo" un día más brillante (Rom. 8:19, NRSV). Ya no estamos en el Edén y tampoco volveremos tan pronto como nos gustaría. Como dice Jesús, el mundo es un campo lleno de trigo que da vida y de malas hierbas que la absorben. El bien y el mal no se van a discernir sino hasta la cosecha al final de los tiempos (Mat. 13: 24-30). (Ver "Un mundo moral en desorden").

Un mundo moral en desorden

Los filósofos griegos (y sus herederos) asumieron que el mundo estaba ordenado de tal manera que los humanos podían entenderlo fácilmente. Los escritores de la tragedia griega, sin embargo, tenían una perspectiva muy diferente. Bernard Williams explica:

> Platón, Aristóteles, Kant, Hegel están todos del mismo lado, y todos creen de una forma u otra que el universo, la historia o la estructura de la razón humana pueden, cuando se entienden adecuadamente, producir un patrón que dé sentido a la vida y a las aspiraciones humanas. Sófocles y Tucídides, por el contrario, son iguales en dejarnos sin ese sentido. Cada uno de ellos representa a los seres humanos que tratan de manera sensata, tonta, a veces catastrófica, a veces noble, con un mundo que solo es parcialmente inteligible para la acción humana y que, en sí mismo, no está bien ajustado a las aspiraciones éticas.[a]

Con frecuencia, la visión bíblica del mundo se acerca más a Sófocles y Tucídides que a sus homólogos filósofos. Como escribo en otra parte, aunque "los capítulos iniciales de la Biblia presentan un mundo cuidadosamente ordenado, los que siguen muestran un mundo que los humanos luchan por comprender y dominar éticamente. Con la pérdida del Edén, el orden mundial fue deshecho parcialmente y la capacidad de la humanidad para percibir este orden se vio afectada".[b]

---

a. Williams, *Shame and Necessity*, 163-64.
b. Schlimm, *From Patricide to Forgiveness*, 112.

Por lo tanto, al interpretar la Biblia, no nos atrevemos a limitarnos a una pregunta estrecha como *¿cuál es el ideal al que apunta este texto y cómo puedo aplicarlo en mi vida?* Es mucho mejor preguntarnos *¿qué tan realista este texto y de qué manera refleja las luchas de una vida recta?*

En otras palabras, al buscar solo lo positivo perdemos el panorama general. Si ya lleváramos vidas maravillosamente buenas y solo necesitáramos ayuda para continuar en esa trayectoria perfecta, entonces no requeriríamos nada más que ejemplos santos, paradigmas éticos y buenos principios. Sin embargo, tal como están las cosas, ninguno de nosotros es perfecto. Nuestras vidas son, con frecuencia, más complicadas de lo que creemos. Nos cuesta hacer lo correcto, aunque lo deseamos profundamente. Por estas razones, necesitamos historias que sean tan complejas y llenas de dificultades como la vida misma.[13]

Historias: un reflejo de la vida

Las historias reflejan la vida. Ficción o no, fantasía o verídicos, los relatos pueden decirnos mucho sobre lo que significa ser humanos y humanas.[14] En las historias, las personas hablan como lo hacen en la vida real; actúan como en la vida real; interactúan, sienten y piensan como en la vida real. Cuando una persona construye una buena narración, gana nuestra atención, nos identificamos estrechamente con los personajes de la historia. Incluso podemos conmovernos hasta las lágrimas o ser presas del miedo por eventos muy ajenos a nuestras vidas (ver "El arte de contar historias").

Cuando entramos en una

El arte de contar historias

"El arte de contar historias es el arte de intercambiar experiencias".[a]

Paul Ricoeur, *Sí mismo como otro*, 164

"El cerebro, al parecer, no hace mucha distinción entre leer sobre una experiencia y encontrarla en la vida real; en cada caso, se estimulan las mismas regiones neurológicas".

Annie Murphy Paul, "Your Brain on Fiction"

---

a. Ricouer resume el pensamiento de Walter Benjamin. Ver, además, Schlimm, *From Fratricide to Forgiveness*, 115-18.

---

13 Schlimm, *From Fratricide to Forgiveness*, 112-13. Ver también Goldingay, *Theological Diversity*, 87, 90-91; cap. 5.

14 Bajtín, *Dostoevsky's Poetics*, 55; R. C. Roberts, "Narrative Ethics", p. 474; Hardy, "Poetics of Fiction", p. 5; Stand, *Company We Keep*, p. 345.

historia y nos identificamos con sus personajes, obtenemos lo que puede llamarse *una experiencia de la historia*. Aunque *la experiencia de la historia* no es lo mismo que *la experiencia de la vida real*, sigue teniendo un valor inmenso, especialmente desde una perspectiva ética.

La mayoría de la gente sabe que se puede aprender mucho de las reglas, principios y teorías. Sin embargo, en un análisis final, para hacer algo bien también se necesita experiencia (ver "La prudencia y las personas sabias").

La prudencia y las personas sabias

"Si bien los jóvenes pueden ser expertos en geometría y matemáticas y en similares ramas del conocimiento, no los consideramos prudentes. La razón es que la prudencia incluye el conocimiento de hechos particulares, y esto se deriva de la experiencia, algo que un joven no posee; porque la experiencia es fruto de años".

Aristóteles, Ética a Nicómaco 6.8.5 (texto alterado para reflejar inclusión de género)

"Quienes narran se unen a las filas de los maestros y los sabios. Ellas y ellos tienen consejo, no para unas pocas situaciones, como dice el proverbio, sino para muchas, como el sabio".

Walter Benjamin, "The Storyteller", 108 (texto alterado para reflejar inclusión de género)

Cuando leemos las historias de la Biblia, obtenemos algo de la experiencia que necesitamos para vivir moralmente. Las historias de la Biblia son como aprendizajes. Nos equipan para sobrevivir e incluso prosperar en un mundo caído.[15]

Es sorprendente que la experiencia de la historia puede ser incluso más importante que la experiencia de la vida real. Aquí hay cuatro razones.[16]

Las historias como laboratorios de ética

Primero, las historias funcionan como laboratorios para la ética: ellas proporcionan entornos controlados donde los lectores pueden llevar a cabo experimentos sin temer demasiado las consecuencias.[17] Cuando se

---

15 Lyotard, *La condición posmoderna*, 18-23; Burke, "Literature as Equipment", esp. 254-56, 259. Ver también Schlimm, *From Fratricide to Forgiveness*, 126–29.

16 También analizo estas razones en Schlimm, *From Fratricide to Forgiveness*, 126-28.

17 Ricoeur, *Oneself as Another*, 163–66. En los estudios bíblicos, este argumento de Ricoeur ha sido

enfrentan a la incertidumbre moral en la vida real, las personas pueden tomar malas decisiones, que conducen a consecuencias catastróficas duraderas. Sin embargo, cuando lo hacen a través de las historias, pueden experimentar cosas diferentes sin sufrir tales consecuencias (ver "Ejecuciones de prueba").

Ejecuciones de prueba

Las historias les brindan a los lectores una "oferta relativamente gratuita de pruebas. Si pruebas un modo de vida determinado en la vida real, es posible que, como Eva en el jardín, descubras demasiado tarde que quien te lo ofreció fue el mismo Viejo Nick de siempre".

Wayne Booth, *Company We Keep*, 485.

En el mundo de la Biblia, por ejemplo, recibir la bendición de otra persona, especialmente del padre, era un signo de honor mayor. En el personaje de Jacob, los lectores se asoman a lo que sucede cuando alguien no se detiene ante nada para asegurarse las bendiciones de los demás. Jacob engaña a su padre moribundo y a su hermano mayor para obtener una bendición para sí mismo. Sin embargo, termina exiliado de su propia casa debido a su búsqueda de favor y poder (Gén. 27). Durante veinte años se ve obligado a trabajar para alguien más cruel que él (Gén. 28-31). Incluso después de dos décadas, todo su ser está sobrecogido de temor mientras trata desesperadamente de salvar su propia vida cuando Esaú viene a su encuentro (Gén. 32-33).

Al final, Jacob le devuelve a Esaú la bendición que le había robado mediante el engaño.[18] ¡Ojalá, para empezar, nunca la hubiera arrebatado! Habría estado con su familia cuando sus padres murieron. Habría evitado a su tío cruel. No le habrían robado su propio salario ni obligado a soportar un calor abrasador durante el día y un frío gélido por la noche (Gén. 31:39-40).

La historia de Jacob no es una biografía de santidad. Más bien, es una descripción ingeniosamente realista de cómo la codicia, incluso por las bendiciones, puede convertirse en desastre. Para quienes estemos tentados a ganar poder, favor y bendición siempre que sea posible, la historia de Jacob nos obliga a detenernos. Nos enseña lo que puede suceder si uno

---

apropiado por Parry, *Old Testament Story*, 26-29 y Hettema, *Reading for Good*, 108-9.

18 En Génesis 33:11, Jacob le ordena a Esaú que tome su "bendición" (*berakah*), la misma que le había robado en Génesis 27. Sobre cómo Jacob devuelve la bendición que recibió a través del engaño, ver Schlimm, *From Fratricide to Forgiveness*, 167.

sucumbe a tal tentación. Y, afortunadamente, los lectores no necesitamos soportar todo el sufrimiento que padeció Jacob. Obtenemos sabiduría práctica de *la experiencia de la historia* sin tener que pasar por los resultados trágicos de *la experiencia concreta de la vida*.

Más experiencia

En segundo lugar, *la experiencia de la historia* es importante porque nos permite probar más de lo que podríamos en *nuestras propias experiencias de la vida real*. A veces necesitamos una gran cantidad de experiencia, más de la que podríamos acumular en nuestras propias vidas, para ganar sabiduría para manejar las situaciones más difíciles de la existencia (ver "Experiencia que se adquiere a través de la lectura").

Por ejemplo, ¿cómo debemos responder cuando un miembro de la familia nos ha hecho daño? ¿Valoramos la justicia y la equidad al devolver mal por mal? ¿O somos de los que solo nos enfocamos en perdonar a los miembros de la familia que nos lastiman, incluso cuando nos exponemos a sufrir más daño en el futuro? No existe un principio único para todos que siempre funcione a la perfección.

> **EXPERIENCIA QUE SE ADQUIERE A TRAVÉS DE LA LECTURA**
>
> "Nunca hemos vivido lo suficiente. Nuestra experiencia, sin la literatura de ficción, es demasiado limitada y demasiado provinciana".
> Martha Nussbaum, *El conocimiento del amor*, 47
>
> "En un mes de lectura, puedo probar más 'vidas' de las que podría probar en toda mi vida".
> Wayne Booth, *Company We Keep*, 48

Un libro como Génesis ofrece a los lectores muchos tipos de experiencias para ayudar a responder este tipo de preguntas difíciles. Somos testigos del conflicto entre Caín y Abel (4:1-16), los pastores de Abram y Lot (13:5-18), Sara y Agar (caps. 16; 21), Jacob y Esaú (25:29-34; 27:1-45; caps. 32-33), Jacob y Labán (caps. 28-31), Jacob y Raquel (30:1-4), Lea y Raquel (30:14-16), y José y sus hermanos (caps. 37; 42-45; 50). Casi ninguna de estas historias califica como inspiradora o sentimental. Sin embargo, nos brindan experiencias para que podamos navegar mejor por las dificultades en nuestra propia vida moral. Nos exponen a una variedad de situaciones malas para que tengamos algo en lo que podamos continuar cuando nos enfrentamos a momentos adversos.

Mejor experiencia

En tercer lugar, *la experiencia de la historia* es importante porque llena los vacíos en *nuestras propias experiencias de la vida real*. En otras palabras, no solo hay una diferencia cuantitativa sino también cualitativa en las experiencias que brindan las historias. La literatura permite a los lectores adentrarse en situaciones que no han encontrado ni podrían haber encontrado antes.[19] Como resultado, las historias pueden fomentar la compasión y el respeto por quienes no son como nosotros. También son capaces de preparar a las personas para enfrentar situaciones que se les pueden presentar más tarde en la vida.

Por ejemplo, la mayoría de nosotros, con suerte, no hemos experimentado nunca la desazón de la difamación. Puede que no tengamos idea de a qué se asemeja sufrir acusaciones falsas. Las historias de la Biblia nos ayudan a comprender y soportar lo que todo ello implica. En Génesis 39, vemos a un José que hace todo bien y, sin embargo, es acusado falsamente por la esposa de Potifar y encarcelado de manera injusta. A través de su historia, aprendemos algo de toda la destrucción que las acusaciones falsas pueden acarrear. En los Diez Mandamientos, leemos que las acusaciones falsas están prohibidas (Éx. 20:16; Det. 5:20). En Génesis 39 experimentamos con José las formas en que ese tipo de mentiras puede arruinar la vida de alguien.

Reflexión

Finalmente, las historias pueden enfocar nuestra atención de formas que no siempre son posibles en la vida real. En medio del flujo de la vida cotidiana, con frecuencia nos faltan el tiempo, los medios y la energía para considerar el significado ético de todo lo que encontramos (ver "El calor vulgar de la vida cotidiana").

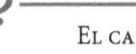

El calor vulgar de la vida cotidiana

Con las historias "estamos libres de ciertas fuentes de distorsión que con frecuencia dificultan nuestras deliberaciones sobre la vida real. En la medida en que el relato no es el nuestro, no nos vemos envueltos en el 'calor vulgar' de nuestros celos o enojos personales, o en la a menudo violenta ceguera de nuestro amor".

Martha Nussbaum, *El conocimiento del amor*, 47–48

---

19 Nussbaum, *Justicia poética*, 5, 45.

Las historias, sin embargo, nos dan tiempo para reflexionar.[20] La ira, por ejemplo, tal como solemos encontrarla en las experiencias cotidianas, puede ser una emoción demasiado fuerte como para someterla a una reflexión extensa. Sin embargo, cuando es con lo primero que se encuentran fuera del Edén quienes leen el Génesis, y cuando se ve que lleva nada menos que a que Caín mate a Abel, el relato llama a sus lectores a reflexionar sobre esta emoción de una manera que no pueden (o no quieren) en medio de sus experiencias personales.

Las historias cambian lo que apreciamos

Las historias modelan los deseos. Convocan actitudes. Inculcan valores. Evocan visiones del mundo. Muestran a los lectores lo que realmente importa, lo que vale la pena considerar y reflexionar, cómo somos realmente las personas y qué peligros y oportunidades nos tiene reservados nuestro entorno.

Toma como ejemplo el libro de Números. Es una lectura terrible. Los capítulos 10-25 son un desastre. Las historias están desarticuladas. La gente se queja. Los temperamentos llegan a sus límites. Dios envía castigos horribles. La gente todavía no aprende.

En muchos aspectos, Números es como un interminable viaje en automóvil. Los niños se quejan. Los padres no mejoran las cosas. El aire acondicionado no funciona. Están en el desierto. Y nunca parecen acercarse a su destino.

"¿Cuándo vamos a llegar?".

"En 40 años".

Mientras leemos Números, no debemos esperar que la lectura nos levante el ánimo. No deberíamos buscar inspiración. En cambio, deberíamos esperar sentirnos como los israelitas se sentían en ese desierto desolador. Irónicamente, descubrirás que estás leyendo Números de manera adecuada cuando te hartes de los personajes y quieras dejar de leer. Estarás leyendo bien porque en ese momento empezarás a comprender de formas novedosas cómo eran las cosas para los israelitas y para Dios.

A través de las pruebas sobre las que lees en Números puedes emerger como una mejor persona. Alguien podría murmurar un cliché como

---

20 Alter, *Biblical Narrative*, 156. Ver también Booth, *Company We Keep*, 223.

"cuéntanos tus bendiciones". O podríamos admitir, cuando nos detenemos a pensar en ello, que quejarse no es una buena manera de vivir la vida. Sin embargo, muchos de nosotros necesitamos algo más para dejar de lado nuestras quejas.

Cuando leemos Números, sucede algo interesante. Estamos expuestos a quejas constantes. Nos vemos obligados a sufrir junto a Moisés y al pueblo. Nos enfermamos a y nos cansamos de su amargura. Y, con suerte, las quejas en nuestra propia boca comienzan a adquirir un sabor a ceniza.

La dificultad de una vida recta

Las historias de la Biblia nos enseñan lo difícil que es vivir con rectitud. Muestran el carácter esquivo de la justicia. Ilustran los desafíos de la santidad. Describen cómo los que tienen las mejores intenciones cometen los peores errores.

Principios en conflicto

Los principios morales pueden tener algún valor en la vida ética. Sin embargo, ¿qué debemos hacer cuando un principio entra en conflicto con otro? ¿Cuál tiene prioridad?

Las historias de la Biblia nos dan ejemplos de cómo el pueblo de Dios ha tratado de sortear esta dificultad. Por ejemplo, en Génesis 26:12-33, los filisteos exigen repetidamente que Isaac abandone su tierra. La tierra le había sido entregada al padre de Isaac (Gén. 21:22-34), pero a los filisteos no parece importarles. Los siervos de Abraham habían cavado pozos en ella, pero los filisteos los han cerrado. Isaac tiene riquezas y gente numerosa para luchar (26:12-16, 28-29), pero ¿es lo correcto?

Aquí, la *paz* y la *justicia* están claramente en conflicto. ¿Debería Isaac evitar el *derramamiento de sangre*, como Dios lo había ordenado anteriormente en Génesis (por ej., 9:5-6)? O, si siguiera los pasos de su padre, Abraham, en Génesis 14, *¿protegería lo que le pertenece a su familia?*

Al final, Isaac no asume que los filisteos estén en lo correcto ni tampoco echa mano de la violencia. Cuando aparecen en su umbral, él eleva su queja contra ellos. Con todo, no está dispuesto a irse a las armas (26:30-31). Aunque su tierra fértil es supremamente preciosa y es propiedad de su familia, Isaac la cede con el fin de conservar la paz.

>
> LA IMAGEN NO TAN BRILLANTE
> DE LA BIBLIA
>
> "No es que la Biblia presente un cuadro brillante, como creen muchas personas, en su mayoría aquellos que nunca la han leído. No, la Biblia nos muestra nuestro mundo familiar, con dificultades demasiado reales y, a veces, intratables. La Biblia es implacablemente realista sobre el mundo y nuestra situación en él. No pretende que las cosas sean mejores de lo que son, ni nos incita a imaginar que podemos trascender las dificultades a través de algún tipo de superioridad espiritual, innata o adquirida. No obstante, se produce un cambio radical a medida que la leemos profundamente".
>
> Ellen F. Davis, *Ivolved with God*, 41

En esta breve historia, los lectores ven que la vida moral no es fácil ni justa. A veces, nuestros mejores principios morales entran en conflicto entre sí. En ocasiones, todas nuestras elecciones son malas. La Biblia nos dice que no estamos solos cuando eso sucede. Así, podemos aprender sobre la complejidad fundamental de la vida moral (ver "La imagen no tan brillante de la Biblia").

Para quienes hemos experimentado las dificultades de una vida recta, la Biblia dice: "No estás solo ni sola. Quienes fueron antes que tú también lucharon. La vida moral siempre ha sido un desafío, desde que la humanidad dejó el Edén con su elección relativamente sencilla de comer de un árbol en particular" (ver "Fuera del Edén").

>
> FUERA DEL EDÉN
>
> "De importancia fundamental para todo Génesis [...] es la metáfora rectora de que TODOS FUIMOS EXPULSADOS DEL PARAÍSO. Ningún lector de Génesis ha sido literalmente expulsado del Jardín del Edén. Ningún lector ha visto de primera mano los querubines y la espada llameante y giratoria al oriente del árbol de la vida. Sin embargo, Génesis invita a sus lectores a adoptar a Adán y Eva como representaciones metafóricas de nosotros y nosotras. De hecho, es una casualidad de la traducción que el hebreo típicamente traduzca 'Adán' y 'Eva', cuando en realidad sus nombres son literalmente 'Humanidad' y 'Vida'. Pocos lectores de la Biblia en español son conscientes de esta conexión, y así no se dan cuenta de cómo el texto mismo los invita a ver a estos personajes menos como figuras históricas y más como representaciones metafóricas de la raza humana. Sin embargo, una vez que comprendemos la metáfora rectora 'FUIMOS EXPULSADOS DEL PARAÍSO', de repente el resto del Génesis, e incluso nuestras propias vidas, cobran mayor sentido".
>
> Matthew Schlimm, *From Fratricide to Gorfivenness*, p. 125

Falta de acceso a la voluntad de Dios

En un mundo sumamente complicado, incluso las grandes personas de la Biblia no logran llevar una vida perfecta. En Génesis 16, Abraham y Sara han excedido con creces sus esperanzas de vida (ver "La esperanza de vida en el antiguo Israel").[21] La muerte puede llegar en cualquier momento. Cuando lo haga, parece que todo lo que tienen será para alguien fuera de su familia, un empleado de los que administra la casa (Génesis 15:2-3). Dios ha prometido una primavera inagotable, pero, mientras tanto, pasan los años y la pareja de ancianos permanece estéril. Además, ni Abraham ni Sara saben cómo se materializarán las promesas de Dios.

Deciden, entonces, que Abraham debe intentar tener un hijo con Agar, la sirvienta de Sara. En esa decisión parecen estar involucradas las mejores intenciones.[22] Aunque no son nadie más que Abraham y Sara —los fundadores de tres de las grandes religiones del mundo— y aunque Dios se les ha aparecido en el pasado, no saben cómo se cumplirán Sus promesas. No tienen acceso instantáneo a la voluntad de Dios. Toman la mejor decisión que tienen a su alcance.

Esperanza de vida en el antiguo Israel

En Génesis 16, Abraham tiene 86 años, lo que hace que Sara tenga 76. Esas edades nos parecen antiguas hoy, pero deben haber sonado aún más antiguas para los primeros lectores de Génesis. En el antiguo Israel, la mayoría de la gente moría antes de los 40 años.[a]

a. Cf. MacDonald, *What Did the Ancient Israelites Eat?*, 86.

Y, al final, lo que deciden los deja destrozados. La Biblia pretende dejar claro que ni siquiera Abraham pudo hacer que la poligamia funcionara. Su familia se hundió en la peor de las disfunciones. A la altura de Génesis 21, Abraham necesita enviar a su hijo primogénito y a una de sus esposas a un desierto duro e implacable, un lugar donde nada menos que los milagros de Dios podrán salvar a la madre y al niño.

Para todos los cristianos y cristianas que sienten que no han tenido acceso a la voluntad de Dios, Génesis les muestra que no están solos.

---

21 En este texto, se les llama "Abram" y "Sarai". Sin embargo, he elegido sus nombres más familiares, "Abraham" y "Sara", que el texto usa desde Génesis 17 en adelante.

22 Bellis, *Helpmates, Harlots, and Heroes*, 70–71; LaCocque, *Onslaught against Innocence*, 45.

Están en compañía de Abraham y Sara. Incluso aquellos a quienes Dios ha elegido para la mayor de las promesas siguen siendo víctimas de las peores decisiones.

A través de la historia de Abraham y Sara, los lectores aprenden que las decisiones terribles no echan a perder las promesas que Dios nos ha hecho.

La gente suele quejarse de que los cristianos no son lo suficientemente auténticos, que se esconden detrás de máscaras que apenas disfrazan quiénes son en realidad. Esta queja puede ser cierta en los casos de algunas personas en particular, pero no lo es para el Antiguo Testamento. La Biblia no intenta ocultar quiénes somos. Habla con autenticidad y realismo sobre la condición humana.

Muchos pastores (entre los que me incluyo) se han puesto de pie algún domingo en la mañana y actuado como si ya tuvieran todas las cosas resueltas. Nos hemos puesto una máscara, hemos intentado disfrazar nuestra propia naturaleza pecaminosa. Hemos fingido conocer la voluntad de Dios, haber dominado todo mal, haber vencido el pecado. A las personas así, Jesús las llamó "hipócritas".

Las historias de la Biblia nos recuerdan a todos que la vida moral es francamente difícil. No hay atajos. Nos vemos en la obligación de tomar decisiones en el calor del momento. Hacemos cosas que parecen buenas en ese instante, pero que al final no conducen más que a lágrimas (ver "No es tan sencillo").

Las historias del Antiguo Testamento clasificadas como +18 nos dan la

No es tan sencillo

"No hay soluciones simples ni fáciles; y está bien. La vida no es simple, la Biblia no es fácil, entonces, ¿por qué deberíamos esperar que Dios lo sea? Tengamos el coraje y la audacia de involucrarnos con el Dios crudo y sin censura de las Escrituras".

Mark Roncace, *Raw Revelation*, 84

"Necesitamos vernos entre el pueblo de Dios que conspira, prostituye, asesina y blasfema y presta atención a lo que Dios hace con todo ese desastre. Y esperemos y oremos para que Dios haga algo con nuestro lío".

Peter John Santucci, "Telling Details"

gracia de Dios al mostrar que incluso los supuestos campeones de nuestra fe tuvieron que luchar de muchas maneras.[23]

Conclusión

El Antiguo Testamento es un amigo que no tiene miedo de hablar sobre material con clasificación +18. Sin embargo, la naturaleza adulta de las conversaciones de nuestro amigo no es motivo para que dejemos de oírlo.[24]

Como iglesia, necesitamos escuchar las historias del Antiguo Testamento porque, como los personajes de esas historias, somos pecadores. Quizás, si ya fuésemos santos y santas, nos inspirarían las historias de quienes siempre supieron qué hacer y conquistaron fácilmente todos los males. Pero tal como están las cosas, necesitamos una guía de supervivencia para triunfar en un mundo caído. Necesitamos formas de lidiar con la naturaleza pecaminosa que reside en nuestro interior. Necesitamos historias reales de personas reales que luchan en el mundo real. Junto a ellas, ganamos experiencias y un sentido de sabiduría para manejar las luchas dentro de nuestras propias vidas. Aprendemos más sobre las limitaciones de nuestro mundo, nuestras imperfecciones humanas y la gracia de Dios.

Para un estudio posterior

Barton, John. *Ethics and the Old Testament*. 2.ª ed. Londres: SCM, 2002.

———. *Understanding Old Testament Ethics: Approaches and Explorations*. Louisville: Westminster John Knox, 2003.

Booth, Wayne C. *The Company We Keep: An Ethics of Fiction*. Berkeley: University of California Press, 1988.

---

[23] Algunos intérpretes podrían argumentar que los personajes bíblicos ni siquiera luchan por perseguir la bondad. Yo abogo por una lectura más generosa del texto. Con Génesis, por ejemplo, hay buenas intenciones detrás del deseo de Abram y Sarai de tener a Ismael, el deseo de Jacob de recibir bendición y el deseo de José de promulgar algún nivel de justicia contra sus hermanos. El problema no es que esos personajes sean completamente malvados; es que los defectos en ellos mismos y en su mundo conducen a decisiones erróneas que causan un sufrimiento significativo.

[24] De hecho, se podría argumentar que muchas de las historias inquietantes de la Biblia deberían compartirse incluso con los niños y niñas. Como dice Bettelheim, *Uses of Enchantment*, 7: "Muchos padres y madres creen que a los niños y niñas solo deben presentárseles la realidad consciente o las imágenes agradables y satisfactorias, que deben exponerse solo al lado alegre de las cosas. Pero ese precio unilateral nutre la mente solo de una manera unilateral, y la vida real no es del todo alegre". (Texto alterado para reflejar inclusión de género - Nota del traductor).

———. *The Rhetoric of Fiction*. Chicago: University of Chicago Press, 1961.

Nussbaum, Martha C. *La fragilidad del bien: Fortuna y ética en la tragedia y la filosofía griega*. Madrid: Visor, 1995.

———. *El conocimiento del amor: Ensayos sobre filosofía y literatura*. Madrid: Antonio Machado Libros, 2016.

> Booth y Nussbaum proporcionan más información sobre las formas ya descritas de leer historias. Aunque no se centran en la Biblia, sus ideas sobre otros tipos de literatura pueden aplicarse a los textos del Antiguo Testamento.

Wenham, Gordon J. *Story as Torah: Reading Old Testament Narrative Ethically*. Grand Rapids: Baker Academic, 2000.

> Los textos de Barton y Wenham aplican las ideas de Booth y Nussbaum, explorando la importancia ética de las narraciones bíblicas.

El sitio www.MatthewSchlimm.com tiene recursos adicionales, incluidas preguntas para la discusión grupal.

5

Mata todo lo que respire:

la violencia en el Antiguo Testamento

En el capítulo anterior examinamos algunas de las historias moralmente cuestionables del Antiguo Testamento. Este capítulo profundiza y se centra específicamente en el tema de la violencia.

El derramamiento de sangre domina el Antiguo Testamento. En el momento en que la humanidad pone un pie fuera del Edén, Caín mata a su propio hermano. La historia de Noé y los animales relata cómo casi todos y todo se ahoga. Abraham está a unos centímetros de matar a su propio hijo. Moisés y David cometen asesinatos. Los códigos legales exigen la matanza constante de animales, sin mencionar a los criminales. Génesis, Jueces y 2 Samuel cuentan historias de violación. Los profetas traen un pronóstico de destrucción violenta y condenación a un pueblo desobediente. El salmista clama a Dios que mate incluso a los niños. Con derramamiento de sangre, los israelitas toman posesión de una Tierra Santa, y con derramamiento de sangre muchos se ven obligados a abandonarla. El Antiguo Testamento rara vez se aleja de la violencia, mencionándola en todos los libros, excepto en Rut.

De manera aterradora, el Antiguo Testamento conecta la violencia con Dios. Éxodo 15:3 lo expresa bien simple: "El Señor es un guerrero". Dios ordena a los israelitas no solo que se defiendan mediante la guerra, sino también que masacren a otras tribus y se apoderen de su tierra. En esta violencia patrocinada por Dios, incluso mueren mujeres y niños (por ejemplo, Deuteronomio 2:33-34). Con el tiempo, Dios dirige la violencia contra reinos del norte de Israel, utilizando a los asirios, famosos por sus atrocidades, para provocar la caída de Israel en el año 722 a. e. c.[1] (ver figura 4). En el 587 a. e. c., Dios designa a Nabucodonosor como asesino

---

1 Para un breve relato de la participación de Tiglat-Pileser III en el antiguo Israel, ver V. H. Matthews,

Figura 4. Sitio asirio. El relieve muestra a los asirios atacando una ciudad. Proviene del palacio de Tiglat-Pileser (746-727 a. e. c), quien ejerció su poder sobre Israel en el ocaso de esa nación. "Bas-relief from Palace of Tiglath-Pileser III, 746-727 AC", Minneapolis Institute of Arts. Tomé esta fotografía el 28 de marzo de 2011.

para sacar de su tierra al pueblo de Judá.

Si Jesús es el Príncipe de Paz, ¿qué tiene que ver con esta deidad del Antiguo Testamento que empuña la espada? O, para quedarnos dentro del Antiguo Testamento, ¿cómo puede este Guerrero Divino ser también el Dios a quien los salmos describen como "clemente y compasivo, lento para la ira y grande en amor"?[2]

De todos los temas abordados en este libro, la violencia es el más desafiante. No hay explicaciones fáciles de por qué el Antiguo Testamento es tan violento (ver "La Biblia perturbadora"). Si bien las respuestas son esquivas, podemos evitar errores interpretativos que solo empeorarían las cosas. Podemos evitar formas de pensar que llevarían a comprensiones sesgadas de la Biblia, la ética y Dios. También podemos arribar a una comprensión más profunda de cómo el Antiguo Testamento es nuestro amigo en la fe.

Al leer la Biblia, lo hacemos con nuestros presupuestos a cuestas. Algunas de las cosas que damos por sentadas son especialmente problemáticas. Este capítulo aborda supuestos defectuosos y muestra mejores formas de sortear la violencia del Antiguo Testamento. Estas son las premisas erróneas que este capítulo busca corregir:

History of Ancient Israel, 71–73. Para una descripción de cómo los gobernantes asirios se jactaban de su brutalidad en la guerra, ver Crouch, *War and Ethics*, 38–48, 52–64.

2 Sal. 103:8. C. Wright, *El Dios que no entiendo*, 77-80.

Como cristianas y cristianos, debemos:

1. Imitar las acciones de los personajes bíblicos.
2. Imitar las acciones de Dios.
3. Aplicar cada texto individual que lean directamente a sus vidas.
4. Leer los pasajes individuales aislados de otros pasajes.
5. Tener respuestas a todas las preguntas que surjan de los textos problemáticos.

La Biblia perturbadora

"He llegado a sospechar de quienes afirman que la Biblia nunca los molesta. Solo puedo asumir que eso significa que, en realidad, no la han leído".[a]

Rachel Held Evans, *Biblical Womanhood*, 51

a. Ver también Miller, "God the Warrior," 40-41.

1. Descripción no es prescripción

Nuestro último capítulo señaló un gran error que la gente puede cometer al estudiar la Biblia: a veces asumimos de manera errónea que los personajes bíblicos son santos, personas a las que debemos imitar. Esta suposición es especialmente problemática cuando estos personajes cometen actos de violencia. Si los lectores y lectoras deben imitar a las personas en la Biblia, entonces la Biblia parece respaldar todo tipo de asesinatos y actos de terror.

Por lo tanto, es esencial recordar que no todos los textos que ondean la violencia son textos que alaban la violencia[3] (ver "Críticas antes que aprobaciones"). Desde el tercer capítulo en adelante, la Biblia se ocupa del pecado y sus efectos. Se enfoca en la violencia precisamente porque es parte del mundo caído que habitamos. La Biblia no observa la realidad a través de vitrales que colorean la luz.

Críticas antes que aprobaciones

"Entender que, con frecuencia, las historias [bíblicas] no validan las situaciones que describen, sino que las critican puede llevarnos a aplaudir en lugar de deplorar su inclusión en las Escrituras. Los lectores y lectoras contemporáneos pueden leer con una 'hermenéutica de la gracia', un método de interpretación que reconoce la decencia básica y el carácter bienintencionado de los autores bíblicos".

Tikva Frymer-Kensky, *Women of the Bible*, 353

---

3 Lesser, "Morally Difficult Passages", págs. 293-94.

Sus lectores se encuentran cara a cara con el derramamiento de sangre, la crueldad y la carnicería.

Esperamos que la Biblia sea inspiradora. En cambio, es un texto violento. Antes de suponer que eso es algo malo, debemos recordar lo que dice el crítico literario Wayne Booth: "Algunas de las obras con intenciones más piadosas y más abiertamente moralistas se revelarán como, éticamente, de mala calidad; y algunas obras con 'malas' enseñanzas, superficiales y agresivas, podrían probar ser, a través de la calidad del viaje, éticamente admirables".[4]

Sin dudas, el Antiguo Testamento tiene su cuota de "enseñanzas superficiales y agresivas". Esos textos no son en absoluto lo que esperaríamos encontrar en las Escrituras.

No obstante, los textos del Antiguo Testamento también pueden proporcionar una guía moral para, precisamente, esas situaciones horribles que son en las que necesitamos con mayor urgencia una dirección ética. Muchos textos presentan la violencia en todo su horror sanguinario, no para *elogiarla*, sino para *condenarla*. Puede que no sean relatos agradables de leer, pero a través de su contenido perturbador crean en los lectores el deseo de encontrar alternativas a la violencia.[5]

La Biblia está llena de textos que entran en la refriega, que provocan interrogantes sin respuestas fáciles, que nos obligan a luchar con la condición humana en su forma más brutal.

Considera, por ejemplo, Génesis 34. Es una de las historias más perturbadoras de la Biblia. Muchos cristianos la ignoran por completo. Es un relato que hace que la gente se sienta incómoda, pero también llama la atención de la iglesia sobre asuntos de suprema importancia.[6]

Al comienzo de este capítulo, los lectores presencian cómo un príncipe tribal viola a Dina.[7] Cuando su padre, nuestro patriarca Jacob, se entera de ello, no hace nada. Si su respuesta es espantosa, también lo es la de los hermanos de Dina. No solo matan a Siquem, sino también a todos los habitantes varones de su ciudad, distorsionando enormemente el rito de

---

[4] Booth, *Company We Keep*, 206.

[5] Para un relato de cómo Génesis crea en la mente de los lectores el deseo de una alternativa a Caín y sus formas violentas, ver Schlimm, *From Fratricide to Forgiveness*, 128-29

[6] Cf. Fontaine, "Abusive Bible", pág. 111.

[7] La interpretación aquí dada sigue a Scholz, "Was it really rape in Genesis 34?" [¿Fue realmente una violación la de Génesis 34?]. Para interpretaciones alternativas, consultar L. Bechtel, "What If Dinah Is Not Raped?" [¿Qué si Dina no fue violada?]; y Wolde, *Reframing Biblical Studies*, 283-96.

la circuncisión en el proceso.

Si nos acercamos a la Biblia asumiendo que debemos imitar sus personajes, dejaríamos de leerla. No hay nadie en Génesis 34 a quien los lectores y lectoras deban tratar de emular. La violación perpetrada por Siquem, el silencio de Jacob y la violencia de los hermanos son todas acciones horrendas. Los lectores y las lectoras que esperan que la Biblia contenga historias alegres e inspiradoras se llevarán una sorpresa dolorosa.

De manera similar, a las lectoras y los lectores que desean que la Biblia les dé un conjunto de orientaciones les espera una decepción. Génesis 34 no prescribe un curso de acción a seguir. No les dice a sus lectores lo que deberían hacer en respuesta a la violación de un ser querido. El relato no termina con una solución ordenada. En cambio, la historia se cierra con una pregunta sin respuesta. Después de que Jacob condena a sus hijos por su venganza genocida, ellos responden: "¿Debería nuestra hermana ser tratada como una puta?" (v. 31). El texto nunca ofrece una respuesta. La historia termina con un signo de interrogación.

Las lectoras y los lectores deben luchar con la condición humana en todas sus limitaciones, confusión y dolor: ¿Cuál es la respuesta adecuada a la violencia sexual? ¿Qué se debe hacer cuando un miembro de la familia ha sido ultrajado y no hay buenas opciones para castigar al malhechor? ¿Cómo se puede exigir justicia en ausencia de posibilidades que sean conmensurables con el daño causado? ¿Cómo podemos crear comunidades libres de violación y de violencia?

Podríamos preferir ignorar estas preguntas porque involucran temas desagradables. Pero la Biblia se niega a que lo hagamos. Al contrario, lleva a que sus lectores reconozcan la extensión del daño que puede infligir el abuso y las reacciones demenciales que puede provocar. La historia de Dina convoca a los lectores y lectoras a reflexionar sobre cómo se puede prevenir el abuso y cómo responder a la violencia cuando ocurre. Como señala el texto, las respuestas pueden ser difíciles de encontrar, especialmente en el momento, pero eso no disminuye la necesidad de que las comunidades de fe reflexionen sobre el abuso.

Incluso en las llamadas "sociedades progresistas", como la de Estados Unidos, muchas personas sufren violencia sexual (ver "Estadísticas de violencia sexual" para el caso de América Latina). El trauma infligido por tal abuso puede afectar negativamente a las personas durante décadas, si no para toda la vida. Puede devastar —y lo hace— la fe de la gente. A fin de

> **ESTADÍSTICAS DE VIOLENCIA SEXUAL**[1]
>
> "Las encuestas de población han encontrado que, a lo largo de la vida, la prevalencia de relaciones sexuales forzadas por una pareja íntima varía entre el 5% y el 47%... una considerable minoría sufre de abuso sexual por parte de personas que no son sus parejas... entre el 8% y el 27% de las mujeres relatan haber sufrido violencia sexual por alguien que no era su pareja".
>
> Sexual Violence Research Initiative, *Violencia Sexual en Latinoamérica y el Caribe: Análisis de datos secundarios, 2010*, disponible en: http://www.clacaidigital.info:8080/bitstream/handle/123456789/980/violencia_sexual_la_y_caribe_.pdf?sequence=5&isAllowed=y

que la iglesia sea iglesia, de que cuide a quienes sufren, de que se haga amiga de los afligidos, de que sane a los oprimidos, debe prestar un oído atento a lo que presenta este texto.

La Biblia describe un mundo violento porque nuestro mundo es violento. Si ignoramos la naturaleza violenta de nuestro mundo, también ignoraremos a las víctimas de la violencia. Y, si realmente somos el pueblo de Dios, no podemos hacer a un lado a quienes sufren.[8]

2. Cuándo *no* ser como Dios

Si asumir que debemos imitar a las personas de la Biblia es un error, *otro error es asumir que debemos imitar a Dios*. Este punto parece contrario a la intuición, pero es definitivamente cierto cuando se trata de la violencia de Dios.

Una de las imágenes veterotestamentarias favoritas de Dios es la del guerrero. El nombre común *Yaveh Sabaoth* aparece más de 250 veces en el Antiguo Testamento. En muchos casos, el hebreo es mejor traducido como "El Señor de los ejércitos".[9] Con frecuencia, este Dios de guerra es representado armado, listo para destruir a los enemigos:

> *Desde el cielo se oyó el trueno del* Señor
> *resonó la voz del Altísimo.*

---

8 Para un tratamiento más profundo de Génesis 34, ver Schlimm, *From Fratricide to Forgiveness*, 43–46, 160–61.

9 La Common English Bible capta esta idea al traducir "el Señor de las fuerzas celestiales". Como señaló H. J. Zobel, *TDOT* 12: 215–32, también son posibles otras traducciones. Sin embargo, esta funciona bien con textos como 1 Sam. 15:2, donde Dios está involucrado en asuntos militares.

*Lanzó flechas y centellas
contra mis enemigos
los dispersó y los puso en fuga.
(2 Sam. 22: 14-15; cf. Sal. 18: 13-14)*

En Deuteronomio 32:42, Dios se jacta de lo que les sucederá a los enemigos:

*Mis flechas se embriagarán de sangre,
y mi espada se hartará de carne:
sangre de heridos y de cautivos,
cabezas de caudillos enemigos.*

Estos textos no se pueden pasar por alto. Son demasiado frecuentes e impactantes.[10] Sin embargo, los intérpretes hacen bien en recordar que hay un universo de diferencia entre un Dios violento y una humanidad violenta.

Una cosa es decir que un Dios justo trae juicio sobre una humanidad pecaminosa para evitar que la gente destruya la creación. Es algo completamente diferente a decir que los humanos tienen la capacidad de ejecutar juicios similares a través de medios violentos. Solo Dios lo sabe todo: cada motivo, cada pasado, cada psicología, cada limitación, cada acción y cada historia. Solo Dios sabe entrelazar la justicia con la misericordia, cuándo perdonar y cuándo castigar. Los humanos, no.

Durante décadas, los cristianos han disfrutado de leer *En sus pasos*, de Charles Sheldon.[11] Préstale atención a la pregunta que le sirve de subtítulo (*"¿Qué haría Jesús?"*), que insta a imitar a Jesús (y a Dios) como el principio rector de la ética cristiana.

Si bien hay cierta base bíblica para tal principio (Lev. 19:2; Mat. 5:48), rápidamente nuestra ética toma un sesgo preocupante cada vez que este se transforma en el único medio, o incluso el principal, para determinar cómo vivir.[12] Un tema recurrente en la Escritura es la diferencia fundamental

---

10 Muchos otros textos describen a Dios de esta manera, como lo señaló Miller en "Dios el guerrero", 39. Por ejemplo, Números 10:35; 21:14; Jueces 5:31; 1 Samuel 18:17; 25:28; 30:26; Salmos 24: 8; 74: 13-14; 89: 10-11; Isaías 42:13; 51: 9-11; Habacuc 3:8; Sofonías 3:17. Ver también Deuteronomio 33:2, 26-29; Isaías 63:1-6; Amós 2:9.

11 Sheldon, *En sus pasos: ¿Qué haría Jesús?* Este libro fue publicado por primera vez en 1896 por Chicago Advance, pero varias editoriales lo han vuelto a publicar desde entonces.

12 Para una crítica mordaz a quienes ven la imitación de Dios como un elemento central de la ética,

entre Dios y los seres humanos (Is. 55:8-9; Os. 11:9). La Biblia describe a Dios como entronizado sobre el arca del pacto en el lugar santísimo (Lev. 16:2). Un ser humano que busca imitar a Dios y sentarse allí sería nada menos que una abominación.

De manera similar, los seres humanos que buscan imitar la violencia de Dios corren el riesgo de cometer los pecados más graves. Las personas, con su condición de pecadoras y defectuosas, que emiten juicio sobre quién debe vivir y quién debe morir asumen los deberes de Dios. El libro de Isaías condena al rey de Babilonia precisamente por tal pecado. Debido a que ha actuado con gran violencia y ha tratado de exaltarse a sí mismo a un lugar igual a Dios, descenderá a las profundidades de la tumba sobre un lecho de gusanos (Is. 14:11).

Dios es quien pelea, por eso su pueblo no debería hacerlo

Si bien la gente puede usar la imagen de un Dios violento para tratar de condonar sus propias acciones agresivas, la lógica de muchos textos bíblicos va en dirección opuesta: Dios lucha, por lo tanto, su pueblo no debería hacerlo. Éxodo 14:14 resume esa premisa: "El Señor peleará por ti, y tú solo tienes que quedarte quieto" (NRSV).[13] La idea básica es que Dios lucha para que su pueblo no tenga que participar en actos violentos (ver "Cooperación humana cero"). Muchas de las historias bíblicas sobre la guerra no glorifican la destreza militar de la nación ni relatan la fuerza bruta de Israel. Más bien, describen cómo Israel habría estado sin hogar y muerto sin la obra milagrosa de Dios. Hacen más por fomentar la confianza en Dios en medio del peligro que por promover la

> **COOPERACIÓN HUMANA CERO**
> "La guerra santa [es] puro milagro; El acto de salvación [de Dios] es completamente autosuficiente y no permite ninguna cooperación humana".
> Gerhard von Rad, *Teología del Antiguo Testamento*, 2: 160
>
> "En general, las referencias bíblicas a la conquista omiten toda mención de batallas específicas y actividad humana. Es obra de Dios; él es el único actor; no hay héroes humanos".
> George E. Wright, *Old Testament and Theology*, 123

---

ver Rodd, *Glimpses of a Strange Land*, 65-76.
13 J. Yoder, *Politics of Jesus*, 76-88.

construcción de arsenales o la confianza en las armas.[14]

Como dice el Salmo 20:7, "Estos confían en sus carros de guerra, aquellos confían en sus corceles, pero nosotros confiamos en el nombre del Señor nuestro Dios". Este versículo es aún más significativo cuando recordamos que, en contextos antiguos, los carros y los caballos se usaban con fines militares.[15] En el lenguaje de hoy, podría rezar: "Algunas personas confían en los tanques, otras en los misiles; pero nosotros confiamos en el Señor". El texto se opone directamente a quienes tratan de justificar los ejércitos permanentes y el almacenamiento de armas.

Los textos sobre Sansón deben leerse de manera similar. La violencia de Sansón supera a la de casi cualquier otra persona en la Biblia. En un momento dado, mata a mil filisteos y los derriba con la quijada de un burro (Jue. 15:9-20). Justo antes de su matanza en masa, el texto dice: "El Espíritu del Señor vino sobre él (Sansón) con poder" (15:14). Por un lado, debería perturbarnos que Dios esté tan estrechamente relacionado con la violencia. Por el otro, no debemos olvidar que este texto no hace nada para fomentar la inversión en ejércitos y armas. Sansón rescata a Israel de los opresores gobernantes filisteos, y lo hace usando solo el cráneo de un burro y la fuerza sobrenatural de Dios. El texto anima a los lectores y lectoras a confiar en Dios para ser rescatados de situaciones horribles, no a pasar la vida entrenando para el combate.[16]

Otros textos del Antiguo Testamento también instan a los lectores y lectoras a confiar en Dios en lugar de su propio poder militar, incluso cuando se enfrentan a graves amenazas.[17] En 2 Crónicas 20, nos encontramos con la increíble fe de Josafat, Judá y los levitas que se vuelven al Señor —no a su armamento—, cuando los moabitas y los amonitas vienen a hacerles guerra.[18] Ese relato habla de la intervención y protección de Dios. De manera similar, el libro de Daniel ofrece a los lectores visiones de

---

14 Ver, por ejemplo, Deuteronomio. 4:37-38, que dice explícitamente que otras naciones eran más grandes y más fuertes que los israelitas. Ver también Niditch, *War in the Hebrew Bible*, esp. 143-49.

15 Ver, por ejemplo, Brueggemann, *Divine Presence amid Violence*, 15-16, 33; en 55-60, analiza textos similares al Salmo 20:7, incluidos Sal. 33:16-17; 76: 6-7a; 147:10-11; Prov. 21:30-31; Is. 31:1, 3; 30:15-16; 43:15-17; Jer. 9:23-24; Os. 1:7; Miq. 5:10, 15; Zac. 4:6.

16 Cf. V. Matthews, *Judges and Ruth*, 153-54.

17 Ver Seibert, *Violence of Scripture*, 80-81, 125-28. Seibert menciona textos como Deu. 17:16-17; Is. 31:1; Os. 10: 13b-14a

18 Cf. Niditch, *War in the Hebrew Bible*, 146-49. En 144, menciona otras historias de la milagrosa liberación de Dios en la batalla, incluido Éx. 17:8-13; Jos. 6:20; 8:18; 10:12-13; 1 S. 7:9-11; 2 R 3:20-25; 6:18; 7:5-7; 19:35-37.

esperanza de que Dios intervendrá contra aquellos que buscan acabar con los judíos y su cultura. Los lectores y lectoras de Daniel pueden, debido a lo que Dios hará, abrazar la noviolencia, incluso bajo una persecución severa.[19]

Quizás Dios no esté de nuestro lado[20]

Los textos que acabamos de revisar ofrecen perspectivas bíblicas de cuándo Dios está del lado de su pueblo. Sin embargo, no es siempre el caso. En el Antiguo Testamento, hay momentos en los que Dios se niega a ponerse del lado de los israelitas.

Por ejemplo, en el libro de Josué, Dios generalmente se pone del lado de Israel contra los cananeos. Sin embargo, favorece a una prostituta cananea llamada Rahab y se opone a un guerrero israelita llamado Acán (Jos. 2:1-21; 6:17-25; 7:1-26).[21] En un momento, Josué se encuentra con un ángel del Señor. Uno pensaría que el ángel marcharía delante o incluso junto a Josué. Pero el texto dice:

> *Cierto día Josué, que acampaba cerca de Jericó, levantó la vista y vio a un hombre de pie frente a él, espada en mano. Josué se le acercó y le preguntó:*
> *—¿Es usted de los nuestros, o del enemigo?*
> *—¡De ninguno! —respondió. Me presento ante ti como comandante del ejército del SEÑOR*
> *(Jos. 5:13-14a).*

Si este ángel se niega a ponerse del lado de Josué, tal vez deberíamos tener cuidado al asumir que Dios favorecerá a cualquier nación de la que formemos parte. Dios puede no estar de nuestro lado, especialmente cuando vamos a la guerra.[22]

Aparte del libro de Josué, la Biblia deja en claro que Dios se opondrá violentamente incluso a Israel y Judá después de varias generaciones de

---

19 Portier-Young, *Apocalypse against Empire*, 223–79, esp. 278.

20 Existe una fuerte tradición que asocia a Dios y a Estados Unidos, especialmente durante la guerra; sin embargo, esta tradición tiene serios problemas, como lo señaló Hauerwas en *War and the American Diference, Unleashing the Scripture* y en *After Christendom?*

21 Davis, "Poetics of Generosity".

22 Ver también 1 Samuel 4-6, donde los israelitas asumen erróneamente que Dios estará de su lado si llevan con ellos el arca del pacto a la batalla.

pecado sin arrepentimiento. Los códigos legales advertían sobre tales peligros (por ejemplo, Levítico 18:24-30). Los profetas hicieron sonar las alarmas sobre la violencia que se avecinaba (por ejemplo, Jeremías 4: 4-8). Libros como 2 Reyes muestran cómo una destrucción tan violenta cayó sobre Israel y Judá después de siglos de infidelidad (especialmente el capítulo 25).

Está mal imitar la violencia de Dios, o incluso asumir que Dios está de nuestro lado. Podemos encontrarnos, como Israel o Judá, en conflictos militares donde Dios planea castigarnos.

Es aterrador pensar en un Dios violento, y volveremos a este tema con mayor profundidad en el capítulo 11, donde trataremos la ira divina. Por ahora, al menos podemos ver el grave error de intentar imitar la violencia de Dios.

3. El problema con la aplicación

Un tercer error que podemos cometer al interpretar la Biblia es asumir que cada pasaje individual de las Escrituras debe aplicarse directamente a nuestra vida diaria. El problema con esta suposición no es la necesidad de aplicar la Biblia como un todo a nuestras vidas, sino la idea de que cada pasaje individual puede encarnarse directamente en la vida de cada individuo en la actualidad.[23]

Algunos textos describen sucesos únicos que Dios no tiene la intención de duplicar en el futuro. De hecho, varios pasajes bíblicos describen la violenta victoria de Dios sobre los egipcios y cananeos precisamente en esos términos (Éx. 34:10-16; Dt. 4:32-38). No deberíamos pasar de la violencia de Josué a la violencia en nuestros días. Como George Ernest Wright dijo hace décadas: "Las guerras de conquista

> No fue pensado para servir de modelo
>
> "Así que la conquista de Canaán, como un evento histórico único y limitado, nunca tuvo la intención de convertirse en un modelo de cómo todas las generaciones futuras debían comportarse con sus enemigos (ya fueran generaciones futuras de israelitas o, menos aún, de cristianos)".
>
> Christopher Wright, *El Dios que no entiendo*, 90–91

---

23 Sobre el impulso de aplicar pasajes individuales a la vida, ver C. Smith, *Bible Made Impossible*, 5, 69–72; Frykholm, *Rapture Culture*, 111-15.

de Israel no fueron un mandato para las guerras del pueblo de Dios hoy".[24] (Ver "No fue pensado para servir de modelo").

Algunos textos están en la Biblia no tanto para nuestro propio beneficio sino para el beneficio de personas muy diferentes a nosotros. En lugar de intentar aplicar cada texto a nuestras vidas individuales, a veces necesitamos preguntarnos si no se dirige a alguien más.

¿Quién debería orar el Salmo 137:9?

El Salmo 137: 9 es quizás el texto más perturbador del Antiguo Testamento:

¡Dichoso el que agarre a tus pequeños
y los estrelle contra las rocas!

A primera vista, es casi inconcebible que un versículo así se haya incluido en la Biblia. ¿Cómo esto puede ser *Sagrada* Escritura? Aplicar este versículo a nuestra vida de una manera simplista bien puede constituir un pecado. Jesús, después de todo, dijo que el simple hecho de llamar a alguien "necio" podría poner en completo peligro la salvación (Mat. 5:22). ¿Cómo podríamos desear que los bebés mueran?[25]

Al pensar en este texto, es importante recordar que la Biblia es un libro para todas las eras históricas. *No* somos su única audiencia. La Biblia les habla a personas de muchas culturas, épocas y lugares.[26] A veces, habla más a los demás que a nosotros y nosotras.

Puede que orar las palabras del Salmo 137 sea incorrecto para la mayor parte de las personas hoy. Sin embargo, me pregunto por quienes han sufrido lo indecible en la guerra, que han visto a sus propios hijos e hijas estrellados contra las rocas, que conocen atrocidades que otros no pueden imaginar. Para estas personas, orar con rabia, incluso con rabia odiosa, no es un pecado, sino una negativa a renunciar a Dios. Para quienes han visto a sus seres queridos ser torturados y asesinados, la oración de cualquier tipo, sin importar cuán violenta o iracunda sea, puede constituir un acto

---

24 G. E. Wright, *Old Testament and Theology*, 130. Ver también Walzer, *Exodus and Revolution*, 144.

25 Posiblemente, aquí se concibe a Babilonia como una madre, y los "niños" de este versículo son una referencia a los habitantes de la ciudad (ver Is. 49:21-23; 60:4; 66:7-13). Sin embargo, otros textos sugieren que el Salmo 137:9 debe entenderse de manera literal (Neh. 3:10). En cualquier caso, la violencia deseada es muy problemática.

26 Cf. Hakham y Berman, *Psalms with the Jerusalem Commentary*, 1: xvii.

de fe más profundo de lo que jamás haya conocido (ver "Salmos violentos").

Claus Westermann, uno de los intérpretes bíblicos más respetados del siglo pasado, describe cómo cambió su perspectiva de la Biblia durante la Segunda Guerra Mundial, cuando enfrentó la persecución en Alemania y luego terminó en un campo de prisioneros de guerra ruso:

> La Biblia ya no era simplemente un libro edificante, como lo había sido en mi infancia y en el hogar de mis padres. La vida se había vuelto demasiado difícil para eso. Lo único en la Biblia con valor perdurable era lo que hablaba directamente a mi existencia actual. En primer lugar, fueron los salmos… Bajo la influencia de mis experiencias durante la guerra, me di cuenta de que las personas que habían escrito y rezado los salmos entendían la oración de manera diferente a nosotros. La oración estaba más cerca de la vida, más cerca de la realidad en la que vivían, de lo que es cierto para nosotros. Para nosotros, la oración es algo que una persona hace o se le advierte que debe hacer: un acto humano. Pero en el Salterio, el clamor a Dios surge de la vida misma; es una reacción a las experiencias de la vida, un grito del corazón[27].

Como lo indica Westermann, nuestras Escrituras hablan con autenti-

---

SALMOS VIOLENTOS

"Los salmos violentos reflejan las emociones de quienes se encuentran en sus estados más débiles, que, dadas las condiciones de amenaza que les tienden sus enemigos, no tienen la capacidad para repeler los ataques por sus propios medios. [Tales salmos] son las oraciones de quien carece de poder, de aquellas personas cuya única fuente de fortaleza es la esperanza de que Dios actúe de manera poderosa para su salvación…

La comunidad sensible es consciente de que las oraciones violentas tienen valor y de que ellas pueden prestarse para el abuso, como, por ejemplo, en el caso de que quienes no son víctimas las usen para que Dios desencadene un juicio violento".[a]

Joel LeMon, "Saying Amen to Violent Psalms", 108-109.

---

a. Wolstertorff ("Reading Joshua", 256) hace un énfasis similar. El ensayo de LeMon ofrece un panorama lúcido de la manera en que otros estudiosos han examinado los salmos violentos (99-102).

---

27 Westermann, "The Bible and the Life of Faith", 340.

cidad a las personas devastadas por la guerra, a los traumatizados, a los heridos. La Biblia les recuerda a los habitantes de un mundo quebrantado que seguimos siendo hijos de la promesa de Dios (ver "Excombatientes y la Biblia").

Excombatientes y la Biblia

"Para los soldados que han experimentado e incluso cometido atrocidades en la guerra, es de gran valor aprender que las Escrituras conocen su horror y vergüenza y el efecto deshumanizador de la guerra. Encontrar que estos horrores están contenidos en las Sagradas Escrituras podría mostrarles que no están fuera de la órbita del poder de Dios para redimirlos... No hay horror que no nos atrevamos a hablar ante Dios, ni crimen que no nos atrevamos a confesar, porque no hay horror que Dios no vea ni desconozca. En las Escrituras, el Espíritu de Dios ha optado por no ocultarnos lo peor de nuestra humanidad, ni siquiera los horrores de matar, herir y avergonzar en Su propio nombre, y en cambio nos lleva a esos textos para luchar y bregar contra nuestra pecaminosidad y nuestras limitaciones, mientras buscamos desesperadamente acercarnos y hablar de Dios y descubrir sus caminos".[a]

Anathea Portier-Young, "Drinking the Cup of Horror", 407, que resume el trabajo de Mel Baars

a. Ver, además, Kelle, "Trauma of Defeat"; Smith-Christopher, *Theology of Exile*.

Salmo 137:9 al revés

Hasta ahora, he enfatizado que los textos individuales de la Biblia pueden no aplicarse directamente a nuestras vidas. Dios todavía puede hablarnos a través de textos como el Salmo 137:9, pero tal vez de una manera indirecta. La erudita del Antiguo Testamento Ellen Davis hace un recuento de los salmos de la Biblia que expresan ira (un tema al que volveremos en el capítulo 10). Ella se pregunta si pueden resultar útiles cuando estamos libres de la ira, y escribe: "Si tienes el valor para hacerlo (necesitarás algunas dosis), intenta hacer girar el salmo 180 grados hasta que apunte hacia ti, y pregúntate: ¿Hay alguien en la comunidad del pueblo de Dios que quiera decirle esto a Dios acerca de mí o, tal vez, acerca de nosotros?".[28] Cuando hago eso con el Salmo 137:9, recuerdo la acción militar que mi país tomó y que ha asesinado innumerables niños y niñas. No solo pienso en los horrores de Hiroshima y Nagasaki, sino también en las guerras más

---

28 Davis, *Involved with God*, 28.

recientes en Irak y Afganistán, que han llevado a que incontables madres y padres nunca más vuelvan con sus propios bebés, niños y niñas pequeños que quedaron con vida. Estoy profundamente preocupado y me siento avergonzado de que mi país recurra a la acción militar bajo cualquier circunstancia. Encuentro sorprendente que un texto que inicialmente parece moralmente repulsivo, en realidad me enfrente a los horrores de la guerra y a oponerme a la violencia bajo cualquier condición.

El Antiguo Testamento es un amigo que ha visto los horrores de la guerra y vivió para contarlo. No nos llega con recuerdos pintorescos de una infancia color rosa y una familia con papá y mamá. Es más como un excombatiente con síntomas de estrés postraumático. Este amigo puede, por lo tanto, ofrecernos grandes recursos a los refugiados y refugiadas devastados por la guerra y a quienes han sido expuestos a la violencia. Este amigo nos recuerda a todos y todas la brutalidad de la guerra.

4. La palabra adecuada para la situación adecuada

Un cuarto error interpretativo es asumir que debemos leer pasajes individuales aislados de los demás pasajes. En la mayoría de los temas irritantes, como la violencia, la Biblia ofrece más de una perspectiva.[29] El Salmo 137 no es el único texto que trata sobre la violencia, y no debemos asumir que la perspectiva que ese salmo ofrece es el mejor punto de vista que podemos adoptar al enfrentarnos a cual fuera la realidad de nuestro contexto particular. Más bien, debemos trabajar en cooperación con otros cristianos y cristianas y con el Espíritu Santo para discernir qué textos brindan los mejores recursos para lo que enfrentamos. Para decirlo de otra manera, no podemos aplicar al azar un texto a nuestras vidas sin ponerlo en conversación con otros textos relacionados.

Los cristianos y cristianas deberíamos luchar no solo con esta pregunta:

- ¿Cómo debemos vivir un texto en particular en nuestras vidas individuales?

---

[29] A veces, se integran diferentes perspectivas en el mismo texto. Algunos eruditos plantean que incluso dentro de un libro como Josué, hay inquietud acerca de la conquista. Stone, "Ethical and Apologetic Tendencies"; Seibert, *Violence of Scripture*, 98–100; Hawk, "God of the Conquest", págs. 144–46.

También debemos luchar con estas otras:
- ¿Cómo entablan los textos bíblicos una conversación entre ellos?
- ¿Qué textos nos hablan más directamente en nuestro contexto?
- ¿Dónde estamos más a tono con el texto bíblico? ¿Dónde divergimos? ¿Por qué?[30]

Interpretar la Biblia es menos una ciencia y más una expresión artística. Un gran artista encuentra el color perfecto junto a otros tonos y matices. Un gran intérprete encuentra textos que son bien representados en situaciones particulares.[31] Proverbios 25:11 usa una vívida metáfora para llegar a esta idea: "Una palabra dicha adecuadamente es como una manzana de oro en una bandeja de plata" (NRSV).

> **LA PARTE Y EL TODO**
>
> "Como en cualquier obra literaria, los versos y pasajes individuales importan menos por sí mismos que por el papel que desempeñan en la composición de toda la obra…
>
> De hecho, cuanto más exploramos los pasajes bíblicos más oscuros, más se benefician al traerlos a la historia más amplia a través de lecturas públicas o litúrgicas. Esos pasajes no deben presentarse aislados como mandatos aterradores, sino que deben ser puestos junto a otros pasajes que enmarquen y expongan su significado, especialmente, los textos de los profetas".
>
> Philip Jenkins, *Laying Down the Sword*, 235, 241

Quienes leen el Salmo 137 no se quedan solo con ese grito como si fuera el único texto de la Biblia que trata sobre la violencia. En cambio, tenemos una gran variedad de textos que necesitan ser estudiados y que deben conversar entre ellos.[32] (Ver "La parte y el todo").

Un texto de gran relevancia para la iglesia de hoy es Amós 1:3-2:3. Ese texto constituye una de las primeras denuncias de las atrocidades de la guerra en el mundo antiguo. En cierto sentido, Amós fue un defensor de los derechos humanos muchos siglos antes de su tiempo. El profeta denuncia la tortura, el encarcelamiento, la esclavitud, los asesinatos indiscriminados, la violencia contra la mujer y la profanación de los muertos.

---

30 Cfr. Cosgrove, *Appealing to Scriptures*, cap. 2, esp. 66; Goldingay, *Theological Diversity*, caps. 2-3.
31 Ver Davis y R. Hays, *Art of Reading Scripture*, xv – xvi.
32 R. Hays, *Moral Vision*, 187-205, es útil para participar en este proceso. Si bien su preocupación son los textos del NT, muchas de sus ideas pueden transferirse fácilmente al AT.

Este texto puede ser mucho más relevante para las iglesias estadounidenses convencionales que un texto como el Salmo 137. Las atrocidades que denuncia Amós son cada vez más frecuentes en los conflictos armados de hoy. Como ha señalado el nominado al Premio Nobel de la Paz, Lloyd Axworthy: "En la Primera Guerra Mundial, aproximadamente el 10% de las víctimas de los conflictos fueron civiles. Hoy, este segmento es representado por el 90%".[33] Solo necesitamos pensar en los crímenes de guerra cometidos en Vietnam, Sierra Leona, Ruanda, Tíbet, Darfur, Irak, Afganistán o Siria para comenzar a imaginar cómo este texto se conecta con las realidades contemporáneas. Todo lo que Amós condena en este pasaje es igualmente condenado por la Convención de Ginebra. Un texto como este, que denuncia a quienes ignoran la vida humana en tiempos de guerra, puede ser mucho más relevante para muchos de nosotros que aquellos que bendicen a quienes matan a sus enemigos. Amós le recuerda a la iglesia que Dios se opone a quienes matan y dañan sin sentido a otras personas, incluso en tiempos de guerra.[34]

Amós y la Convención de Ginebra

Amós (NSRV)	Convención de Ginebra (GC)
"Así dice el Señor: Por tres pecados de Damasco, y por el cuarto, no revocaré el castigo; porque trillaron Galaad con trillos de hierro" (1:3).	"[La mutilación está] y seguirá estando prohibida en cualquier momento y en cualquier lugar, ya sea cometida por agentes civiles o militares" (Protocolo I.75; cf. CG I.3, 12; III.17; IV.32; Prot. II.4, §2A).
"Así dice el Señor: Por tres transgresiones de Gaza, y por cuatro, no revocaré el castigo; porque llevaron al exilio a comunidades enteras para entregarlas a Edom" (1:6; cf. 1:9).	"Los desplazamientos forzados de población a niveles individual o masivo, así como las deportaciones de habitantes del territorio ocupado al territorio de la Fuerza de Ocupación o a algún otro país, sea que esté bajo ocupación o no, quedan prohibidas, independientemente de sus motivaciones" (GC IV.49; III.52).

---

33 Axworthy, "Comentarios de apertura... Singapur, 27 de julio de 1999".
34 Schlimm, "Teaching the Hebrew Bible"; cf. "Convenciones de Ginebra".

"Así dice el Señor: Por tres pecados de Edom, y por el cuarto, no revocaré el castigo; porque persiguió a su hermano a espada y desechó toda compasión; mantuvo su ira para siempre, y guardó su ira perpetuamente" (1:11).	"En la realización de operaciones militares, se cuidará constantemente de proteger a la población civil, a los civiles y a los bienes de carácter civil" (cf. Prot. I.57; cf. Prot. I.85, §3).
"Así dice el Señor: Por tres transgresiones de los amonitas, y por cuatro, no revocaré el castigo; porque han desgarrado mujeres encintas en Galaad para ensanchar su territorio" (1:13).	"Las mujeres embarazadas serán objeto de especial protección y respeto" (CG IV.16; cf. IV.27, 38, 50, 89, 132; Prot. I.69, 76; II.6, §4).
"Así dice el Señor: Por tres pecados de Moab, y por el cuarto, no revocaré el castigo; porque quemó hasta convertir en cal los huesos del rey de Edom" (2: 1).	"Las partes en conflicto [...] deberán [...] velar porque los muertos sean intervenidos honorablemente, si es posible según los ritos de la religión a la que pertenecían, [y porque] que se respeten sus tumbas" (CG 1,17).

Además de Amós 1:3-2:3, muchos textos del Antiguo Testamento no promueven la violencia hacia los extranjeros, sino el amor, el cuidado y la protección. Los inmigrantes son particularmente merecedores de respeto. Levítico lo expresa de esta manera: "Cuando algún extranjero se establezca en el país de ustedes, no lo traten mal. Al contrario, trátenlo como si fuera uno de ustedes. Ámenlo como a ustedes mismos, porque ustedes también fueron extranjeros en Egipto. Yo soy el SEÑOR y Dios de Israel" (Lev. 19:33-34).[35]

Para muchos cristianos, los textos violentos son un obstáculo, pero alrededor de estos obstáculos hay campos de bondad que no debemos ignorar.[36]

---

35 C. Wright, *El Dios que no entiendo*, 103–4, identifica muchos textos que defienden el "bienestar y la protección" de los extranjeros: Éxodo 12:45–49; 20:9-11; 22:21; 23:9,12; Levítico 16:29; 19:9-10, 33-34; Deuteronomio 5:12-15; 10:17-19; 14:28-29; 16:1–22; 24:17-22; 26:12-13; 29:10-13; 31:12.

36 Muchos de esos textos se pueden encontrar en el Nuevo Testamento (por ejemplo, Mateo 5:43-48). Si bien los cristianos debemos tenerlos en cuenta, hay problemas con quienes afirman que "las representaciones de Dios, a quien Jesús revela en el Antiguo Testamento deben considerarse como reflejos confiables del carácter de Dios, mientras que aquellas representaciones que no están a la altura de lo revelado por Jesús deben considerarse como distorsiones de Dios" (Seibert, *Disturbing Divine*

5. No tenemos todas las respuestas

Hace poco, Janelle, una mujer de mi iglesia, recibió una llamada de una amiga que había pasado por un momento difícil. Como muchos cristianos, había recurrido a la Biblia en busca de ayuda. Sin embargo, lo que encontró le generó una confusión que la invadió por completo y que la llevó a sentimientos de culpa y estupidez: "¿Por qué no puedo entenderlo? ¿Por qué no puedo encontrarle sentido?". Como resultado, dejó de leer la Biblia.

Después de escuchar la historia de su amiga, Janelle respondió: "Que no comprendas la Biblia no quiere decir que la estés leyendo mal. ¡Significa que realmente estás prestándole atención! A veces, todo el mundo tiene problemas para entenderla".

La respuesta de Janelle me hizo sonreír. *Uno de los errores más grandes que podemos cometer al leer la Biblia es asumir que siempre debemos poder encontrarle algún sentido.* Una mejor respuesta es aquella que implica humildad y que le formula preguntas a Dios (ver "Convivir con las preguntas").

Convivir con las preguntas

"No siempre se dispone de respuestas concretas a preguntas clave sobre la Biblia. Pero, incluso sin respuestas definitivas, hacer preguntas a veces proporciona la vía más útil para obtener información. Vivir con preguntas sobre la Biblia a lo largo del tiempo es importante, porque ellas nos mantienen pensando en asuntos fundamentales para la fe. Vivir con preguntas significa que podremos reconocer mejor las respuestas cuando surjan en nuestro camino. Más aún, nuestro llamado es a vivir las preguntas con las otras personas que las plantean; en otras palabras, nuestro llamado es a un ministerio de preguntas. Esto significa preocuparse por las preguntas que la gente tiene, entendiendo que tienen un gran potencial para llevarte a ti y a las demás personas al misterio de maneras más profundas".

Terence E. Fretheim, *About the Bible*, vii

Humildad

No toda la violencia en la Biblia tiene explicación. *El punto de partida necesario para interpretar cualquier pasaje de la Escritura es un espíritu*

Behavior, 185). Tales argumentos van en la dirección de Marción, pueden poner en peligro las amistades entre cristianos y judíos y reducirle el volumen a los textos violentos del Nuevo Testamento (por ejemplo, Mateo 10:34).

de humildad. El erudito bíblico Richard Briggs escribió un libro sobre los tipos de virtudes que el Antiguo Testamento fomenta en sus lectores. Para él, la *humildad* es una de las virtudes más importantes que los lectores pueden aportarle al texto.[37]

El énfasis de Briggs es excelente. Solo somos mortales que intentan comprender el Infinito a través de textos que tienen miles de años. No todo tendrá sentido. Incluso con todos nuestros siglos de reflexión, investigación minuciosa, hallazgos arqueológicos y erudición crítica, seguimos siendo ignorantes y defectuosos. Cuando Dios nos habla de manera poderosa a través de las Escrituras, con frecuencia lo hace en medio de nuestras debilidades, y no porque seamos intérpretes perfectos. En simples palabras, nunca resolveremos todos los problemas de la Biblia.[38]

Preguntar en oración

Por lo tanto, un enfoque es cuestionar los textos violentos a través de la oración. Terence Fretheim sostiene que muchos personajes bíblicos cuestionan las acciones de Dios. De manera similar, podemos hacerle preguntas a la Biblia.[39] (Ver "Esas mismas respuestas").

ESAS MISMAS RESPUESTAS

"El Antiguo Testamento retrata el mundo como es, sin límites. En sus páginas encontrarás historias apasionantes de amor y odio, historias escalofriantes de violación y desmembramiento, relatos prácticos sobre el tráfico de esclavos, historias honestas sobre el gran honor y la cruel traición de la guerra. Nada es limpio y ordenado. Los mocosos mimados como Salomón y Sansón reciben dones sobrenaturales; un hombre verdaderamente bueno como Job sufre una catástrofe. A medida que te encuentres con estos disturbios, puedes reaccionar contra ellos o alejarte de un Dios que fue partícipe de tales eventos. ¡La cualidad maravillosa del Antiguo Testamento es que también contiene las respuestas! Dios se anticipa a nuestras objeciones y las incluye en su escritura sagrada".

Philip Yancey, *La Biblia que leyó Jesús*, 11–12

---

37 Briggs, *Virtuous Reader*, cap. 2.

38 Para un buen ejemplo de cómo tratar humildemente con textos violentos del Antiguo Testamento, véase C. Wright, *El Dios que no entiendo*, 86-87.

39 Fretheim y Froehlich, *Word of God in a Postmodern Age*, 102-3. En otros lugares aparecen comentarios similares, como en Seibert, *Violence of Scripture*, 62-72, esp. 64–65.

Toma en consideración a Abraham, en Génesis 18:16-33. Dios parece dispuesto a destruir a Sodoma y Gomorra. Abraham está altamente preocupado: su sobrino Lot vive en Sodoma.

¿Morirán Lot y su familia en la destrucción? Impulsado por esta preocupación, Abraham comienza a negociar con su Creador. Así es como comienza:

*Entonces se acercó al S*EÑOR *y le dijo: De veras vas a exterminar al justo junto con el malvado? Quizá haya cincuenta justos en la ciudad. ¿Exterminarás a todos, y no perdonarás a ese lugar por amor a los cincuenta justos que allí hay? ¡Lejos de ti el hacer tal cosa! ¿Matar al justo junto con el malvado, y que ambos sean tratados de la misma manera? ¡Jamás hagas tal cosa! Tú, que eres el Juez de toda la tierra, ¿no harás justicia? (Génesis 18:23-25)*

En lo que sigue, Abraham le pide a Dios que perdone la ciudad si diez personas inocentes están allí. Si bien se podrían decir muchas cosas sobre este texto, lo importante para nuestros propósitos es que Abraham está perfectamente contento con confrontar a Dios con preguntas difíciles. Él nunca dice: "Dios, tu plan no tiene sentido para mí, pero me callaré y confiaré ciegamente". En cambio, lo confronta con preguntas difíciles sobre la violencia de Dios. De manera sorprendente, Dios se rinde a Abraham. Este ejemplo indica que también tenemos la libertad de hacerle preguntas a Dios, especialmente preguntas sobre la violencia en la Biblia (ver "Decirle a Dios lo que pensamos").

>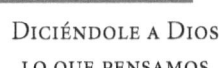
> DICIÉNDOLE A DIOS
> LO QUE PENSAMOS
>
> "Debemos ser lo suficientemente valientes para decirle a Dios lo que pensamos. Como un buen maestro agradecería el desafío de un estudiante, Dios también está abierto a nuestras evaluaciones sobre su carácter, como lo estuvo con Abraham. En lugar de ofrecerle nuestras alabanzas, debemos ofrecer nuestras valoraciones".
>
> Mark Roncace, *Raw Revelation*, 81-82

Los escritores de los salmos se unen a Abraham al cuestionar a Dios. Al comienzo del Salmo 10, la persona que ora le lanza a Dios preguntas acusadoras:

¿Por qué, oh Señor, estás lejos?
¿Por qué te escondes en tiempos de problemas?
(Sal. 10:1, NRSV)

Salmos como este recibirán más atención en el capítulo 10. Por ahora, es importante notar que los escritores de este poema sintieron que tenían permiso para cuestionar a Dios cuando la vida tenía poco sentido para ellos.

De manera similar, quienes leen la Biblia tienen la libertad de cuestionar los textos bíblicos que no les parezca que tengan mucho sentido. Cuando Dios les ordena a los israelitas ir a la guerra y eliminar todo lo que respira, las personas de fe pueden unirse a la asamblea de voces en la Biblia que cuestiona lo que Dios está haciendo (ver "La ira de David ante la violencia de Dios").

> **LA IRA DE DAVID ANTE LA VIOLENCIA DE DIOS**
>
> La violencia de la Biblia no tiene sentido para muchos de nosotros. Para David tampoco. En 2 Samuel 6:2-9, Dios mata a un hombre llamado Uza por tocar el arca del pacto. Esto hace que David se enoje y se asuste. En lugar de permanecer en silencio, plantea preguntas sobre lo que Dios hizo. El texto implica que los caminos de Dios no siempre tendrán sentido para nosotros. A veces, debemos plantearle con honestidad nuestras preguntas inquietantes.

La responsabilidad moral de los cristianos y cristianas no es dar explicaciones sobre los textos violentos o pecar de deshonestos acerca de sus contenidos perturbadores. Sin embargo, podemos preguntarnos con humildad y oración por qué esos textos están en nuestra Biblia. De hecho, si la iglesia estableciera una tradición de cuestionar esos textos a través de la oración, sería menos probable que las personas los utilizaran para tratar de justificar la violencia actual.[40]

No necesitamos fingir que tenemos todas las respuestas. Y, sin dudas, no necesitamos sentirnos culpables o avergonzados por nuestra falta de soluciones.

---

[40] Ver los puntos de Seibert, *Violence of Scripture*, 74-75, 91-92, sobre la importancia de "Nombrar la violencia" de los textos bíblicos.

Un último ejemplo: los textos *herem*

Como una forma de cerrar este capítulo, veamos uno de los conjuntos de textos más desafiantes del Antiguo Testamento: los textos *herem*.

Cuando se les dice a los israelitas que tomen la tierra de Canaán, Dios le ordena al pueblo que mate a todos los habitantes de la tierra. El pueblo sometido será ofrecido a Dios como sacrificio (ver Deuteronomio 7:2; 20:17; Josué 6:17-21). Estamos en presencia de textos muy inquietantes. A primera vista, parecen elogiar el genocidio, todo lo contrario de lo que hizo Amós.[41] En Josué 10:40, para nombrar uno de los muchos ejemplos posibles, se elogia al guerrero Josué por "destruir por completo todo lo que respiraba, como el Señor Dios de Israel ordenó" (NRSV).[42]

Estos textos parecen operar con la siguiente lógica.[43] Primero, la práctica de masacrar a los cananeos significa que la idolatría es desarraigada de la tierra (ver Éxodo 22:20; Deuteronomio 7:14; 20:17-18).

En segundo lugar, esta práctica de los *herem* asegura que la gente no irá a la guerra con el fin de obtener ganancias personales. En el antiguo Cercano Oriente, la guerra era la forma más fácil de hacerse rico rápidamente. Después de las batallas, los vencedores militares se apoderaban de todo lo que quedaba y convertían a los prisioneros de guerra en sus esclavos. En lugar de promover tal esquema de violencia con ánimo de financiamiento, el texto deja en claro que los israelitas no se apoderaron de Canaán para enriquecerse a través de la esclavitud.

En tercer lugar, esta práctica reconoce a Dios como el vencedor militar de las batallas de Israel. Dado que Dios intervino milagrosamente a favor de Israel, y puesto que Israel no tenía ni el armamento ni los soldados para pelear, todo el botín de guerra, incluidos los bienes y los prisioneros, le pertenecían a Dios. Por tanto, eran sacrificados a Él (Deut. 7:1-6).

---

41 Sin embargo, C. Wright, *El Dios que no entiendo*, 92, señala: "Tal como sucede en el mundo moderno, el 'genocidio' va de la mano de un interés personal vicioso, generalmente basado en mitos de superioridad racial, y por lo tanto, a veces también se le llama "limpieza étnica"... Pero la conquista de Canaán nunca está justificada por motivos étnicos en la Biblia, y cualquier noción de superioridad étnica, moral o numérica, es aplastada rotundamente en Deuteronomio". Luego, se refiere a Deuteronomio 9:4-6, que desmantela la noción de que los israelitas son justos mientras que los cananeos son inicuos (94). Seibert, *Violence of Scripture*, 96–97, desafía a C. Wright.

42 Hay muchos estudios de estos textos *herem*; Niditch, en *War in the Hebrew Bible*, esp. capítulos. 1-2 (aunque ya anticuado), proporciona una revisión útil del debate académico y otras actitudes hacia la guerra en la Biblia hebrea.

43 Ver las discusiones útiles en Chapman, "Ban, The" y "Holy War"; cf. Schlimm, "Prisoners of War"; G. E. Wright, *Old Testament and Theology*, 128–29; Niditch, *War in the Hebrew Bible*, 50; Jenkins, *Laying Down the Sword*, 43.

Si bien podemos comenzar a ver algo de lógica en esos mandamientos, no obstante, estos pasajes siempre deberían incomodarnos. Puede que tengan poca relevancia para la mayoría de las iglesias de hoy. Algunos intérpretes piensan que son solo metáforas que les dicen a los israelitas que no deben tener nada que ver con las prácticas religiosas cananeas.[44] Sin embargo, incluso si son solo metáforas, siguen siendo perturbadoras.[45] Quizás lo mejor que podemos hacer como cristianos y cristianas es preguntar en oración por qué Dios permitió que tal mandamiento entrara en la Biblia.

También es útil recordar que algunos textos de la Biblia describen eventos únicos, no algo que deba repetirse en generaciones posteriores. Éxodo 34:10-11, por ejemplo, habla de derrotar violentamente a los cananeos. En este texto, Dios enfatiza que lo que sucederá es diferente a lo que "se ha realizado en toda la tierra o en cualquier nación" (NRSV). Versos como este apuntan a que los textos *herem* no deben aplicarse fuera del antiguo Israel.

Incluso dentro del Israel antiguo llegó un momento temprano en la historia en el que Dios abandonó el plan de matar a todos los cananeos (Jue. 2: 20-23; cf. Zac. 14:11). Como dice Dios en Jueces 2:21, "tampoco yo echaré de su presencia a ninguna de las naciones que Josué dejó al morir". Si Dios abandonó esta práctica, nosotros también deberíamos hacerlo. No es nada que deba ser imitado hoy. El erudito bíblico Brent Strawn observa correctamente: "De la misma manera en que el Antiguo Testamento habla de estas cosas, se señala que la conquista de Canaán es un fenómeno limitado que nunca se repetirá".[46]

Finalmente, es importante hacer que los textos *herem* entren en conversación con otros textos bíblicos. Cuando lo hacemos, descubrimos que nuestras Escrituras sostienen las imágenes de paz holística, *shalom*, como la meta que la creación anhela. Algunos intérpretes incluso han planteado que el *shalom* es fundamental para todo el Antiguo Testamento.[47] Isaías

---

44 MacDonald, "Deuteronomy", esp. 275 OT; cf. Jenkins, *Laying Down the Sword*, 235-38; Wolterstorff, "Reading Joshua", 248-56; Rowlett, *Rhetoric of Violence*, 12-13, 183.

45 Collins, *Does the Bible Justify Violence?*, 3; Seibert, *Violence of Scripture*, 97-98.

46 Strawn, "Teaching the Old Testament", pág. 8; cf. Lesser, "Morally Difficult Passages", pág. 298.

47 Aunque ya está un tanto superado y tiene algunos problemas, Hanson, "War and Peace in the Hebrew Bible" contiene algunas propuestas interesantes. Ver también C. Wright, *El Dios que no entiendo*, 98-106. Ratheiser, *Mitzvoth Ethics and the Jewish Bible*, esp. §2.3, argumenta (de manera técnica, presuponiendo el conocimiento del hebreo) que cuando se guardan los mandamientos de Dios, el pueblo de Dios disfruta del *shalom* como una sociedad guiada por la santidad y la justicia. Sin embargo, este

y Miqueas se unen en un coro para hablar de un tiempo libre de armas, violencia y guerra (Is. 2:-4; Miq. 4:1-4).

A medida que el libro de Isaías llega a su final, el texto mira hacia atrás a un planeta empapado en sangre (véase Isaías 34:3). Usando imágenes sorprendentes, Dios promete un cielo y una tierra nuevos, donde el lobo, el cordero, el león y el buey habitan uno al lado del otro, libres de una muerte prematura (Is. 65:17-25). La imagen de la nueva Jerusalén que se encuentra al final de la Biblia (Ap. 21:1-4) resulta inspiradora, y continúa inspirando a todos los que vivimos en la tierra violenta de Caín con la añoranza del Edén.

Los textos diversos del Antiguo Testamento presentan las realidades de la violencia junto con los ideales del *shalom*. Son textos que nunca niegan las duras brutalidades que puede acarrear la vida, pero tampoco renuncian a la esperanza de que llegue un día más esplendoroso; son relatos que observan sin vacilar la condición humana en su peor momento, mientras que al mismo tiempo anhelan lo mejor.

Conclusión

A veces, la gente insta a la iglesia a eliminar los textos violentos de la Biblia.[48] Este enfoque no funcionará con aquellos cristianos y cristianas que están firmemente comprometidos con el estatus sagrado de la Biblia. Lo que se necesita, en cambio, es un modelo que permita cuestionar y tal vez incluso estar en desacuerdo con los textos violentos mientras se sigue reverenciando la Biblia como sagrada. La metáfora EL ANTIGUO TESTAMENTO ES NUESTRO AMIGO EN LA FE proporciona un camino a seguir que les da a los cristianos y cristianas permiso para cuestionar la Biblia, incluso cuando toman sus palabras en serio y las respetan como lo harían con un amigo o amiga.

En cualquier amistad hay desacuerdos. Puede que algunos no estemos de acuerdo con los textos del Antiguo Testamento sobre la violencia. Sin embargo, una de las bellezas de la amistad es que las personas permanecen

---

trabajo continúa explorando a Josué como modelo ejemplar (capítulo 3).

48 Este pedido se hace de manera explícita en Ávalos, "The Letter Killeth". Otras fuentes se inclinan en esa dirección o al menos la discuten: Collins, *Does the Bible Justify Violence?*; Cowles et al., *Show Them No Mercy*, 13-60, esp. 36, 47; Jenkins, *Laying Down the Sword*, 198-208. Ver también Ávalos, *Fighting Words*, 371, que invita a los lectores a "eliminar la religión de la vida humana por completo".

> **Duda honesta**
>
> "Tu certeza absoluta no le va a servir mucho al escéptico […], pero sí podría hacerlo tu duda honesta".
>
> Brian Zahnd, Twitter, 3 de agosto de 2012.

comprometidas entre sí incluso cuando hay diferencias. Aunque podamos chocar con partes de las Escrituras, no tenemos por qué renunciar a ellas por completo. El Antiguo Testamento puede seguir siendo nuestro amigo en la fe, incluso si no vemos la utilidad de cada uno de sus textos en nuestras propias vidas (ver "Duda honesta").

A decir verdad, la amistad con el Antiguo Testamento no es para los débiles de corazón. De este lado del regreso de Cristo, las respuestas a muchas de las preguntas desconcertantes del Antiguo Testamento seguirán siendo esquivas. Pero, en mi experiencia, la fe rara vez se encuentra en las respuestas contundentes o en la certeza absoluta. La fe real y honesta surge en medio de las ambigüedades sin resolver, en las preguntas sin respuesta y en los problemas sin solución. En medio del desorden, del sufrimiento y las tragedias de un mundo violento, aparece Dios.

Para un estudio posterior

Davies, Eryl W. *The Immoral Bible: Approaches to Biblical Ethics*. Londres: T&T Clark, 2010.

> Este libro describe las fortalezas y debilidades de cinco formas de tratar los textos moralmente problemáticos del Antiguo Testamento, particularmente Josué 6-11: (1) descartando los textos violentos como primitivos e inferiores a enseñanzas posteriores como las del Sermón del Monte; (2) subrayando que la distancia cultural entre los tiempos bíblicos y la actualidad prohíbe la aplicación de textos violentos en el mundo contemporáneo; (3) prefiriendo algunos textos bíblicos sobre otros o al menos leyendo textos particulares a la luz de la corriente general de la Biblia; (4) buscando aplicar los principios subyacentes de la Biblia en lugar de mandatos específicos; y (5) entablando conversaciones con el texto bíblico, criticándolo si es necesario (lo que el autor defiende). Aunque este es un libro académico, el estilo de escritura de Davies es accesible.

Seibert, Eric A. *Disturbing Divine Behavior: Troubling Old Testament Images of God*. Minneapolis: Fortaleza, 2009.

———. *The Violence of Scripture: Overcoming the Old Testament's Troubling Legacy*. Minneapolis: Fortaleza, 2012.

> Estas obras enfatizan los problemas de la violencia en las Escrituras, promoviendo maneras en que los cristianos y cristianas pueden abordar el Antiguo Testamento de modos noviolentos. Escritos en un estilo más académico, estos libros interactúan con una gran cantidad de textos académicos. Algunos lectores y lectoras encontrarán que los textos son demasiado críticos con el Antiguo Testamento. El de 2009 sugiere que los lectores evalúen los textos del Antiguo Testamento apelando al criterio de examinar qué tanto coinciden con el Dios que Jesús revela.

Wright, Christopher J. H. *El Dios que no entiendo: Reflexiones y preguntas difíciles acerca de la fe*. Grand Rapids: Zondervan, 2008.

> Solo una de las cuatro secciones de este libro se centra en "los cananeos". Sin embargo, el relato hace un excelente trabajo al tratar el problema de la violencia en el Antiguo Testamento, siendo humildemente realista acerca de los problemas, y al mismo tiempo apunta a generar útiles estrategias de lectura. Este relato se basa en escritos académicos pero es accesible para una audiencia general. Algunos lectores encontrarán que no es suficiente para luchar críticamente con la Biblia.

El sitio www.MatthewSchlimm.com contiene recursos adicionales, incluidas preguntas para la discusión grupal.

(Footnotes)

[1] El original incluye el reporte Sexual Violence Survey, elaborado a partir de una investigación dirigida por M. C. Black, y que se ocupa de la situación en Estados Unidos: "En los Estados Unidos, aproximadamente 1 de cada 5 mujeres (18.3%) y 1 de cada 71 hombres (1.4%) fueron violados en algún momento de sus vidas [...] y el 27.2% de las mujeres y el 11.7% de hombres experimentaron contacto sexual no deseado". Para destacar la relevancia del problema para América Latina, se buscaron fuentes pertinentes a la región. *(Nota del traductor).*

6

Varón y hembra los creó:

el género y el Antiguo Testamento

La inmoralidad y la violencia no son las únicas preocupaciones de quienes leen la Biblia. Un problema igualmente extendido es la manera en que el Antiguo Testamento trata a las mujeres. Los lectores y las lectoras se enfrentan al menos con tres dificultades: (1) el Antiguo Testamento se centra en los hombres más que en las mujeres; (2) el Antiguo Testamento contiene textos con claros prejuicios contra las mujeres; y (3) el Antiguo Testamento contiene textos que pueden usarse para condonar la violencia contra las mujeres.

Los hombres pueden abrir casi cualquier pasaje del Antiguo Testamento y encontrar un personaje con el que identificarse. Por otro lado, los ejemplos femeninos son francamente escasos. Ten en cuenta, nada más, estos números: el nombre de Abraham aparece 236 veces en el Antiguo Testamento, el de Sara, 55.[1] El Antiguo Testamento menciona a Moisés por su nombre 766 veces y a su hermano Aarón 347 veces, pero el nombre de Miriam, la hermana de Moisés, aparece solo 14 veces, y su esposa, Séfora, se menciona solo en tres ocasiones.[2]

Estos números ilustran por qué a las mujeres a veces les resulta difícil sentirse "como en casa" dentro de la Biblia. Los textos que se enfocan más en los varones que en las mujeres son *androcéntricos*, centrados en los hombres. Las mujeres generalmente necesitan relacionarse no solo con una cultura y una época diferentes, sino también con personajes de otro género.

---

1 Este número incluye también "Abram" y "Sarai". Incluso si uno considera "Agar" y "Cetura" (o "Keturah") en el sondeo, se descubre que las esposas de Abraham se mencionan por su nombre solo 71 veces, menos de un tercio de la frecuencia con la que se menciona al Patriarca.

2 Estos números son las veces que aparecen los nombres de estos personajes, no las veces que se mencionan, por ejemplo, con pronombres.

> ### Retratos androcéntricos de Dios
> Los textos del Antiguo Testamento están centrados en el hombre no solo en la forma en que se enfocan en los varones más que en las mujeres, sino también en la forma en que retratan a Dios.
> No obstante, en algunas ocasiones el Antiguo Testamento retrata a Dios con imágenes femeninas. Por ejemplo, en Isaías 49:15, Dios dice: "¿Puede una madre olvidar a su niño de pecho, y dejar de amar al hijo que ha dado a luz? Aun cuando ella lo olvidara, ¡yo no te olvidaré!".
> Si bien se pueden encontrar varios ejemplos como este, las imágenes masculinas son mucho más comunes. A Dios se le suele llamar rey, pero nunca reina. Además, los pronombres utilizados para describirlo son masculinos.
> Aunque el Antiguo Testamento nunca imagina a Dios de la cintura para abajo, desafortunadamente su tendencia a atribuirle cualidades masculinas implica que los hombres son de alguna manera más semejantes a Dios.

Cuando los textos bíblicos se centran en los hombres y dejan de lado a las mujeres, es posible que surja la idea de que estas son menos importantes que aquellos (ver "Retratos androcéntricos de Dios").

Además de centrarse en los hombres más que en las mujeres, algunos textos son patriarcales: están a favor de que los hombres gocen de una desigualdad en el ejercicio del poder a través de sus privilegios. Para dar un ejemplo sencillo, Levítico dice que cuando una mujer da a luz a una hija, es ceremonialmente impura durante el doble de tiempo que cuando da a luz a un hijo (12:1-5). La pureza religiosa se tratará en el capítulo 7, pero ya podemos ver que hay dos estándares, uno para los hombres y otro para las mujeres.

Otro ejemplo de los problemas de la Biblia: muchos profetas describen a Israel como una esposa infiel que merece ser castigada, mientras Dios es el esposo justo. A menudo, estos profetas condenan a Israel por los males sociales y, sin embargo, es fácil ver cómo sus imágenes pueden ser opresivas, en un guiño a los hombres farisaicos que pueden castigar a sus esposas si no están de acuerdo con ellos. La Biblia nunca les pide a sus lectores y lectoras que entiendan esta metáfora como una condonación del abuso conyugal. Sin embargo, las metáforas influyen de manera poderosa en el pensamiento de las personas. ¿Por qué la Biblia no usó una imagen diferente?[3]

---

3 Cf. Weems, *Battered Love*, *passim*, por ejemplo, 72.

¿Qué pueden hacer los cristianos y cristianas con estos rasgos preocupantes del Antiguo Testamento? Para muchos, la cuestión se reduce a preguntar: ¿Es posible

1. afirmar la igualdad de género,
2. considerar a la Biblia como la Palabra de Dios, y
3. seguir siendo honesto con y acerca de lo que hay en la Biblia?

Este capítulo se centra en esa cuestión.

En muchos aspectos, lamentablemente no estoy calificado para escribir este capítulo. Soy hombre; no tengo la experiencia directa de lo que es leer la Biblia siendo mujer. A lo largo de mi vida, he recibido privilegios masculinos que he dado por sentado. Nunca he sentido la picadura del sexismo, explícito o disimulado.

Sin embargo, no escribir este capítulo sería un gran error. Las cuestiones de género son demasiado importantes como para permanecer en silencio. Además, todo libro sobre los problemas del Antiguo Testamento estaría incompleto sin un tratamiento del tema del género. También me niego a guardar silencio sobre este asunto porque esto solo ayudaría a aquellos que usan la Biblia para oprimir a las mujeres. Si bien me abro a la crítica al agregar mi voz masculina a esta discusión sobre cómo la Biblia considera a las mujeres, lo cual es natural, la responsabilidad moral de resistir a aquellos que usan la Biblia con fines opresivos todavía existe.[4] (Ver "¿Puede un hombre ser feminista?").

> ¿PUEDE UN HOMBRE SER FEMINISTA?
>
> Como explica la erudita bíblica Esther Fuchs, algunas feministas responderían de manera negativa esta pregunta, afirmando que "el feminismo es una negociación entre mujeres". Sin embargo, Fuchs no está de acuerdo y alega que los hombres pueden "tomar una posición contra el patriarcado y el sexismo".[a]
>
> Escribo este capítulo con esta invitación implícita en mente, esperando que todos y todas nos unamos en oposición a quienes usan la Biblia para oprimir a las mujeres.
>
> a. Fuchs, "Men in Biblical Feminist Scholarship", 113.

---

4 Como sugiere el recuadro "¿Puede un hombre ser feminista?", Esther Fuchs está a favor de que los hombres adopten posturas feministas. Debo señalar, sin embargo, que Fuchs sería crítica con el enfoque que defiendo aquí, y lo caracterizaría como insuficientemente radical y complejo, demasiado "reformista y gradualista", demasiado "en línea con idealizaciones neoliberales de mujeres 'fuertes' y

Enfoques de género en el Antiguo Testamento

La gente se ha acercado al género en el Antiguo Testamento de muchas maneras. En aras de la conveniencia, ofrezco tres de los enfoques más básicos sobre este tema:[5]

1. Algunas personas dicen que la Biblia exalta a los hombres sobre las mujeres. Debido a que ven la Biblia como la Palabra de Dios, rechazan, por lo tanto, la igualdad de género, alegando que la voluntad de Dios es que las mujeres sirvan en posiciones subordinadas a los hombres.

2. Otros están de acuerdo en que la Biblia exalta a los hombres sobre las mujeres, pero van en la dirección opuesta y *rechazan la Biblia como la Palabra de Dios* debido a su prejuicio de género.

3. De manera alternativa, algunas personas buscan un término medio, insistiendo en que tanto *las mujeres como la Biblia son sagradas*. Admiten que hay problemas cuando se trata del género y la Biblia. Sin embargo, no están dispuestas a seguir al primer grupo y rechazar la igualdad de género, ni al segundo y rechazar la Biblia. Este enfoque de mediación afirma que la Biblia les da cabida a muchas voces. Algunas voces bíblicas reflejan una sociedad dominada por hombres. Sin embargo, no son tan dominantes como para rechazar la Biblia. Otras voces en la Palabra simpatizan con la difícil situación de las mujeres. Por lo tanto, quienes adoptan este enfoque a menudo *(a) rechazan las interpretaciones sesgadas que favorecen a los hombres por sobre las mujeres; (b) contrarrestan con imaginación el androcentrismo en los textos; (c) cuestionan los textos problemáticos; y (d) recuperan textos olvidados que actúan contra la dominación masculina.*[6]

'asertivas'". (Fuchs, "Reclaiming the Hebrew Bible for women", especialmente 48 y 54). Acepto mi responsabilidad como crítico de algunas corrientes de pensamiento feminista (por ejemplo, aquellas que rechazan la Biblia como Palabra de Dios) que tienen ciertos problemas, dado que el feminismo "fue creado específicamente para evitar el juicio, la autoridad y la hegemonía masculinas" (Fuchs, "Men in Biblical Feminist Scholarship", 110). Sin embargo, el feminismo es tan diverso y tan rico en diferentes enfoques que es imposible que alguien (ni siquiera los hombres) haga una contribución a este campo sin alinearse más con algunas feministas que con otras. En mi caso, trato de seguir a intérpretes respetadas como Jacqueline Lapsley y Ellen Davis.

5 Para categorías similares, ver Lapsley, *Whispering the Word*, 3; Rodd, *Glimpeses of a Strange Land*, 250-51.

6. Cf. Scholz, *Women's Hebrew Bible*, 25. 7.

Como veremos, yo me incline por el último enfoque. No estoy dispuesto a renunciar ni al estatus sagrado de la mujer ni a la Biblia. Además, la Biblia contiene demasiadas voces como para adoptar un enfoque único e intransigente.

AL PRINCIPIO

Comencemos por examinar la primera declaración de la Biblia sobre el género. En Génesis 1:27, leemos:

Dios creó al ser humano a su imagen;
lo creó a imagen de Dios.
Hombre y mujer los creó,

Este texto describe ambos géneros como hechos a imagen de Dios.

Como se menciona en el capítulo 3 de este libro, los vecinos de Israel también utilizaban la frase "imagen de Dios". Sin embargo, lo hacían para describir a los reyes y gobernantes en términos de un grupo de hombres con poder (ver "La imagen de Dios para Génesis 1 y los vecinos de Israel"). En un movimiento verdaderamente notable, las Escrituras de Israel aplican esta designación a todos: mujeres y a hombres por igual.[7]

LA IMAGEN DE DIOS PARA GÉNESIS 1 Y LOS VECINOS DE ISRAEL

"Pero mientras el poder en los imperios babilónico y asirio se concentraba en las manos de unos pocos, el poder en Génesis 1 se difunde o se comparte. La imagen de Dios y su 'lenguaje real' adjunto ('gobernar' o 'someter') ya no se limita solo a una élite privilegiada. Por el contrario, todos los seres humanos, hombres y mujeres, son creados como administradores en el mundo, investidos con autoridad real, y se les confía la tarea privilegiada de gobernar en nombre de Dios".

J. Richard Middleton, *Liberating Image*, 206.

En la Biblia "la imagen, el representante, el delegado y el reflejo de Dios no es un príncipe; es el ser humano, hombres y mujeres en igual grado, todos y cada uno de los seres humanos".

Jürgen Moltmann, *Dios en la creación*, 219

---

7 Middleton, *Liberating Image*, 204-7.

Así que, en la primera y más importante declaración de la Biblia sobre hombres y mujeres, el texto afirma el valor sagrado de ambos géneros al hacer una declaración contracultural que se opone de manera radical a quienes piensan que solo los hombres con autoridad reflejan la imagen de Dios.

El rechazo a la igualdad

Ya podemos empezar a ver los problemas que vienen con el rechazo a la igualdad de género. Las personas que usan la Biblia para degradar a las mujeres, aparentemente no saben lo primero que dice la Biblia sobre el género. A decir verdad, no se toman lo suficientemente en serio la primera declaración de la Biblia sobre el género (ver "¿Igual valor pero diferentes roles?").

¿Igual valor pero diferentes roles?

Algunos cristianos y cristianas afirman que los hombres y las mujeres tienen el mismo valor, pero luego sostienen que deben tener roles diferentes en el hogar y la sociedad. Por ejemplo, un documento oficial de la Convención Bautista del Sur declara:

> *El esposo y la esposa tienen el mismo valor ante Dios, ya que ambos fueron creados a Su imagen.*

Sin embargo, continúa diciendo:

> *[El esposo] tiene la responsabilidad dada por Dios de proveer, proteger y dirigir a su familia. La esposa debe someterse amablemente al liderazgo de servicio de su esposo.*[a]

La idea de que los hombres y las mujeres tienen roles sociales separados, pero un valor igual, suena condenada al fracaso. Hay un eco similar al del plan de tener escuelas segregadas, "separadas pero iguales". Afirmar la igualdad como principio pero negarla en la práctica es moralmente reprobable.[b]

---

a. Convención Bautista del Sur, *Baptist Faith and Message*, §18, "The Family".
b. Para las complejidades relacionadas con el género en los círculos conservadores cristianos, ver Frykholm, *Rapture Culture*, 100.

Los hombres que aplauden que los varones tengan más poder que las mujeres también parecen ignorar el hecho de que el Dios de la Biblia se opone constantemente a las personas que usan la autoridad y el poder para dominar y enseñorearse sobre los demás.[8] Ambos Testamentos insisten en que Dios humilla a las personas que se exaltan a ellas mismas y exalta a las personas que se humillan a sí mismas.[9] Cuando los hombres usan la Biblia para atribuirse un poder sobre las mujeres se arriesgan, por lo tanto, al juicio divino.

Infortunadamente, no es necesario ir muy lejos para encontrar a los que rechazan la igualdad de género por motivos bíblicos. Russell D. Moore, una figura prominente en la Convención Bautista del Sur, declara: "El patriarcado es bueno para las mujeres, bueno para los niños y bueno para las familias".[10] Moore trata de sustentar tales afirmaciones sobre bases bíblicas:

> *El patriarcado [...] es de importancia esencial: desde la concepción de Set a la imagen y semejanza de Adán hasta la liberación de Israel, el hijo [de Dios], de las garras de Faraón y la promesa de un hijo davídico para quien Dios sería un Padre (2 Sam. 7:14; Sal. 89:26), hasta el grito "Abba" del pueblo del nuevo pacto (Rom. 8:15).*[11]

Tales argumentos deberían hacernos sospechar. Son ideas promovidas por un hombre, valoran el patriarcado e ignoran textos como Génesis 1:27.

Hay tres reglas de interpretación que desnudan el problema de rechazar la igualdad de género. Primero, las personas que son cristianas *deben evitar las lecturas egoístas de los textos bíblicos* cuando hay otras más viables que promueven el bien de todos los miembros de la comunidad. El Capítulo 2 trató sobre la regla de la fe: la idea de que debemos favorecer interpretaciones más consistentes con el resto de la Biblia y con nuestra fe. El Antiguo y el Nuevo Testamento hablan repetidas veces sobre la importancia del sacrificio, de darse a los demás y de evitar el egoísmo. Por lo tanto, debemos sospechar de los hombres que dicen que la Biblia les

---

8 Ver, por ejemplo, Salmos 94:2; Proverbios 3:34; Isaías 2:10-12; Marcos 10:42–45; Santiago 4:6.
9 Como en 1 Samuel 2:3,7-8; Mateo 23:12; 1 Pedro 5:5.
10 Moore, "After Patriarchy, What?", 576.
11 *Ibid*, 572. Moore, sin duda, es consciente de Génesis 1:27. Mi reclamo es que su artículo funciona retóricamente sobre la base de marginar textos como el propio Génesis 1:27.

> **De una vez por todas, una lectura para el bien**
>
> "Existen muchas lecturas legítimas de un solo texto, pero para los cristianos sugiero el uso de la vara de medir que propone Jesús: 'por sus frutos los conocerás'. ¿La forma en que leemos produce vergüenza, terror, desamparo y autodesprecio? ¿Odio? ¿O empodera a los sobrevivientes a la acción, a la paz, al amor y a la autoaceptación?".
>
> Carole Fontaine, "Abusive Bible", 110-11.

da poder sobre las mujeres. Tales afirmaciones van en contra del tenor generoso de las Escrituras.[12] (Ver "De una vez por todas, una lectura para el bien").

En segundo lugar, las personas que nos consideramos cristianas debemos *darles una importancia especial a los textos fundacionales*. La mayoría de las obras literarias dicen algo muy importante al principio. La primera declaración de la Biblia sobre un tema como el género no debe pasarse por alto: toma un término usado para describir a los reyes en el mundo antiguo y lo aplica a mujeres y hombres por igual. ¡Ahí muere la idea de que las mujeres deben estar al servicio de los hombres!

En vez de marginar Génesis 1:27, quienes nos declaramos cristianos y cristianas deberíamos consolidarlo. Durante gran parte de su historia, la iglesia ha ignorado este texto y le ha negado a las mujeres la igualdad que merecen. La iglesia de hoy necesita arrepentirse de su pecado de sexismo y dejar que los versículos vivificantes hablen en voz alta y clara. Hoy, Génesis 1:27 debería ocupar un lugar central.

En tercer lugar, como cristianos y cristianas *no deberíamos seleccionar las dinámicas culturales más problemáticas de los tiempos bíblicos y transferirlas acríticamente al siglo XXI*. La Biblia fue escrita en una cultura patriarcal y, con frecuencia, refleja las normas de su época.[13] Esto no es sorprendente. Lo sorprendente es la manera en que la Biblia también hace declaraciones audaces y contraculturales, como la de Génesis 1:27, que confirman el valor de ambos géneros. Este texto es muy adecuado para su aplicación en la actualidad.[14] (Ver "¿Los cristianos deberían tener asnos?").

---

12 Quizás Moore diga que su lectura no es egoísta. De hecho, escribe: "La jefatura de los hombres no se trata de privilegios masculinos" (*Ibid.*, 576). Sin embargo, cualquier tipo de poder conlleva ciertos privilegios.

13 Meyers, *Discovering Eve*, sostiene que, si bien las mujeres pueden haber disfrutado de más igualdad antes de la institución de la monarquía, la realeza estructuró la sociedad de manera patriarcal.

14 Sobre la importancia de otorgar mayor relevancia a los testigos contraculturales dentro de la Biblia, ver Cosgrove, *Appealing to Scripture*, 90-115.

El rechazo de la Biblia

La primera declaración de la Biblia sobre el género no solo evidencia los problemas de rechazar la igualdad de género, sino también la sinrazón de rechazar la Biblia por completo. La académica bíblica Esther Fuchs dice que la Biblia "no solo presenta a las mujeres como marginales, sino que también defiende su marginalidad. No es simplemente un texto escrito por hombres, sino que también fomenta una política de dominación masculina". Fuchs agrega que el Antiguo Testamento "promueve un sistema social y cognitivo machista".[15]

> **¿Los cristianos deberían tener asnos?**
>
> Génesis 22:3 dice que Abraham usó un burro para transportar sus provisiones. Los códigos legales asumen que las personas tendrán asnos (por ejemplo, Éxodo 23:12). Sin embargo, no conozco a ningún cristiano hoy que se sienta obligado a usar burros en lugar de sus automóviles para transportar sus cosas o para trasladarse. Si los cristianos tienen la libertad de ir más allá de los modos de transporte primitivos, entonces, sin dudas, tenemos la libertad de trascender las antiguas concepciones de género, especialmente cuando la Biblia misma tiene textos que se deshacen de ideas antiguas y restrictivas.

Este tipo de declaraciones generales no le hacen justicia a las complejidades del Antiguo Testamento. Tan solo Génesis 1:27 ofrece razones para ver que la Biblia, a pesar de todas sus dificultades, puede ser una fuerza positiva en nuestras vidas hoy, incluso en cuestiones de género.[16]

Es fácil criticar a la Biblia, y a toda la literatura escrita antes de la década de 1960, por no estar a la altura de los estándares actuales de igualdad de género.[17] Más desafiante es admitir lo difícil que es lograr una correcta igualdad de género, incluso en nuestra sociedad.[18] Para quienes nos consideramos cristianos y cristianas comprometidos con la Biblia como la

---

15 Fuchs, *Sexual Politics in the Biblical Narrative*, 11-12. Milne, "Patricarchal Stamp of Scripture", presenta argumentos similares.

16 Si deseas razones adicionales para negar que la Biblia deba ser descartada por el simple hecho de que "la vemos con todos sus hoyos y valles", ver Fontaine, "Abusive Bible", 112.

17 Si bien estoy de acuerdo con los estándares contemporáneos de igualdad de género, reconozco que mi cultura ocupa un lugar relativamente pequeño en comparación con todas las culturas que han existido y las que vendrán. Estoy seguro de que, cuando las generaciones futuras miren atrás y observen la mía, encontrarán muchas deficiencias y fallas que parecerán casi increíbles según los estándares que tendrán entonces.

18 A pesar de que, por ejemplo, EE. UU. tiene leyes para evitar que los empleadores discriminen a sus empleados por razones de género, las mujeres aún ganan alrededor del 80% de lo que ganan los hombres (ver "Equal Pay").

Palabra de Dios, el rechazo pleno no va a funcionar. Sería como tirar el champán con el corcho, por así decirlo.[19] Necesitamos un enfoque múltiple de la Biblia que nos permita usarla de formas que contrarresten las desigualdades de nuestros días (ver "¿Qué hay con rechazar partes de la Biblia?").

> ¿QUÉ HAY CON RECHAZAR ALGUNAS PARTES DE LA BIBLIA?
> Algunas personas consideran ciertas partes de la Biblia como verdaderamente inspiradas, pero rechazan rotundamente otras.
> Obviamente, esta idea no es aceptada por quienes afirman que toda la Biblia es la Palabra de Dios. La mayoría de los cristianos no sienten que tienen la autoridad para decidir qué debe y qué no debe incluirse en la Biblia.
> Además, hay textos que pueden parecernos muy problemáticos en el presente. Sin embargo, cuando volvemos a ellos en diferentes momentos, podemos ver las cosas de otra manera. El capítulo 4 habló de la violación de Dina (Génesis 34), y el capítulo 5, del salmo que aboga por la muerte de los niños (Salmo 137). Es posible que muchas personas deseen, en una primera lectura, excluir esos pasajes de la Biblia. Sin embargo, como ya he comentado, ambos pueden funcionar de forma positiva entre cristianos y cristianas en situaciones particulares.
> Como veremos, hay formas de lidiar con textos problemáticos sin rechazarlos de cuajo.

El rechazo de las interpretaciones sesgadas

La iglesia tiene una larga y triste historia de usar la Biblia para el mal, especialmente cuando se trata del género. Aquí hay algunos ejemplos perturbadores de lo que los líderes de la iglesia han dicho a lo largo de los siglos en relación con la mujer:

> *Ustedes [mujeres] son la puerta del diablo.*[20]

> *No puedo imaginar qué clase de ayuda para el hombre sería una esposa, si le quitas el propósito de tener hijos.*[21]

---

19 La propuesta de que se descarten algunas partes de la Biblia se puede plantear de varias formas. Fontaine ("Abusive Bible", 112-13) se niega a renunciar a toda la Biblia (ya que contiene textos liberadores), pero también dice que el "contenido, la forma y la función" de los textos bíblicos "deben ser resistidos o reafirmados".

20 Tertuliano, *Apparel of Women* 1.1 (*ANF* 4:14).

21 Agustín, *Gen. litt.* 9.5.9 (Agustín, *On Genesis* [traducción de E. Hill], 380).

El dominio de los hombres y el sometimiento de las mujeres continúa. Debéis soportarlos.[22]

Las personas que nos declaramos cristianas necesitamos hoy arrepentirnos de los graves pecados de la iglesia.[23] Una forma de hacerlo es contrarrestando las interpretaciones sesgadas.

Considera, por ejemplo, a Eva en Génesis 2-3. Más arriba señalé que las traducciones e interpretaciones que nos precedieron podrían haber hecho más para resaltar que su nombre, literalmente, significa *Vida*. Los intérpretes también se han equivocado en muchas otras cosas acerca de ella.

Primero, algunos han afirmado que las mujeres son inferiores a los hombres porque Eva fue creada después de Adán (2:22). Sin embargo, Génesis valora constantemente lo que viene después, en lugar de lo que vino previamente. Así, entonces, el texto expresa una preferencia por Abel sobre Caín, por Isaac sobre Ismael, por Jacob sobre Esaú, por Raquel sobre Lea y por José sobre sus hermanos mayores. Eva no es una ocurrencia tardía. Ella es la corona de la creación.[24] En particular, la primera vez que la Biblia registra el habla humana, sus lectores encuentran un poema que alaba lo maravillosa que es Eva (2:23).[25]

En segundo lugar, se afirma que las mujeres son inferiores a los hombres porque Eva fue creada para que fuera una "ayuda" para Adán (2:18). Hoy, el supuesto es que un "ayudante" es como un "asistente" o incluso un "sirviente": una persona subordinada y de segunda clase que obedece a sus superiores.[26] Sin embargo, la palabra hebrea para "ayudante" (*ezer*) generalmente no se usa para describir a esclavos, ayudantes ni incluso humanos en el Antiguo Testamento. Normalmente, ese término describe a Dios. ¡Háblenme ahora de un signo de inferioridad! El hecho

---

22 Lutero, *Luther's Works*, 28:279.

23 Si bien la iglesia de hoy necesita arrepentirse de los pecados de las generaciones anteriores, Thompson (*Writing the Wrongs*) muestra que los comentaristas precríticos solían simpatizar más con los personajes femeninos de las Escrituras de lo que uno podría esperar. Sobre las complejidades del pensamiento de Agustín, véase Harmless, *Agustin on His Own Words*, 302-5, 366-67.

24 Aquí y en otros lugares, el trabajo pionero de Phyllis Trible ha influido en mi pensamiento. En este caso, su "Depatriarchalizing in Biblical Interpretation" (esp. 36) sostiene este mismo argumento con un lenguaje similar. Es cierto que esta interpretación está en desacuerdo con 1 Tim. 2:11-14. Sobre las tensiones entre los textos bíblicos, ver el cap. 9.

25 Binz, *Women of the Torah*, 18.

26 Spong, *Sins of Scripture*, 78.

de que Eva ayude significa que se parece más a Dios, no menos.[27]

En tercer lugar, se supone que debido a que Eva comió primero de la fruta prohibida, es la más malvada. Debi Pearl, en un libro popular que insta a las mujeres a ser sumisas a sus maridos, escribe: "Satanás pudo engañar [a Eva] cuando ella se apartó del lado de Adán y se enfrentó a la lógica del Diablo".[28] Sin embargo, la Biblia nunca dice que Eva dejó a Adán para ir y comer del fruto prohibido. En cambio, leemos que Eva "tomó de su fruto y comió. Luego le dio a su esposo, y también él comió" (Génesis 3:6).[29] El punto de la historia tiene más que ver con la naturaleza comunitaria del pecado que con culpar a un género. Dado que *Adán* significa *Humanidad* y *Eva* significa *Vida*, cuando leemos Génesis debemos reflejarnos en ambos personajes, independientemente de su género. La verdad es que Eva no metió a la fuerza el fruto en la garganta de Adán ni lo mezcló en secreto con su ensalada de frutas favorita.

Finalmente, se afirma que las mujeres siempre deben servir a los hombres porque Dios, en Génesis 3:16, le dijo a Eva:

Desearás a tu marido,
y él te dominará.

Sin embargo, al igual que con los textos violentos, es importante preguntarse si la Biblia es *descriptiva* —un texto que habla de las características negativas de nuestro mundo caído— o *prescriptiva* —un texto que le dice a la gente cómo se supone que deben ser las cosas.[30]

Los versículos circundantes describen el dolor en el parto, las dificulta-

---

27 Trible, *Rhetoric of Sexuality*, 90. Ver, por ejemplo, Salmo 54:4; 70:5; 115:9-11.

28 Pearl, *Creada para ser su ayuda idónea*, 108.

29 Además de versículos como Génesis 3:6, los lectores y lectoras deben prestar mucha atención a textos como Génesis 31:35. Allí, Labán entra en la tienda de su hija Raquel, en busca de ídolos domésticos que ella había robado en secreto. Ella los tiene escondidos debajo de donde está sentada y le dice a su padre: "No se enoje mi señor porque no puedo levantarme delante de ti, pues me encuentro en el camino de las mujeres" (31:35, traducción de Lapsley, *Whispering the Word*, 22). A primera vista, parece que Raquel no se ve metida en problemas, todo indica que no puede levantarse porque está menstruando. Sin embargo, la académica bíblica Jacqueline Lapsley muestra que las palabras de Raquel funcionan a un nivel más profundo, pues se trata de una protesta contra cómo ha sido oprimida y no puede levantarse ante su padre, quien la ha maltratado severamente. Como dice Lapsley, las palabras de Raquel "constituyen un discurso de resistencia, una sutil protesta contra el discurso patriarcal y las estructuras sociales que intentan silenciarla" (íbid., 34). (Nota del traductor: Algunas versiones, por ejemplo, RVA-2015, añaden, en Génesis 3:6, "que estaba con ella", como aparece en el original en cursiva añadida por el autor).

30 Trible, *Rhetoric of Sexuality*, 128; Trible, *Texts of Terror*, *passim*; Olson, "Untying the Knot?", 76; cf. M. Jacobs, *Gender, Power, and Persuasion*, 241.

des del trabajo físico y la certeza de la muerte (Génesis 3:15-19). Ninguna de estas cosas son buenas. No es de extrañar que tanto cristianos como no cristianos intenten contrarrestarlas a todas.

Las madres alivian los dolores del parto con cosas como el método Lamaze y la medicina. Los trabajadores se valen de herramientas para facilitar el trabajo físico, como implementos agrícolas. La mayoría de las personas consultan a los médicos para prevenir una muerte prematura. De manera similar, las personas que nos declaramos cristianas podemos luchar para contrarrestar las formas en que los hombres gobiernan a las mujeres.[31] De hecho, hay lugares en otras partes de la Biblia que hacen precisamente eso e imaginan una mayor igualdad de género.[32] (Ver "La simetría en Cantar de los Cantares").

La simetría en Cantar de los Cantares

"Hay un lugar en Cantares que deja claro, sin lugar a dudas, que la larga y triste historia de asimetría entre el hombre y la mujer es cosa del pasado y que se está estableciendo un nuevo paradigma. En el Edén, parecía que el mismo deseo sexual de la mujer la condenaba a la subordinación: 'Desearás a tu marido [deseo, *t'shuqah*], ¡y el te dominará' (Gén. 3:16). Pero aquí, después de un largo intercambio de elogios poéticos (5:10-7:10), la mujer se regocija: '¡Yo soy para mi amante, y hacia mí va su deseo [*t'shuqah*]!' (7:11). Debido a que la palabra *t'shuqah* es rara, y solo aparece aquí en Cantar de los Cantares y en Génesis (3:16 y 4:7), la línea que el poeta está trazando se destaca de manera clara. Este es un eco intencional y una inversión del triste final del idilio en el Edén. El deseo y el poder, declara el poema, ya no se distribuyen de manera desigual entre la mujer y el hombre. La mujer proclama una verdadera asociación de entrega desenfrenada y defensa mutua: 'Yo soy para mi amado y él es para mí' (6:3, comparar con 2:16)".

Ellen F. Davis, *Involved with God*, 71-72

John Shelby Spong escribe: "'Las mujeres son malvadas hasta la médula'. Ese fue el mensaje de la iglesia cristiana, un mensaje que se construyó específicamente sobre la historia de Eva".[33] La historia de Eva es una base pobre para entretejer tal mensaje. Cuando la gente se vale de Eva para

---

31 Lamb, *God Behaving Badly*, 59-60.
32 Cf. Trible, *Rhetoric of Sexuality*, 161.
33 Spong, *Sins of Scripture*, pág. 91.

degradar a las mujeres, ese ardid dice más de ellas como intérpretes que de la propia Biblia.

Génesis 2-3 no es el único texto que los intérpretes han utilizado incorrectamente para justificar la superioridad masculina.[34] Las personas que nos consideramos cristianas tenemos la responsabilidad moral de estudiar la Biblia con detenimiento y contrarrestar las interpretaciones que se utilizan para ejercer poder sobre los y las demás.

Contrarrestar el androcentrismo con imaginación

Sin embargo, a veces el problema tiene menos que ver con una interpretación defectuosa y más con que el hecho de que el texto presta poca atención a las mujeres. ¿Qué podemos hacer cuando las historias no nos dicen sus nombres, perspectivas, pensamientos o sentimientos?

Un enfoque es interactuar con los textos bíblicos usando la imaginación. Toda historia tiene lagunas: hay cosas que no les cuenta a sus lectores. Cuando nos hacemos una idea de las historias de la Biblia es porque estamos usando nuestra imaginación para llenar esos vacíos. Los predicadores, por ejemplo, suelen volver a narrar historias bíblicas, agregando detalles coloridos a lo que sucedió. Y los cristianos y cristianas no estamos solos en ese tipo de práctica. La tradición judía contiene el *midrashim*: una colección de reflexiones de rabinos y otros escritores que les agregaron detalles vívidos a cosas que en las Escrituras solo se insinúan.[35] Piensa nada más en la tradición artística de representar escenas bíblicas. El artista imagina cómo serían las cosas, aunque el texto no describa todos los detalles.

Al interpretar la Biblia y agregarle detalles imaginarios, debemos hacerlo de manera que respetemos y honremos a los personajes femeninos de la Biblia. Así, podremos reconocer la humanidad plena de la mujer, tal como nos enseña Génesis 1:27. Un excelente ejemplo de este abordaje lo proporciona la erudita literaria Mieke Bal. Las personas que leen Jueces 19 nunca conocen el nombre de la concubina del levita. Sin embargo,

---

[34] Para nombrar uno de los muchos ejemplos posibles, Debi Pearl culpa a Betsabé, no a David, por lo que pasa en 2 Samuel 11: "Su falta de discreción le costó la vida a su esposo, a sus compañeros de armas, la de su hijo bebé y la integridad de alguien a quien Dios sostuvo como un hombre conforme a su corazón". Esta interpretación, notablemente alejada de la narración bíblica (ver 2 Samuel 12), aparece en un libro que se encuentra actualmente en su undécima edición (*Creada para ser su ayuda idónea*, 207). Para una interpretación mucho más sólida, véase J. Barton, *Ethics and the Old Testament*, 19-36.
[35] Hay muchos otros tipos de *midrashim*, como lo explica Porton en "Midrash".

Bal sugiere que usemos la imaginación para otorgarle un nombre como una forma de reconocer su humanidad. Propone que busquemos uno que coincida con las características del propio texto. Ella invita a que llamemos a esta mujer "Beth", que es la palabra hebrea para "casa", una palabra clave que aparece diecisiete veces en ese capítulo. Este tipo de enfoque imaginario agrega detalles a los personajes femeninos en las Escrituras y contrarresta el androcentrismo del texto sin dejar de respetarlo.[36] (Ver "Un estímulo a la imaginación").

Un estímulo a la imaginación

"Las mujeres que aparecen en los relatos bíblicos son frecuentemente personajes llamativos, con personalidades distintas, que han ido más allá de los confines de los relatos en los que aparecen para convertirse en figuras importantes de nuestra memoria cultural. Al mismo tiempo, de estas mujeres no se provee mayor información en detalle. Muchas de ellas aparecen en una sola historia, y esa historia nos cuenta solo aquellos hechos que sirven a la agenda del escritor. La Biblia no nos dice nada de sus antecedentes, de su futuro ni de sus pensamientos; únicamente muestra sus acciones en un contexto particular. El estado de esos retratos, tan sorprendentemente incompleto, a veces es frustrante y exasperante. Muchas mujeres contemporáneas sienten que esa presentación fragmentada explota y abusa de los personajes; quieren que los narradores se preocupen por la vida y los pensamientos de las mujeres sobre las que escriben. Estas imágenes parciales también han sido un estímulo para la imaginación literaria y poética. Los lectores y lectoras de la Biblia, en milenios pasados y en el presente, han sacado a estos personajes de los confines del relato y les han agregado rasgos de carácter y biografía personal en un proceso continuo de *midrash* e historia".

Tikva Frymer-Kensky, *Women of the Bible*, 333

Otro ejemplo está en el libro de Ester, cuando la reina Vasti es depuesta por no acudir cuando el rey la convocó, por lo que Ester ocupa su lugar. Carol Lakey Hess imagina cómo habría sido si, más tarde, Ester acudiera a Vashti en busca de consejo. Su punto no es "recuperar el significado pasado, sino imaginar y celebrar la relevancia presente".[37] Con ese fin, el relato imaginario de Hess invita a los lectores y lectoras a profundizar más en el texto bíblico, llevando a apreciar a Vasti y a Ester como personajes reales y

---

36 Bal, "Dealing / With / Women", 319-20.
37 Hess, *Caretakers of Our Common House*, 26-29, esp. 26.

a preguntarse sobre ellas como personas. Como cualquier interpretación, estas representaciones imaginarias no tienen la misma autoridad que el texto bíblico en sí. Sin embargo, pueden ayudar a que las palabras cobren vida de manera que reconozcan la personalidad plena de los personajes femeninos.[38]

Cuestionar los textos sesgados

A veces, el problema no es que las mujeres reciban menos atención que los hombres, sino que el texto parece tener un sesgo intrínseco contra de las mujeres. Cuanto más estudiamos esos textos, más crece nuestra preocupación. Ni el rechazo de interpretaciones problemáticas ni la adición de detalles imaginarios disminuyen esos problemas.

Sin embargo, muchas de las mismas opciones que se utilizan para tratar con textos violentos son útiles al lidiar con aquellos con sesgo de género. Como se mencionó anteriormente, podemos preguntarnos si un texto describe su mundo patriarcal o si prescribe el patriarcado para siempre. Podemos poner en conversación esos textos sesgados con algunos más liberadores, resistiéndonos a la tentación de aplicar cada porción individual a cada circunstancia de nuestra vida. También podemos admitir en oración, con humildad y honestidad, que no sabemos qué hacer con ellos.

Considera Levítico 27:1-8. Trata del problema de hacerle votos a Dios. A veces, en el mundo antiguo la gente quería hacerle promesas del tipo: "Dios, si haces tal y cual cosa por mí, entonces sacrificaré esto y lo otro en tu honor". En ocasiones, incluso prometían sacrificios humanos. Levítico 27 aborda este tipo de promesas. El texto dice que la gente puede usar dinero en lugar de sacrificar a un ser humano real.

Levítico 27 explica las alternativas de pago al del sacrificio humano. A nuestros ojos modernos, es un texto trágicamente sexista y discriminatorio. Esto es lo que dice acerca del valor de las personas:

Edad	Varón	Mujer
1 mes – 5 años	5 shekels	3 shekels
5 – 20 años	20 shekels	10 shekels

---

[38] Ver más adelante el capítulo 9, que plantea una conversación entre Rut y Esdras. Podría haber propuesto una conversación similar entre Booz y Esdras, pero la idea es la importancia de darles voz a los personajes femeninos en las Escrituras.

20 – 60 años	50 shekels	30 shekels
Más de 60 años	15 shekels	10 shekels

En todos los casos, las mujeres valen menos que los hombres.

¿Por qué está este pasaje en la Biblia?

No tengo soluciones sencillas. Obviamente, es bueno tener una alternativa al sacrificio humano, pero ¿tenemos que asignarles a las personas un valor monetario? ¿Tenemos que calcular cantidades diferentes para hombres y para mujeres? ¿Tenemos que darles a las personas un valor diferente en función de su edad? ¿Qué hacemos con este texto?

Como mencioné anteriormente, suele ser provechoso preguntarnos si los textos de la Biblia se aplican a alguien más que a nosotros mismos. También es útil recordar que no debemos esperar que los textos antiguos coincidan con los estándares modernos. Al mismo tiempo, me estremezco al pensar que algún grupo de personas pueda estar de acuerdo en que las mujeres valen menos que los hombres. ¿Qué más podría ser de ayuda en este caso?

La metáfora del Antiguo Testamento como nuestro amigo en la fe nos lleva a algunas respuestas. En las amistades más cercanas, hay momentos de diferencia y desacuerdos, momentos en los que una persona puede decirle a la otra: "No entiendo lo que estás diciendo. ¿Me puedes explicar?". A veces, los amigos cercanos incluso se atreven a decirse: "Lo que dices me parece mal".[39]

Sé que ha habido momentos en mi vida en los que mis amigos me han dicho eso, y era exactamente lo que necesitaba escuchar. No fue fácil para ellos decírmelo, y ciertamente no les dirían esas palabras a un extraño, alguien que no podría importarles menos. Sin embargo, mis amigos me lo dijeron porque me amaban y me respetaban.

¿Qué pasaría si, como una muestra de nuestro amor y respeto por la Biblia, expresáramos honestamente nuestra reacción a versículos como Levítico 27:1-8? ¿Qué pasaría si le dijéramos al Antiguo Testamento: "Cuando dijiste que los hombres y las mujeres fueron creados a imagen de Dios, estuve contigo. Me aferré a cada palabra que dijiste. Pero ahora pareces una persona diferente".

---

39 Cf. Lancaster, *Women and the Authority of Scripture*, 174.

¿Qué tal si, como los salmistas, le planteamos a Dios algunas preguntas penetrantes? "Señor, ¿qué hacen estos versículos en la Biblia? Suenan tan opuestos a las cosas maravillosas que dices en otros lugares".[40]

Algunas personas pueden descartar este tipo de reacción por no reverenciar la Biblia. Para mí, sin embargo, es un grito honesto del corazón: una señal de que tomamos la Biblia con honestidad y seriedad (ver "Amar la Biblia"). Las preguntas agudas requieren confianza; son más comunes entre amigos cercanos que entre extraños. Es fácil ignorar los textos problemáticos. Sin embargo, mis compromisos no solo con la igualdad de género sino también con la Biblia requieren una respuesta honesta.

Para resaltar el mismo punto de una manera diferente: no siento la necesidad de responder a todas las tonterías que la gente dice en la televisión o en Internet, pero sí la de responder a las palabras de las personas que amo. Responder a textos perturbadores con preguntas honestas refleja un compromiso mucho más profundo con la totalidad de las Escrituras que la fría respuesta de ignorar lo que no nos gusta (ver "Recuperar el texto").

> **Amar la Biblia**
>
> "Amar [la Biblia] no es afirmar que está exenta de fallas, imperfecciones, violencia y maldad. Al contrario, amar este libro es entender que un texto en particular puede aportar vida en un escenario y muerte en otro. Y amarlo es comprender que nos impone a nosotros y nosotras, lectores y oyentes por igual, la responsabilidad de elegir correctamente".
>
> Phyllis Trible, "Take Back the Bible", 431

> "Es precisamente porque afirmamos la autoridad de las Escrituras que a veces debemos forcejear con ellas, en lugar de ignorar o descartar los textos que nos preocupan".
>
> Joel B. Green, "Authority of Scripture", 528

> **Recuperar el texto**
>
> "No abandones la Biblia a quienes la usan para golpear. Recupera el texto. No lo sueltes hasta que te bendiga. De hecho, haz que funcione para bendición, no para maldición; para que tú y tu descendencia, y todas las familias de la tierra, puedan vivir".
>
> Phyllis Trible, "Take Back the Bible", 431.

---

40 Tal respuesta parece apropiada, especialmente cuando se reflexiona sobre las implicaciones de las metáforas que describen a Dios como el esposo justo que castigará a la cónyuge desobediente. Sobre este tema, ver Weems, *Battered Love*.

Recuperando textos olvidados

Como se mencionó anteriormente, el Antiguo Testamento surge de una sociedad dominada por hombres. No es sorprendente que refleje típicamente esa sociedad. Sin embargo, intercaladas entre las voces patriarcales hay declaraciones atrevidas que afirman la gran dignidad y el valor de la mujer. Mucha gente ha pasado por alto, descuidado o minimizado estas declaraciones contundentes. Como una forma de luchar contra estos errores, quienes nos confesamos cristianos y cristianas tenemos la responsabilidad de recuperar esos textos y devolverlos al centro de la atención de la gente. Además, podemos contrarrestar las interpretaciones de esos textos que minimizan su valor en las cuestiones de género.[41]

El libro del Génesis, por ejemplo, nos permite asomarnos a los puntos de vista de las mujeres, lo que ha llevado a que muchas estudiosas se pregunten si las mujeres desempeñaron un papel en la creación de sus historias.[42] Los lectores y lectoras no solo aprendemos sobre personajes como Agar, Sara, Rebeca, Raquel y Lea, sino que incluso vemos a Dios poniéndose del lado de Sara en su incidente con Abraham (21:10-12).[43] En otra ocasión, Agar (una mujer) nombra a Dios, y es la única persona en las Escrituras que lo hace (16:13). En una historia diferente, Tamar (también una mujer) enfrenta la pena capital, pero luego, debido a una serie de eventos, el hombre que lidera la acusación en su contra termina declarando: "Ella es más justa que yo" (Gén. 38:26).

En su capítulo inicial, el libro del Éxodo disminuye su velocidad para contarles a los lectores y lectoras acerca de dos parteras hebreas que, para salvar al pueblo israelita, desafiaron con valentía las órdenes del faraón (1:15-21). El texto las elogia por sus acciones. Revela sus nombres (Sifrá y Fuvá), pero oculta el nombre del faraón. Es una manera sutil mediante la

---

41 Como señala Darr a lo largo de su libro *More Precious Than Jewels*, son muchas las posibles interpretaciones de las mujeres de la Biblia como Rut, Ester, Sara y Agar. Dada la autoridad que estos textos tienen en las comunidades de fe, es importante leerlos en formas vivificantes que reflejen la declaración fundamental de la Biblia sobre el género, Génesis 1:27.

42 Ver la útil descripción general en Meyers, "Hebrew Bible", esp. 9-10; cf. Goitein, "Women as Creators of Biblical Genres"; Bloom, *The Book of J*. Además de los textos del Génesis, también es muy probable que una mujer haya escrito el Salmo 131, como lo ha explorado de manera provechosa Miller, *They Cried to the Lord*, 239-43. Por otro lado, Proverbios 31:1-9 relata las enseñanzas de la madre del rey Lemuel.

43 Génesis 21:10-12 es un texto complicado. Mientras que Dios se pone del lado de Sara contra Abraham, también parece estar del lado de Agar. Sin embargo, Dios no abandona a Agar, sino que interviene milagrosamente. Sobre las complejidades de esta historia, ver Schlimm, *From Fratricide to Forgiveness*, 154-58.

cual el texto sugiere que estas dos mujeres hebreas son más importantes y más dignas de memoria que el poderoso rey de todo Egipto.[44]

En el libro de Jueces, encontramos a Débora, una mujer que gobernó a Israel en las primeras etapas de su historia (capítulos 4-5). A pesar de todos los compromisos de Estados Unidos con la igualdad, aún no ha tenido una presidenta, no al menos en el momento en que escribo este libro, ni tampoco incluso después de más de dos siglos de una sucesión de líderes. Sin embargo, un antiguo grupo de tribus del otro lado del mundo ya había sido gobernado por una mujer: "En aquel tiempo, gobernaba a Israel una profetisa llamada Débora, que era esposa de Lapidot" (Jueces 4:4).

El libro de Ester también muestra una gran preocupación por las cuestiones de género. Como se mencionó anteriormente, el rey persa Asuero se enfurece porque su esposa, Vasti, se niega a venir cuando él la llama. El rey y sus oficiales tuvieron miedo de que se difundiera la noticia de la negativa de Vasti, y que pronto las mujeres de todas partes ignoraran lo que dijeran sus maridos. Entonces, Vasti es destituida de su papel de reina.

Esther toma el relevo en lugar de Vasti. Mientras tanto, el malvado oficial Amán trama un plan para cometer un genocidio contra el pueblo judío. En un acto de supremo valor, Ester se presenta ante el rey, desafiando los decretos reales que decían que podía morir por hacerlo.

Sin embargo, en un revés de lo que sucedió con Vasti, el rey no solo deja que Ester permanezca como reina (y viva) sino que también acepta todo lo que ella dice. En un giro dramático maravilloso, es casi como si Ester gobernara sobre el rey, quien simplemente

---

La ironía en la Biblia

La *ironía* describe reversiones. Cuando esperamos que algo signifique una cosa y luego significa algo completamente diferente, tenemos una ironía.

El libro de Ester se deleita en la ironía. Asuero, el rey chovinista, termina cumpliendo las órdenes de Ester. El malvado Amán termina colgado de la misma horca que había erigido con la intención de usarla para matar a sus enemigos, los judíos.

La ironía se ve en otras partes de la Biblia. El comienzo del libro de Rut describe una hambruna en Belén. El nombre Belén significa literalmente "casa de pan". Así que es irónico que una hambruna obligue a Noemí y su familia a irse.

---

44 Cfr. Exum, "'Let Every Daughter Live'", 46.

cumple sus órdenes (ver "La ironía en la Biblia"). Los judíos se salvaron del exterminio, y su salvadora, que se arriesgó a morir, fue una mujer.[45]

Mientras tanto, el libro de Rut retrata con simpatía a dos mujeres, Noemí y Rut, que enfrentan el hambre y la pobreza. El relato muestra que trabajan mancomunadamente con el fin de superar las condiciones más duras con valentía y astucia. Al final, se elogia a Rut por ser más valiosa que siete hijos (4:15), ¡no es exactamente lo que uno esperaría de un texto patriarcal!

Como se mencionó anteriormente, la Biblia se atreve a usar imágenes femeninas para describir quién es Dios. En Oseas 11, es retratado como una madre que alimenta con amor y cuida de su pequeño, Israel.[46] Jeremías 31:20 describe cómo Dios, al igual que Raquel, tiene "compasión de madre" por su "querido hijo" (para usar el lenguaje de Phyllis Trible).[47] Isaías 42:14 llega tan lejos como para describir a Dios como una madre dando a luz con dolor:

Pero ahora voy a gritar como parturienta,
voy a resollar y jadear al mismo tiempo.[48]

Al final del libro de Isaías, el texto nuevamente describe a Dios en términos maternos:

Como madre que consuela a su hijo,

---

45 Grossman, *Esther*, 240-41. Según Sharp (*Irony and Meaning*, 65-83, esp. 72-73, 80), es Vasti, más que Ester, el modelo de resistencia en la historia: "El ejemplo de Vasti deja claro al principio del [...] libro de Ester un punto crucial: es posible mantener la integridad propia, desafiar al rey abiertamente y evitar la ejecución sin tomar parte en la exageración florida que surge en torno a uno. Es posible resistir la coacción real sin adoptar contramedidas hiperbólicas" (72-73). Para Sakenfeld (*Just Wives?*, 64-66), Ester y Vasti comparten objetivos comunes incluso si adoptan diferentes enfoques para lograrlos. Para McBride ("Esther Passes", especialmente 213), "Ester no se limita a [sentarse en] el trono de Vasti; ella transforma esa oficina previamente pasiva en un vehículo para la acción legislativa mediante la emisión de edictos".

46 Esta imagen materna es más implícita que explícita. Sin embargo, el período de lactancia era común durante la niñez en el Israel bíblico (Westermann, *Génesis 12-36*, 338), lo que significa que la imagen en Oseas de un padre alimentando a un niño es la de una madre (de la misma manera Fretheim, *Suffering of God*, 120).

47 Trible, *Rhetoric of Sexuality*, 45. Aunque el tratamiento de Trible de la palabra hebrea *rehem* ("útero") puede ser presa de algunas de las críticas hechas por Barr, *Semantics of Biblical Language*, 100-160, su trabajo en general ilumina muchas imágenes femeninas aplicadas a Dios en la Biblia que suelen pasarse por alto. Para una discusión más teológica de Dios como madre, ver McFague, *Models of God*, cap. 4.

48 Cfr. Job 38:29.

> DECISIONES MORALES
>
> Al Dios de la Biblia le encanta poner a las personas antes decisiones morales. Dios pone a *Humanidad y Vida* (Adán y Eva) en un jardín donde deben luchar con la decisión de comer o no del fruto prohibido (Gén. 2-3). Dios prueba a Abraham y a Job para ver cómo responderán (Génesis 22; Job 1). En el último sermón de Moisés, le dice a la gente que pueden elegir entre la vida o la muerte, la prosperidad o la adversidad, las bendiciones o las maldiciones (Dt. 30:15-20). El libro de Proverbios describe a Dios poniendo dos caminos ante la humanidad: el camino sabio de la justicia y el camino necio de la maldad (por ejemplo, 15:9). La Biblia misma presenta otra opción moral. ¿La usaremos para la vida, el amor y todo lo bueno? ¿O la usaremos para el patriarcado, la desigualdad y el mal?

así yo los consolaré a ustedes.[49]

Contrarrestando la dominación masculina, la Biblia usa imágenes femeninas para describir la naturaleza de Dios.

Los cristianos y cristianas de hoy nos enfrentamos a una elección moral: ¿resaltaremos aquellos textos que señalan el valor de las mujeres? ¿O seguiremos en silencio mientras la gente usa la Biblia para oprimirlas?[50] 50 (Ver "Decisiones morales").

Conclusión

En toda amistad, tarde o temprano nos damos cuenta de que la otra persona tiene sus limitaciones. Nuestras amigas, nuestros amigos hacen cosas que no tienen sentido para nosotros. Nos defraudan.

En respuesta, podemos optar por dejar de ser amigos. O podemos irnos al otro extremo y negar ingenuamente que nuestros amigos y amigas alguna vez hayan hecho las cosas de manera diferente a como las haríamos. También hay una tercera opción: podemos seguir comprometidos con nuestros amigos y con nuestras amigas, ser honestos sobre sus limitaciones y recordar sus mejores características.

Para la gente de hoy, el Antiguo Testamento tiene limitaciones en el sentido de que, originalmente, se dirigía a las personas en la antigüedad. A los cristianos y cristianas nos incomoda admitir que la Biblia tiene limitaciones, pero piénsalo de esta manera: el Antiguo Testamento no nos

---

49 Ver Trible, *Rhetoric of Sexuality*, caps. 2-3.
50 West, reseña de R. S. Sugirtharajah, ed., *Voices from the Margin*; Lapsley, *Whispering the Word*, 10.

dice cuál es la mejor receta para hacer un pastel de manzana ni qué tipo de aceite de motor es el que debemos ponerle a nuestros automóviles. Hay límites a lo que el Antiguo Testamento puede decirnos. En su origen, es un texto dirigido a personas que nunca oyeron hablar de automóviles, Internet, energía nuclear, vuelos espaciales o teléfonos. La Biblia usa idiomas antiguos y sus personajes aplican tecnologías primitivas. Muchos de sus textos también reflejan ideas antiguas sobre el género.

Cuando nos encontramos con estos textos, podemos ignorarlos, rechazarlos o intentar aferrarnos de alguna manera a las concepciones de género de la Edad de Hierro. Una opción mucho más fecunda es ser honestos acerca de las cicatrices que el patriarcado ha dejado en el texto, mientras permanecemos abiertos a las formas en que Dios puede usar el Antiguo Testamento como un todo para traer bondad en los asuntos actuales sobre el género. Lo hacemos contrarrestando las interpretaciones sesgadas, buscando formas vivificantes de leer la Biblia, cuestionando textos problemáticos y recuperando aquellos textos olvidados que actúan contra la dominación masculina.

Si somos pacientes, veremos una recompensa frecuente a nuestros esfuerzos. Aunque el Antiguo Testamento proviene de una sociedad dominada por hombres, tiene momentos en los que se libera de los prejuicios de su tiempo para imaginar un mundo mejor. El Antiguo Testamento comienza diciendo que las mujeres están hechas a imagen de Dios. En el camino, se aventura a decir que Tamar es más justa que Judá, que Débora gobernó a Israel, que Rut es más valiosa que siete hijos y que Ester le dio órdenes a un rey que trató de hacer que las mujeres fueran más sumisas a sus maridos.

Me regocijo con esos textos, incluso cuando no estoy seguro de qué hacer con otros. No tengo todas las respuestas. Tal vez eso esté bien. Dios nos creó para el amor y la santidad, no para resolver todos los problemas.

Para un estudio posterior

Lapsley, Jacqueline. *Whispering the Word: Hearing Women's Stories in the Old Testament.* Louisville: Westminster John Knox, 2005.

> En una exploración de Génesis 31; Jueces 19-21; Éxodo 1-4 y Rut, este libro proporciona un relato excelente y matizado de cómo

funcionan los textos bíblicos. Se trata de un texto que se acerca a la Biblia como la Palabra de Dios, a la vez que adopta una perspectiva feminista crítica.

Meyers, Carol, ed. *Women in Scripture*. Grand Rapids: Eerdmans, 2000.

Este recurso aporta una breve introducción académica a cada mujer, mencionada o no, en la Biblia. Es un excelente punto de partida para futuras investigaciones.

Newsom, Carol A., Sharon H. Ringe y Jacqueline E. Lapsley, eds. *Women's Bible Commentary: Twentieth-Anniversary Edition*. Edición revisada y actualizada. Louisville: Westminster John Knox, 2012.

Otro excelente punto de partida para la investigación. Este comentario fue escrito por muchas de las principales eruditas bíblicas feministas de la última generación. Discute cada libro de la Biblia, enfocándose en textos de especial importancia para las mujeres.

Scholz, Susanne. *Introducing the Women's Henrew Bible*. Nueva York: T&T Clark, 2007.

Este trabajo ofrece una introducción sólida a los caminos que ha tomado la erudición bíblica feminista. Es útil para los y las estudiantes que recién llegan al tema.

Trible, Phyllis. *God and the Rhetoric of Sexuality. (Overtures to Biblical Theology)*. Filadelfia: Fortress, 1978.
Este libro es un clásico en cuanto al tema del género en el Antiguo Testamento. Trible contrarresta interpretaciones sesgadas y recupera textos olvidados que retratan a las mujeres con simpatía.

El sitio web www.MatthewSchlimm.com encontrarás recursos adicionales, incluidas preguntas para la discusión grupal.

7

¿Qué Dios nos manda hacer qué?

Leyes extrañas en la Biblia

Por varias razones, los cristianos y cristianas tenemos dificultades con la ley del Antiguo Testamento. Primero, hay *demasiadas* reglas, regulaciones, mandamientos y leyes en los primeros cinco libros de la Biblia, llamados con frecuencia Torá (que significa "enseñanza"). Según algunos cálculos, hay 613 mandamientos.[1] Las personas suelen tener problemas para recordar los Diez Mandamientos, por lo que mantener los 613 en orden parece abrumador. En segundo lugar, el Nuevo Testamento no siempre se refiere a la ley del Antiguo Testamento con un tono positivo. El apóstol Pablo, por ejemplo, la asocia con la muerte y el pecado (1 Cor. 15:56). En tercer lugar, en ocasiones la iglesia ha puesto en oposición la ley y la gracia. ¿Quién querría involucrarse con las enseñanzas legales cuando tenemos buenas noticias en las que pensar? Finalmente, muchas de las leyes son muy extrañas, como veremos en un momento.

¿Qué podemos hacer con esta porción de la Escritura? ¿Por qué la iglesia se ha atrevido a afirmar que tales escritos son palabra autorizada de Dios? ¿Cómo podrían guiar nuestras vidas hoy?

Leyes extrañas

No todos los mandamientos del Antiguo Testamento están traídos de los cabellos. Algunas regulaciones son perfectamente razonables hoy. En efecto, debemos luchar por la santidad (Lev. 11:44-45; 19:2; 20:7-8, 26; 21:8). Inclinarse ante los ídolos no es algo que le saque una sonrisa a Dios. No hay que tener relaciones sexuales con animales (Lev. 18:23; 20:15-16). Secuestrar está mal (Éx. 21:16; Dt. 24:7). Cuando tu hijo o hija

---

[1] Ver *b. Makkot* 23b-24a; en Neusner, *Babylonian Talmud*, 17: 120.

esté en proceso de elegir una vocación, trata de desalentar la prostitución (Lev. 19:29).

Si bien tales expectativas son razonables, en la actualidad otras leyes del Antiguo Testamento nos parecen bastante extrañas. Aparecen junto a estipulaciones que suenan normales. Como dice un autor, "la Biblia no tiene una sección llamada 'Y ahora algunas leyes descabelladas'. Todas están revueltas como una ensalada de vegetales picados".[2] Lo siguiente parece, al menos al principio, supremamente extraño para nosotros hoy:

1. *Restricciones dietéticas*: diversas regulaciones sobre qué animales son "limpios" e "inmundos". Los de la segunda categoría no se podían comer. Por ejemplo:
   No comerás estos: el camello, la liebre [...], el tejón de roca [...] y el cerdo... No comerás su carne, ni tocarás sus cadáveres (Dt. 14:7-8, NRSV).

2. *Leyes de pureza*: varias regulaciones sobre cuándo las personas son "limpias" y cuándo "inmundas". La limpieza de la persona determinaba si podía entrar al lugar de culto. Por ejemplo:
   Si un hombre tiene una emisión de semen, deberá bañar todo su cuerpo en agua, y será inmundo hasta la tarde (Lev. 15:16, NRSV).

3. *Instrucción sobre el sacrificio*: normas sobre el sacrificio de animales. Por ejemplo:
   El toro será sacrificado delante del Señor; y los sacerdotes hijos de Aarón ofrecerán la sangre, derramándola en todos los lados del altar que está a la entrada de la tienda de reunión (Lev. 1:5, NRSV)

4. *Instrucción ritual*: normas sobre cómo observar las ceremonias cada año. Por ejemplo:
   Durante siete días debes vivir en chozas. Todo ciudadano de Israel debe vivir en chozas. (Lev. 23:42).

5. *Instrucciones para la construcción del tabernáculo*: pautas que explican cómo se debe construir el santuario itinerante de Israel

---

2 A. J. Jacobs, *Living Biblically*, pág. 43.

(también llamado "tienda de reunión"). Por ejemplo:
> Harás además el tabernáculo con diez cortinas de lino fino torcido, e hilos de azul, púrpura y carmesí; los harás con querubines hábilmente labrados en ellos (Éx. 26:1, NRSV)

6. *Leyes con castigos severos.* Por ejemplo:
> Cualquiera que maldiga a su padre o madre debe ser ejecutado (Éx. 21:17).

7. *Leyes que prescriben cosas extrañas*, como clavar un punzón en la oreja de tu esclavo si, después de que lo liberaste, opta por permanecer en esclavitud (Éx. 21:6; Dt. 15:17).

8. *Leyes relativas a sucesos extraños*, como Dt. 25:11-12:
> Si los hombres se pelean entre sí y la esposa de uno interviene para rescatar a su esposo de las garras de su oponente extendiendo la mano y agarrándolo por los genitales, le cortarás la mano; no muestres piedad (NRSV).

Aquí debemos preguntarnos, ¿este crimen de apoderarse de los genitales del oponente del marido sucedía con frecuencia en el antiguo Israel? ¿Por qué diablos se convirtió en una ley, y aún más, por qué está en la Biblia?

Tres opciones

Los cristianos y cristianas tendemos a abordar la ley del Antiguo Testamento de una de las siguientes tres maneras.

Dividir gracia y ley

Un enfoque es decir que *los mandamientos del Antiguo Testamento están desactualizados y que ya son obsoletos*. Algunas personas afirman que las leyes del Antiguo Testamento son una característica de la religión legalista, aquella en la que tratas de ganarte el favor de Dios a través de la obediencia. En consecuencia, los cristianos y cristianas deben rechazar este legalismo y dejar a un lado la ley antigua. Después de todo, muchas leyes son tan extrañas que no queda claro cómo podríamos llevarlas a cabo.

Esta perspectiva de la ley tiene muchos problemas. Es una mirada que ignora partes clave de las Escrituras. Cuando estudias el Antiguo Testamento con detenimiento, queda claro que estos textos no tratan de ganar legalmente el favor de Dios. En el Antiguo Testamento, al igual que en el Nuevo, la gracia viene antes de la obediencia. Por tanto, Dios *primero* rescata a los israelitas de la esclavitud y *luego* les da la ley. Muchos pasajes del Nuevo Testamento giran en torno a la misma idea: "Nosotros amamos porque [Dios] nos amó primero" (1 Jn. 4:19). (Ver "Una falsa dicotomía"). La ley tiene menos que ver con conseguir gustarle a Dios y más con una

Una falsa dicotomía

"Un gran número de personas, muchos cristianos y cristianas, ven el Antiguo Testamento como si fuera poco cristiano…
Han leído o entendido mal lo que dice Pablo sobre la ley contra la gracia y las obras contra la fe. Es gente que viene con la idea de que el Antiguo Testamento enseña que eres salvo si guardas la ley, si sigues el libreto, si guardas todas las reglas, pero que en Jesús hay gracia y misericordia.
Esa es una falsa dicotomía. Desafiaría a cualquiera que plantee que el Antiguo Testamento enseña que eres salvo por las obras o eres salvo por guardar la ley. Es posible que ese concepto haya surgido en una parte del judaísmo intertestamentario, pero si Jesús lo cuestiona en el Sermón del Monte, no está cuestionando a Moisés; está desafiando la mala interpretación de Moisés".

Victor Hamilton, "One on One", 8

Jesús "rechaza la interpretación superficial de la ley dada por los escribas; él mismo provee la verdadera interpretación. Su propósito no es cambiar la ley, ni mucho menos anularla, sino 'revelar el fondo pleno de significado que estaba destinada a contener'".

John R. W. Stott, *Sermón del Monte*, 72

"No es correcto decir que [Jesús] reemplaza la ley con sus propios mandamientos, porque en ningún caso él debilita una disposición de la ley. Más bien, muestra que, bien entendida, la ley va mucho más allá de lo que sus oyentes habían calculado".

Leon Morris, *Mateo*, 114

"Jesús manifiesta su unión perfecta con la voluntad de Dios como se revela en la ley y los profetas del Antiguo Testamento. De hecho, no tiene nada que agregar a los mandamientos de Dios, excepto esto: que los guarda".

Dietrich Bonhoeffer, *El costo del discipulado*, 122

relación de pacto más amplia entre Dios e Israel, enfocada en la lealtad, el amor y la fidelidad.

En muchos aspectos, la propia ley es una forma de la gracia de Dios. El propósito de la ley es una vida abundante (Dt. 5:33). Obedecer los requerimientos de Dios significa vivir en armonía con la creación y con el Creador.³ Los mandamientos de Dios contrastan con las demandas opresivas del faraón. Por lo tanto, los Diez Mandamientos requieren cosas como tomarse un día de descanso, para que la gente no vuelva a las exigencias de la adicción al trabajo egipcia (Dt. 5:12-15). El gran riesgo de desobedecer los mandamientos de Dios es que Israel se convierta en una casa de opresión (ver "Ley y vida").

Ley y vida

"Dios da la ley al servicio de la vida. Los eruditos han escrito sobre la ley como un regalo de la gracia de Dios por el bien de la vida, la salud y el bienestar de las personas de la comunidad. Infortunadamente, a menudo la gracia se equipara con el Evangelio, pero la ley es un regalo de la gracia de Dios tanto como el evangelio… Dios da la ley no solo por el bien de quienes la reciben, sino también por el bien del prójimo, de hecho, de toda la creación, a quien el pueblo de Dios está llamado a servir".

Terence E. Fretheim, *About the Bible*, pág. 87

Quienes dejan de lado las leyes del Antiguo Testamento parecen pasar por alto que los textos del Nuevo Testamento suelen citar y basarse en esas mismas leyes. En el Sermón del Monte (Mt. 5-7), Jesús pide una obediencia profunda a muchas partes de la ley.⁴ Pablo equipara la obediencia a los Diez Mandamientos con amar a los demás (Rom. 13:8-10). No podemos eliminar la totalidad de la ley del Antiguo Testamento sin eliminar también las partes clave del Nuevo Testamento.

---

3 Fretheim, *God and World*, 133-56.

4 En Mateo 5:17-20, Jesús explica que él no está botando la ley a la basura. En lo restante de su discurso, su mensaje tiene muchos puntos de continuidad con el AT. Su advertencia sobre la ira en Mateo 5:22 es similar a la de Proverbios 12:16; 14:29; 16:32; 19:11; 29:11, 22. Sus palabras en contra de hacer promesas a la ligera en Mateo 5:37 son similares a las de Eclesiastés 8:2-5. Su prohibición de la lujuria en Mateo 5:28 está en línea con la prohibición de los Diez Mandamientos de codiciar a la esposa del prójimo (Éxodo 20:17). Cuando Jesús le dice a la gente que evite la venganza y ame a sus enemigos en Mateo 5:39-44, hace eco de textos del Antiguo Testamento como Éxodo 23:4-5; Levítico 19:18 y Proverbios 25:21. Jesús le dice a la gente que ore por aquellos que los persiguen (Mateo 5:44) y, como veremos en el capítulo 10, los Salmos están llenos de oraciones por los enemigos. Por lo tanto, el Sermón del Monte de Jesús extiende la ley del Antiguo Testamento de forma natural, en lugar de reemplazarla con algo nuevo. Las palabras de Jesús no tienen como objetivo abolir la ley del Antiguo Testamento, sino más bien sacar su sentido más completo (Mt. 5:17-18).

Dividir la ley en categorías

Otro enfoque es ver *algunas* leyes del Antiguo Testamento como obligatorias, pero otros mandamientos como cosas que podemos dejar de lado tranquilamente. Por ejemplo, muchos cristianos han afirmado que hay tres tipos de mandamientos en el Antiguo Testamento: morales, ceremoniales y judiciales, y que solo los mandamientos morales siguen siendo obligatorios para la iglesia.[5]

Según esta lógica, los mandamientos sobre no robar entran en la categoría moral y deben ser practicados por los cristianos y cristianas. Sin embargo, los mandamientos sobre hacer sacrificios o matar a quienes maldicen a sus padres caerían en las categorías ceremonial y judicial, respectivamente. Con este marco, podríamos relegar rápidamente muchas de las leyes más extrañas a las categorías ceremoniales y judiciales. Así, parecería fácil descartar su relevancia y centrarnos en otros textos bíblicos.

A decir verdad, algunas leyes exigirán que nos preguntemos en oración por qué están en la Biblia, como discutimos en nuestros dos últimos capítulos.[6] Sin embargo, no debemos apresurarnos a renunciar a las leyes extrañas. Incluso los mandamientos que no se pueden cumplir hoy pueden, sin embargo, inspirar a la iglesia a una profunda reflexión teológica. Al rechazar partes de las Escrituras, nos hacemos sordos a lo que Dios quiere decir a través de esos textos.

La amistad profunda se desarrolla cuando las personas son pacientes las unas con las otras y están dispuestas a permanecer juntas, incluso si no se entienden completamente. Abandona la paciencia y el Antiguo Testamento rápidamente se convertirá en un simple conocimiento más.

Insistir con el texto

Esto nos lleva a un tercer enfoque de la ley del Antiguo Testamento: *ceñirse al texto*. Como se mencionó en el capítulo introductorio, los escritos rabínicos dicen que, a la Torá, los lectores y lectoras deben "girarla de esta manera, voltearla del otro lado, todo está allí; mantén tus ojos atentos, madura y envejece en su regazo, y no te muevas de su lado, porque no

---

5 La división de la ley en estas tres categorías se ve en los escritos de Tomás de Aquino, *Suma teológica*, 2.99; y Calvino, *Institutions*, 4.20.14 (ed. McNeill). A veces se hacen dos divisiones: por ejemplo, John Wesley, al predicar sobre el "Sermón del Monte: Discurso quinto", en *Sermons*, 1: 551 (I.2), habla sobre la ley moral y la ceremonial.

6 Por ejemplo, ver Levítico 25: 44–46.

> **MANOS A LA OBRA**
>
> Levítico 11:22 permite que las personas coman ciertos tipos de langostas. ¿Por qué? A. J. Jacobs sufre con la misma pregunta, pero opta por ceñirse a la Biblia y consultar comentarios. Finalmente encuentra una gran idea:
>
>> En tiempos bíblicos, los enjambres de langostas solían devorar las cosechas y causar hambrunas. La única manera de que los pobres sobrevivieran era comiéndose las langostas ellos mismos. Entonces, si la Biblia no aprobara el consumo de langostas, los israelitas más pobres habrían muerto de hambre. Esto me gusta. Cada vez más, siento que es importante observar la Biblia con un corazón abierto. Si nos damos a la tarea, incluso los pasajes más extraños —y el de los insectos comestibles califica para estar en esa categoría— pueden verse como una señal de la misericordia y la compasión de Dios.
>
> A. J. Jacobs, *Living Biblically*, 176

tienes nada mejor que ella".[7] En otras palabras, al principio algunos pasajes parecen tener poco que ofrecer. Sin embargo, debemos ceñirnos a ellos, volteándolos en diferentes ángulos, considerándolos bajo diferentes luces, leyéndolos y releyéndolos lentamente (ver "Manos a la obra").

Leer con atención no es algo natural en nuestra era de sobrecarga de información, en la que nos gusta procesar las palabras lo más rápido posible. Sin embargo, lo que se procesa rápido, rara vez nos afecta a largo plazo. Son las preguntas y los misterios a los que volvemos una y otra vez los que tienen un impacto mucho más profundo en nuestras vidas. Leer lentamente conduce a una transformación personal.

Piensa, por ejemplo, en la extraña ley de Deuteronomio 25:11-12 que habla sobre aferrarse de los genitales del oponente del marido. ¿Qué bien podría salir de allí? ¿Qué tiene que ofrecernos? Nunca escuché a alguien decir que su "versículo de la vida", es decir, un versículo de la Biblia al que regresa una y otra vez, trata sobre el agarre genital. Nunca he visto una camiseta cristiana con esos versículos en la espalda, ni he ido a un retiro de la iglesia en el que nos sentamos y reflexionamos sobre estos versículos.

Sin embargo, ¿qué pasaría si consideráramos cuidadosamente estos versículos, volviendo a ellos, preguntando a otros acerca de ellos y consultando comentarios?

---

7 Goldin, *Living Talmud*, 223, texto alterado.

Hace poco tuve una conversación con un amigo cercano sobre este pasaje. Después de unos momentos de risa incómoda e incredulidad sobre la inclusión de estos versículos en la Biblia, mi amigo compartió una gran idea:

> Matt, se me acaba de ocurrir algo. Tener hijos era uno de los mayores valores del antiguo Israel. Cuando lees Génesis, hay una preocupación constante por tener hijos. El primer capítulo de la Biblia les ordena a los seres humanos que sean fructíferos y que se multipliquen, y luego Génesis enumera las genealogías y describe la intervención milagrosa de Dios con una serie de parejas estériles. Quizás esta ley se incorporó a la Biblia debido a la santidad asociada a la fertilidad, la reproducción y a los hijos.

Inmediatamente, supe que tenía razón. La Biblia muestra una preocupación profunda por formar familias. En repetidas ocasiones, los Salmos hablan sobre la importancia de los niños y los describen como una de las mayores bendiciones de Dios.[8]

Que una mujer hiera los genitales de un hombre puede ser una manera fácil de hacer que deje de atacar a su esposo, pero también daña su futuro, destruye las oportunidades para que su esposa y él experimenten la gracia de Dios. En cierto sentido, este mandamiento nos dice que debemos considerar el bienestar de nuestros enemigos, incluso cuando están atacando a quienes amamos y de quienes dependemos para sobrevivir. Es un mandamiento sorprendente que tiene elementos en común con el mandato de Jesús de amar a nuestros enemigos (Mt. 5:43-48).

Estos versículos nos llevan a áreas donde la iglesia necesita participar en una reflexión ética. Hoy, cuando nos encontramos en guerra, ¿qué hace la iglesia para proteger incluso a nuestros enemigos de las atrocidades y crímenes contra la humanidad? ¿Qué medidas estamos tomando para asegurar que los conflictos armados eviten la creación de ciclos implacables de violencia que acechan a las generaciones futuras?

O, para pasar al tema de la fertilidad, ¿cómo debería responder la iglesia a la variedad de tecnologías destinadas a prevenir los embarazos en algunos casos y causarlos en otros? Deuteronomio 25:11-12 nos recuerda que esos asuntos no son negocios seculares. Con frecuencia, implican

---

8 Sal. 113:9; 115:14; 127:3-5; 128:3,6.

cuestiones éticas, morales y teológicas, y las personas que nos asumimos como cristianas hacemos bien en reflexionar sobre ellas en comunidad. Incluso cuando no podemos seguir su ley literalmente, el Antiguo Testamento suele mostrarnos áreas en las que la iglesia necesita articular una seria reflexión teológica y ética.

Escepticismo o simpatía

En un mundo tan diferente al del Israel de la Edad del Hierro, no podemos esperar obedecer la ley al pie de la letra. Sin embargo, podemos colaborar con otros cristianos y cristianas para discernir cómo ser fieles al espíritu de la ley. El académico del Antiguo Testamento John Rogerson señala precisamente ese punto. Él dice que si bien no podemos ordenar nuestras vidas de manera rígida de acuerdo con cada precepto individual de la ley del Antiguo Testamento, con todo, sí podemos recibir inspiración de los ejemplos legales de cómo el pueblo de Dios eligió ser fiel en tiempos cambiantes.[9]

En efecto, muchos eruditos han planteado que, incluso dentro del antiguo Israel, la ley bíblica funcionaba más para ilustrar los principios y valores subyacentes que para prescribir de manera rígida lo que tenía que suceder en cada caso legal. Si este argumento es correcto, entonces usar las leyes del Antiguo Testamento como ejemplos inspiradores en lugar de preceptos estrictos tiene mucho en común con la forma en que se usaban en la antigüedad.[10]

Es fácil leer las leyes del Antiguo Testamento con escepticismo y sospecha, rechazando textos a diestra y siniestra porque nos parecen extraños. Pero si, en cambio, las leemos con simpatía y franqueza, si nos atenemos al tono del texto, nos encontraremos renovados y transformados.

Considerar las costumbres de otra cultura

Una forma de abrirnos a la ley del Antiguo Testamento es tener en cuenta que casi todas las culturas parecen extrañas cuando se ven desde afuera hacia adentro, al menos al principio. Ya mencioné la práctica extra-

---

9 Rogerson, *Old Testament Ethics*, 27-28, 35-36, 133; Rogerson, *According to Scriptures?*, 80–86; cf. Cosgrove, *Appealing to Scripture*, cap. 1.

10 Patrick, *Old Testament Law*, 189-222; Kazen, *Emotions in Biblical Law*, 53-56; cf. Sparks, *Ancient Texts*, 417-34.

ña de atravesar el lóbulo de la oreja de un esclavo con un punzón. Parece muy extraño, si no cruel, aunque hoy muchas personas se sienten bastante cómodas al llevar perforaciones en sus propias orejas, e incluso en las de sus hijos.[11]

Para dar otro ejemplo, algunas personas provenientes de culturas distintas a la de Estados Unidos encuentran desagradable que los estadounidenses, después de ir al baño, limpien sus traseros solo con papel seco, sin jabón ni agua (a menos a corto plazo). Sin embargo, a los estadounidenses les parecen extraños los bidés.

En un artículo popular publicado en *American Anthropologist*, en 1956, Horace Miner describe los comportamientos notablemente extraños de una tribu llamada Sonacirema. Miner dice que esta gente cree

> *que el cuerpo humano es feo y que su tendencia natural es la debilidad y la enfermedad. Encarcelado en un cuerpo así, la única esperanza de una persona es evitar esas características mediante el uso de las influencias poderosas del ritual y la ceremonia. Cada hogar tiene uno o más santuarios dedicados a este propósito...*
> *El punto focal del santuario es una caja o cofre que está incrustado en la pared. En este cofre se guardan los muchos amuletos y pociones mágicas sin los cuales ninguno de los nativos cree poder vivir. Estas preparaciones se obtienen de una variedad de profesionales especializados. Los más poderosos de ellos son los curanderos, cuya ayuda debe ser recompensada con regalos importantes. Sin embargo, los curanderos no proporcionan las pociones curativas para sus clientes, sino que ellos deciden cuáles deben ser los ingredientes y luego los escriben en un lenguaje antiguo y secreto. Este escrito solo lo entienden los mismos curanderos y los herbolarios que, por otro regalo, proporcionan el encanto requerido.*
> *El amuleto no se desecha una vez que ha cumplido su propósito, sino que se coloca en la caja de amuletos del santuario doméstico...*
> *Debajo de la caja del encantamiento hay una fuente pequeña. Cada día, cada miembro de la familia, sucesivamente, entra en la sala del santuario, inclina la cabeza ante la caja de encantamientos, mezcla diferentes tipos de agua bendita en la pila y procede con*

---

11 También es posible que la oreja del esclavo haya sido elegida específicamente no solo por su visibilidad, sino también porque, en hebreo, las palabras para "obedecer" y "escuchar" están estrechamente relacionadas. Cf. MacDonald, "Deuteronomy", esp. 290 AT (ver n. sobre Dt. 15:17).

un breve rito de ablución. Las aguas sagradas se obtienen del Templo del Agua de la comunidad, donde los sacerdotes llevan a cabo ceremonias complejas para purificar el líquido a través de ritos.[12]

Como ya habrás sospechado, Miner está hablando de la cultura estadounidense (Sonacirema: americanos deletreado al revés), de nuestros baños y de nuestros hábitos de higiene personal. El punto de Miner es que nuestra cultura también parece bastante extraña cuando se ve desde afuera. Las personas en el mundo desarrollado tienen sus propias obsesiones con el cuerpo, sus fronteras y la pureza. Nuestras reglas y rituales nos parecen perfectamente normales. Los damos por sentado. Sin embargo, les parecen muy extraños a quienes no se han criado en nuestra cultura.

RELACIONANDO LA PARTE CON EL TODO

Muchas partes de la ley del Antiguo Testamento parecen excepcionalmente extrañas. Sin embargo, si nos atenemos a ella y la volvemos de un lado para el otro, comienzan a surgir algunas características interesantes. Los estudiosos de la Biblia describen con frecuencia estas características, y los comentarios confiables sobre libros como Levítico comparten una variedad de ideas. Las Biblias de estudio también son útiles (ver el final del próximo capítulo para algunas recomendaciones.) Aunque los eruditos alguna vez pensaron que las costumbres del Antiguo Testamento eran irracionales y arbitrarias, hoy muchos intérpretes las ven como parte de un sistema coherente más amplio.[13]

Claramente, una de las piezas centrales de la ley del Antiguo Testamento es la *santidad*. Los libros de Éxodo, Levítico, Números y Deuteronomio hacen más de 300 referencias a ese concepto. Ser santo, ser santa significa ser apartado, distinta, dedicado y pertenecer a Dios. La santidad se relaciona de cerca con la pureza, con estar completos y completas, con la integridad, la unidad y la perfección.[14] *Lo santo* está dedicado a Dios.[15]

Puesto que los mandamientos sobre "ser santos" suelen aparecer junto

---

12 Miner, "Body Ritual", 503–4, texto alterado.
13 Ver la discusión en Douglas, *Purity and Danger*, 43–46. Para una interpretación más arbitraria, véase J. Z. Smith, *To Take Place*, 108–9.
14 Ver, por ejemplo, Levítico 10:10; 11:43–45; Ezequiel 22:26; Douglas, *Purity and Danger*, 55–57.
15 Ver *TDOT* 12:521–45; Douglas, *Purity and Danger*, 49–57. Sobre la importancia de la santidad, esp. su relación con Levítico 17–26, ver Balentine, *Torah's Vision of Worship*, 167–72.

a las preocupaciones por la dieta y la limpieza, parece que el Antiguo Testamento ve la pureza ceremonial del pueblo como un reflejo de la santidad de Dios. El pueblo retira la suciedad de sus vidas porque, en cuanto personas limpias, reflejan la pureza y santidad de Dios. En otras palabras, la higiene diaria era un sacramento. Al estar limpias antes de encontrarse con Dios en el santuario, las personas se recordaban a sí mismas que Dios es "santo, santo, santo", absolutamente puro y opuesto al mal.[16] El pueblo se presentaba ante el Creador del universo con respeto (ver "Recordatorios constantes"). Se hablará más sobre la santidad en el próximo capítulo.

> **Recordatorios constantes**
> Las regulaciones dietéticas "habrían sido como señales que en todo momento inspiraban la meditación sobre la unidad, pureza e integridad de Dios. A través de reglas sobre evitar ciertas cosas, la santidad recibía una expresión física en cada encuentro con el reino animal y en cada comida. La observancia de las reglas dietéticas habría sido, por tanto, una parte significativa del gran acto litúrgico de reconocimiento y adoración que culminaba con el sacrificio en el Templo".
> Mary Douglas, *Purity and Danger*, 57

Los intérpretes han descubierto otros temas que se encuentran en todas las regulaciones de la pureza. Algunos creen que las costumbres del Antiguo Testamento se relacionan en última instancia con la muerte y con quitar todo lo semejante a ella del santuario. Dios, después de todo, nunca muere. De modo que las enfermedades de la piel, que parecen carne en descomposición, no están permitidas dentro del "lugar santo".[17]

Están también quienes sugieren que el núcleo de muchos mandamientos del Antiguo Testamento son la compasión y la noviolencia. La sed de sangre en la sociedad se controla al limitar quién mata animales (es decir, solo sacerdotes) y cuáles pueden ser asesinados (es decir, solo animales limpios).[18] Se nos dice que no les hagamos daño a los animales vulnerables

---

16 Douglas, *Purity and Danger*, 49–57.
17 *Ibíd.*, 51. Cf. Milgrom, *Leviticus*, 11-13; Milgrom, "Seeing the Ethical", 6, 13; Milgrom, "Biblical Impurity"; Harrington, "Clean and Unclean", 688. Si bien aquí hay algo de verdad, muchos de estos intérpretes exageran la importancia de evitar la muerte. Constantemente se mataba animales en el templo; incluso la sangre de los muertos fue llevada al lugar santísimo (Lev. 16:15). Además, el parto, lo opuesto a la muerte, causa uno de los períodos de impureza más duraderos que se mencionan en la Biblia (Lev. 12). La pureza está relacionada con la muerte, pero, en última instancia, no se trata solo de favorecer la vida sobre la muerte.
18 Milgrom, "Food and Faith", 5, 10.

porque simbolizan a los vulnerables entre nosotros.[19] Por lo tanto, está bien comer pescado con escamas, pero no criaturas marinas más vulnerables que carecen de escamas o aletas para protegerse. (Lev. 11:9-12).

¡Qué asco!

Varios eruditos bíblicos han reconocido que muchas leyes bíblicas están relacionadas con la emoción del *disgusto*.[20] Nuestras familias y sociedades nos enseñan a una edad muy temprana lo que es asqueroso y repugnante, las cosas que deberíamos evitar por completo o de las que debemos limpiarnos después del contacto. Con frecuencia, sentimos repugnancia en respuesta al comportamiento animal en una persona y ante la muerte.[21] Investigaciones modernas sobre nuestra sociedad apuntan a las siguientes cosas como causas comunes de repugnancia:

1. Ciertos tipos de *alimentos*, como la carne podrida.
2. Ciertos tipos de *animales*, como cucarachas y ratas.
3. Ciertas cosas asociadas con enfermedades, como los gérmenes en los pasamanos públicos.
4. Ciertos tipos de *violaciones a la envoltura corporal*, como las heridas abiertas.
5. Ciertos tipos de *secreciones corporales*, como el moco nasal.
6. Ciertas cosas relacionadas con la *muerte*, como un cadáver en descomposición.
7. Ciertos tipos de *comportamientos moralmente problemáticos*, como la tortura.
8. Ciertos tipos de prácticas *sexuales*, como el incesto.
9. Ciertos tipos de *personas*, como gobernantes corruptos. Como dice una discusión muy respetada sobre el disgusto, "las personas de diversas culturas e idiomas aparentemente sienten cierta similitud en sus reacciones emocionales a las heces y a los políticos ruines".[22]

---

19 Douglas, "Holy Joy", 12-13; Douglas, "Forbidden Animals in Leviticus", 21-23; Douglas, *Leviticus as Literature*, 168-69. Ver Milgrom, "Biblical Impurity", 107, para una lista de otras posibles razones para la impureza.

20 Kazen, *Emotions in Biblical Law*, 33-36, 71-94; Feder, "Betweeen Contagion and Cognition", 155-56, 165-66.

21 Curtis, Aunger y Rabie, "Disgust Evolved to Protect"; Haidt, McCauley y Rozin, "Sensitivity to Disgust".

22 Rozin, Haidt y McCauley, "Disgust", 763. Ver también Haidt, McCauley y Rozin, "Sensitivity to

>
> Reacciones naturales
>
> "Muchas personas contienen la respiración al tener que levantar un animal muerto; la mayoría (excepto los niños de dos años) tratan de evitar tocar las heces; los cadáveres inspiran un sentimiento natural de asombro y dudamos de tocarlos; lavar el semen y la sangre es casi natural, y nada complicado. Incluso la impureza de las moscas, que raya lo quisquilloso, no es difícil de entender. ¿A quién le gusta tener una en la sopa?".
>
> E. P. Sanders, *Jewish Law*, 145

Todos los ejemplos anteriores provienen de la sociedad moderna. Curiosamente, cuando leemos libros como Levítico, Números y Deuteronomio, vemos preocupaciones similares hacia lo que es repugnante (ver "Reacciones naturales"). Los ejemplos particulares no siempre están a tono con la sociedad moderna, pero nuestras nueve áreas de interés también abordadas en la ley del Antiguo Testamento.

Alimentos y animales

Con respecto a la *comida* y a los *animales*, Levítico 11 y Deuteronomio 14 detalla qué animales son "inmundos" y cuáles "limpios". Se pueden comer animales limpios, como vacas. Pero los inmundos, como las anguilas, no (ver "La Biblia y flexitarianismo").

Si tocas el cadáver de un animal inmundo, te vuelves inmundo. No es un pecado, siempre y cuando laves la ropa y esperes hasta la noche antes de ir a algún lugar como el santuario (por ejemplo, Levítico 11:24-25). Este tipo de impureza era bastante común. Por otro lado, fuera del santuario era algo inocuo.[23]

Enfermedad

Con respecto a la *enfermedad*, Levítico 13-14 da reglas sobre los trastornos de la piel, y explica diferentes tipos de lesiones cutáneas; aclara cuándo es necesaria una cuarentena y cómo puede alguien infectado volver a participar plenamente en la sociedad. Si bien hoy algunos de nosotros y nosotras podemos juzgar la antigua práctica de poner en cuarentena a las personas, los funcionarios de salud pública modernos están de acuerdo en que, en algunos casos, el aislamiento y la cuarentena son medidas

---

Disgust".

23 Milgrom, *Leviticus*, 9; Milgrom, "Jews Are Not Hunters", 27–30.

> ### La Biblia y el flexitarianismo
>
> La mayoría estamos familiarizados con el veganismo, que implica abstenerse de todos los productos de origen animal, y con el vegetarianismo, una negativa a consumir carne.
>
> También conocemos personas que prefieren una dieta vegetariana, pero que luego están dispuestas a comer carne en ocasiones especiales, como días festivos o cuando no están disponibles otras fuentes de proteínas.
>
> Por momentos, el código dietético del Antiguo Testamento es similar a este vegetarianismo laxo, a menudo llamado flexitarianismo. No impone restricciones a las frutas y verduras que se pueden comer, pero limita severamente qué animales se pueden consumir y cuándo. En esencia, la gente solo podía comer ciertos animales herbívoros domesticados: ovejas, cabras y ganado (así como algunas contrapartes salvajes). Además, la persona promedio no comía estas carnes todos los días. Solo se consumían en el templo, donde los sacerdotes sacrificaban a los animales a través de métodos menos crueles. Como el flexitarianismo actual, comer carne no era algo cotidiano.

apropiadas.[24] En Levítico, también vemos una preocupación por las *violaciones de la envoltura corporal*, tales com cicatrices por forúnculos y quemaduras (13:23,28).

Secreciones

Ciertas *descargas del cuerpo* también pueden hacer que alguien quede impuro o impura por un período de tiempo. Así, Levítico 15 explica que la menstruación y el semen hacen que una persona sea temporalmente inmunda (el parto también requiere limpieza, como explica Levítico 12). Al igual que tocar un animal inmundo, esta impureza no se consideraba en sí misma un pecado,[25] más bien, significaba que no estabas en condiciones para entrar al santuario y que estabas fuera de ciertas actividades rituales. Este tipo de impureza ocurría de manera natural en el curso de los acontecimientos de la vida.[26] Hoy, la mayoría nos aseamos antes de ir a la iglesia, especialmente si tenemos un fluido corporal o si hemos tocado algo muerto. En el antiguo Israel, las duchas no estaban disponibles, así que las personas debían someterse a procesos de limpieza diferentes, como

---

24 T. Day *et al.*, "When Is Quarantining a Useful Control Strategy?".
25 Klawans, "Concepts of Purity", esp. 2043; Klawans, *Impurity and Sin*, 24.
26 Incluso los sacerdotes podían contraer impureza a través del ritual (ver Lev. 16:28; Núm. 19: 8).

tomar baños de inmersión, lavar la ropa, hacer sacrificios y esperar que las cosas se calmaran antes de estar listos para entrar en un lugar santo.

Hoy nos aseamos y nos vestimos bien para cenas especiales. En el antiguo Israel, los adoradores se preparaban de manera similar antes de ir al templo para tener una fiesta con su Creador.

Muerte

La muerte no solo provoca asco en nuestra cultura, sino también en el mundo bíblico. Entrar en contacto con un cadáver humano convertía a un israelita en alguien ceremonialmente inmundo, como se describe en Levítico 21 y Números 19. Para volver a un estado de pureza, la persona que había tocado el cadáver tenía que esperar una semana. Durante ese tiempo, se utilizaba agua mezclada con las cenizas de una vaca quemada en sacrificio para limpiar a la persona. Tal práctica suena extraña para los lectores modernos. Lo que mucha gente pasa por alto, sin embargo, es que el jabón de hoy se puede hacer con grasa de vaca (llamada sebo), y el jabón ha tenido históricamente muchos vínculos con la ceniza.[27] No somos muy diferentes de los israelitas.

Comportamiento moralmente problemático

El erudito bíblico Jonathan Klawans sostiene que hay dos tipos de impureza en la Biblia: impureza ritual e impureza moral.[28] Las impurezas discutidas anteriormente (que involucran alimentos, animales, descargas corporales, violaciones de la envoltura corporal y muerte) tienen que ver con *impureza ritual*. Sin embargo, Klawans señala que hay otro tipo de impureza que exhibe varias diferencias con la ritual: *la impureza moral*.

Es así como caracteriza a cada una:[29]

---

27 Davidsohn, "Soap and Detergent". Los pueblos del antiguo Cercano Oriente, como los sumerios, están históricamente conectados a la invención del jabón (Salzberg, *From Caveman to Chemist*, 6–7).

28 Klawans, "Concepts of Purity"; Klawans, *Impurity and Sin*, 21–42; cf. Tomás de Aquino, *Suma teológica* 2.102.5; 2.103.2.

29 Esta tabla es una paráfrasis cercana de las listas que Klawans aporta tanto en "Concepts of Purity", 2045, como en *Impurity and Sin*, 27. Aunque algunos eruditos han encontrado vacíos en algunos de los detalles de las clasificaciones de Klawans (por ejemplo, Kazen, *Emotions in Biblical Law*, 26-31), sus categorías proporcionan puntos de partida útiles para pensar acerca de las diferencias entre los tipos de impurezas cotidianas y las más graves.

Impureza ritual	Impureza moral
por lo general, no pecaminosa	resultado de un pecado serio
no está bien traerla al templo, pero también es una parte natural de la tierra	daña la tierra y puede conducir la expulsión
puede llevar a que otros y otras se contaminen	no puede contaminar a los demás (no hay, entonces, necesidad de purificación tras el contacto con una persona que adora ídolos)
es temporal	puede durar mucho tiempo o ser permanente
la limpieza es a través de los ritos de purificación (baños, servicio o sacrificio)	la limpieza es mediante el castigo, la expiación o el exilio
excluye del santuario	(sorprendentemente) no excluye a la gente del santuario
es denominada "impureza", pero no "abominación" ni "contaminación"	no solo es "impureza", sino también una "abominación" que "contamina"

Así que, entrar en contacto con un cadáver te haría impuro en lo ritual, pero no en lo moral. La excepción clave sería si, de alguna manera, fueras responsable de la muerte de otra persona. Cuando se describe (a) la violencia (Núm. 35:33-34) o (b) el sacrificio de un hijo al antiguo dios Moloc (Lev. 20:1-5; Dt. 12:13; 18:10), la Biblia usa un lenguaje diferente para indicar que tales impurezas son distintas de la impureza cotidiana asociada con, por ejemplo, las secreciones. Se considera que las impurezas morales contaminan a los perpetradores e incluso a la tierra, e incitan al castigo de Dios (ver "La tierra como agente de justicia de Dios").

Sexo

Ciertas cuestiones relacionadas con el *sexo* también están vinculadas a conceptos de repugnancia en la Biblia. El parto, la menstruación y la eyaculación masculina vuelven a alguien temporalmente impuro o impura, aunque no causan problemas en lo moral. Por otro lado, el sexo con animales, sí. Al igual que el sacrificio de niños, este tipo de comportamiento

> ## La tierra como agente de justicia de Dios
>
> Las impurezas morales severas contaminaban tanto al pecador como a la tierra misma. Levítico 18 dice que la tierra está enferma por tales contaminaciones:
>
> > No se contaminen de ninguna de estas formas, porque con todas estas prácticas se contaminaron las naciones que estoy expulsando ante ustedes. Así se contaminó la tierra; y la castigué por su iniquidad, y la tierra **vomitó** a sus habitantes. Pero guardarán mis estatutos y mis ordenanzas, y no cometerán ninguna de esas abominaciones [...], de lo contrario, la tierra los **vomitará** por profanarla, como vomitó la nación que fue antes que ustedes. (18:24-26, 28 NRSV, énfasis agregado)
>
> En la Biblia, la tierra no es un objeto pasivo que los humanos pueden manipular a su antojo. Es uno de los agentes de Dios en el mundo.[a]
>
> ---
> a. Sobre este tema, ver Fretheim, *God and World*, cap. 6.

se denomina "abominación".[30] El castigo, la expiación y el exilio eran las principales formas de ser purificados de esta clase de impureza.

Personas

El Antiguo Testamento plantea que las *personas* que cometen actos extremadamente atroces se vuelven repulsivas. Por tanto, sus palabras son duras contra los matrimonios mixtos entre los israelitas y otros pueblos que no adoran al Señor (Dt. 7:3-4). El temor es que esos otros grupos aparten a los israelitas de adorar solo al Señor. El Antiguo Testamento es muy consciente de que algunas personas pueden ser tan moralmente

---

30 Levítico 18 condena enérgicamente otros comportamientos sexuales. Uno de ellos es la práctica homosexual entre varones (18:22). He elegido intencionalmente no discutir la homosexualidad en este libro porque las iglesias ya han pasado demasiado tiempo debatiendo este tema extremadamente contencioso. La iglesia de hoy debería tratar de descubrir cómo encarnar la pureza en todas las facetas de su vida, en lugar de enfocarse tan estrechamente en la pureza referida a este tema. Solo después de adoptar la pureza como estilo de vida, podrá determinar si las prohibiciones homosexuales del Antiguo Testamento se asemejan más a las prohibiciones del incesto (es decir, algo a lo que la iglesia hoy adhiere) o a los mandamientos sobre la circuncisión (es decir, algo a lo que la iglesia de hoy no adhiere).

Para quienes desean reflexionar con más profundidad sobre la homosexualidad, Nussbaum (*Hiding from Humanity*) llama la atención sobre el vínculo entre lo desagradable y las percepciones de la homosexualidad, aunque se centra en la ley secular. Brueggemann vincula la homosexualidad con cuestiones de pureza en su *Teología del Antiguo Testamento*, 194-196. R. Hays, *Moral Vision*, 379-406, también es consciente de las conexiones entre la homosexualidad y la pureza, aunque llega a una conclusión muy diferente a la de Brueggemann.

corruptas, que pasar un tiempo considerable con ellas puede resultar en la contaminación de la propia naturaleza moral (cf. Pr. 13:20).[31] Tal convicción no es extraña a nuestra propia cultura. Por ejemplo, muchas personas prefieren no asociarse con criminales, sienten repugnancia hacia los nazis y tratan como marginados a quienes han cometido errores graves.[32]

Conclusión

Al principio, las leyes del Antiguo Testamento pueden parecer primitivas y salvajes. Sin embargo, tales concepciones desmienten los múltiples puntos de continuidad entre la sociedad moderna y el antiguo Israel. Al igual que la Biblia, nosotros y nosotras también somos moldeados por la emoción del disgusto y las ideas sobre la pureza.

Nuestra principal diferencia con la Biblia no es que ella se ocupe de la pureza, el disgusto, la limpieza y los límites corporales, y nosotros no. Más bien, el contraste clave es que la Biblia piensa en la impureza como un asunto religioso, mientras que nosotros y nosotras, generalmente, asumimos que es una preocupación secular. En la Biblia, Dios es sobre todo puro y santo, inmaculado y perfecto, digno de alabanza, asombro y adoración. Las personas no lo somos. A veces somos criaturas repugnantes, a diferencia de nuestro Creador.

Por eso, la Biblia nos enseña que, en el curso de los acontecimientos de la vida, es normal encontrar impurezas que nos recuerdan nuestra distancia de Dios. Algunas, como las secreciones corporales, son sucesos naturales que nos recuerdan que somos criaturas y no dioses, finitos y no infinitos, mortales y no eternos. Llegamos a parecernos más a los animales que a lo divino. Otras impurezas son de naturaleza más bien moral, y nos recuerdan la distancia que nuestro pecado crea entre Dios y nosotros.

En cualquier caso, nuestras impurezas significan que no podemos tomar a la ligera acercarnos a la presencia de un Dios santo. Es necesario purificarnos, prepararnos para encontrarnos con Aquel que es mucho

---

31 Tanto el Antiguo como el Nuevo Testamento dan testimonio de la importancia de amar a los enemigos y dar la bienvenida a los pecadores al redil. Al mismo tiempo, no debemos asumir que tenemos la fortaleza moral de los santos. A veces, pasar tiempo con pecadores que no se arrepienten tiene efectos negativos en nuestra propia vida moral. Jesús excluyó a los comerciantes del templo (por ejemplo, Marcos 11:15-17); Pablo excluyó a las personas de la comunión en la mesa (1 Corintios 5:9-11); y el Antiguo Testamento también excluye a ciertas personas por sus prácticas detestables (por ejemplo, Deuteronomio 7:3-4).

32 Rozin, Haidt y McCauley, "Disgust", 763.

más grande que cualquier producto de nuestra imaginación. Las reglas de pureza del antiguo Israel parecen bastante específicas de la cultura de esa época. Sin embargo, nuestra teología será más rica y nuestra adoración más significativa si no perdemos de vista la santidad y pureza de Dios.[33]

El Antiguo Testamento es como un amigo de otro país. Sus formas no siempre tienen sentido para nosotros. Bien podríamos ignorar al extranjero entre nosotros y continuar de la misma manera. Sin embargo, al pasar tiempo con el Antiguo Testamento, encontramos una humanidad común debajo de nuestras diferencias. De nuestra amistad con el Antiguo Testamento aprendemos acerca del significado de acercarnos a la presencia de Dios. Aprendemos que los rituales diarios se pueden estructurar para enfocar nuestra atención en la santidad de Dios. Al final, descubrimos nuevas formas de experimentar a Dios.

Para un estudio posterior

Consulta el final del capítulo 8, que describe los recursos para interpretar la ley del Antiguo Testamento.

---

[33] Daniels y Archibald ("Livitical Cycle of Health") describen una manera en que algunas partes de Levítico han sido incorporadas por una iglesia. Si bien no estoy de acuerdo con algunas de sus interpretaciones y apropiaciones (por ejemplo, el foco en la salud psicológica), aplaudo el esfuerzo por aplicar el libro de Levítico a la vida de hoy.

Algunos intérpretes plantean que el NT elimina las preocupaciones sobre pureza y santidad en virtud de textos como Marcos 7 y Hechos 10 y 15 (cf. Brueggemann, *Teología del Antiguo Testamento*, 194-196). Si bien el Nuevo Testamento, obviamente, muestra una conciencia en evolución sobre cómo se ven la pureza y la santidad en su tiempo, no descarta estas preocupaciones. Así, incluso cuando Jesús dice que la comida no contamina a las personas, conserva el lenguaje de la limpieza y lo utiliza para hablar de lo que la gente hace con sus cuerpos (Marcos 7:15). Cuando el Concilio de Jerusalén eliminó el requisito de la circuncisión para entrar a la iglesia, todavía expresaba preocupación por lo que comían las personas y cómo actuaban sexualmente (Hechos 15:28-29).

8

¿Ley grabada en piedra?

La naturaleza dinámica de la ley de Dios

En un libro de memorias entretenido y divertido llamado *The Year of Living Biblically*, A. J. Jacobs realiza un experimento: durante un año, sigue lo más literalmente posible todos los mandamientos de la Biblia mientras vive en Nueva York. Su aventura lo lleva a situaciones bastante divertidas. Conoce a un hombre en la banca de un parque, que admite estar involucrado en un amorío extramarital. Obligado a apedrear al hombre (ver Levítico 20:10), le arroja una piedra al pecho. Durante este año, Jacobs también evita sentarse donde se ha sentado una mujer que está menstruando, de acuerdo con Levítico 15:20. Sin embargo, en un ataque de ira, su esposa se sienta en todas las sillas de la casa. Jacobs, de 38 años, se ve obligado a sentarse en la única silla que ella pasó por alto: el asiento de su hijo, de 15 cm de altura.[1]

Si bien la lectura de las memorias de Jacobs es un placer, tanto por su humor como por su perspicacia religiosa, ilustra lo difícil que es replicar las leyes bíblicas de pureza hoy. Y al mismo tiempo, plantea preguntas importantes: ¿Tienen los cristianos y cristianas la libertad de adaptar la ley de Dios a los tiempos cambiantes? ¿Podemos reverenciar el Antiguo Testamento como la Palabra de Dios, incluso si decidimos no seguir todo lo que prescribe?

La naturaleza dinámica de la ley de Dios

La gente suele asumir que la ley de Dios es estática, fija e inmutable. Después de todo, Dios, que es eterno, es el que da las órdenes. Parece que los mandamientos dados en un lugar y tiempo se extienden a todos en

---

[1] A. J. Jacobs, *Living Biblically*, 51–52, 92–93.

todos los lugares y en todas las épocas.

En tal afirmación hay algo de verdad. Los Diez Mandamientos, por ejemplo, fueron escritos literalmente en piedra (por ejemplo, Éxodo 34:1). El Decálogo contiene una verdad duradera que se extiende a través de generaciones y culturas.[2] Algunas otras leyes tienen un significado duradero, como los mandamientos generales de ser santos (Levítico 19:2), amar a Dios (Deuteronomio 6: 5) y amar al prójimo (Levítico 19:18). Pero ¿qué pasa con las leyes más específicas? ¿Qué hay con algunas de las extrañas leyes mencionadas en el capítulo anterior que no podríamos ni deberíamos seguir hoy (como matar a los que maldicen a sus padres, Éxodo 21:17)?

Una de las características más importantes de la ley bíblica es que mientras lo esencial permanece constante, otras partes se remodelan según los diferentes tiempos y estaciones. El Antiguo Testamento no contiene un solo código legal obligatorio para todas las personas en todo momento. Más bien, consta de una serie de códigos legales para diferentes épocas de la historia de Israel:

- Los Diez Mandamientos (Éxodo 20:1-17; Deuteronomio 5:6-21)
- El Libro del Pacto (Éxodo 20:22-23:33)
- El Código de Santidad (Levítico 17-26)
- El Código Sacerdotal (otras leyes en Éxodo, Levítico y Números)
- Código Deuteronómico (Deuteronomio 12-26)

Estos códigos legales se relacionan con diferentes tiempos y lugares.[3] Por ejemplo, el Libro del Pacto tiene relaciones directas con los primeros períodos de la historia israelita (como la primera monarquía en el siglo X). Mientras tanto, la Ley Deuteronómica se conecta de muchas maneras con tiempos posteriores, particularmente las reformas de Josías en 622 a. e. c. (relatadas en 2 Reyes 22-23).

Curiosamente, los diferentes códigos legales de la Biblia tienen énfasis

---

2 El Talmud de Babilonia testifica de manera similar que algunos mandamientos, como evitar el adulterio y el derramamiento de sangre, son obligatorios para todos los pueblos, a diferencia de gran parte del resto de la ley (*Sanhedrín* 56). En un asunto diferente pero relacionado, aunque los Diez Mandamientos trascienden las culturas, están dirigidos a una audiencia limitada en el antiguo Israel: los hombres en cuanto individuos con sus propiedades, esposas, padres vivos, etcétera (Smith-Christopher, *Jonah, Jesus, and Other Good Coyotes*, 12).

3 Los textos no solo pueden ser específicos para un tiempo y lugar determinados, sino también para algunas personas y algún pueblo en particular. Por ejemplo, Número 6 se refiere a los nazareos: un grupo de personas que hacían un tipo específico de voto.

distintos, a veces incluso expectativas diversas. Cuando sus lectores los comparan, es evidente que Dios y Su pueblo respondían con creatividad a las nuevas situaciones a medida que surgían.[4] Por ejemplo, las leyes de Deuteronomio pueden verse como la revisión de un material más antiguo. Estas nuevas leyes giran en torno a un templo central en lugar de múltiples lugares de culto.

Para dar otro ejemplo de cómo la ley bíblica cambió con el tiempo, los Diez Mandamientos prohíben matar y no dan ninguna explicación adicional (Éxodo 20:13; Deuteronomio 5:17). Sin embargo, en otras partes de la Torá, las leyes reconocen que, de hecho, las muertes no intencionales ocurren, por lo que las personas deben distinguir entre ataques intencionales y muertes accidentales (Éxodo 21:12-14; ver también Números 35:12; Deuteronomio 4:41-43; 19:1-13; Josué 20).

También son visibles otras variaciones:

- Éxodo 22:31 prohíbe a las personas comer animales que han sido muertos por otros animales, mientras que Levítico 17:15 lo permite bajo ciertas circunstancias.
- Éxodo 27:1-2 especifica que el altar sacrificado debe hacerse de madera de acacia, pero Éxodo 20:24-26 dice que puede construirse con piedras sin cortar.[5]
- Levítico 3:1-17 y 17:1-7 estipulan que la carne de res y de cordero deben comerse en el tabernáculo, pero Éxodo 20:24 y Deuteronomio 12:15-25 lo permiten en otros lugares.
- Levítico 7:19 prohíbe que las personas inmundas ingieran carne, mientras que Deuteronomio 12:15 y 12:22 permiten que las personas inmundas la coman.
- Éxodo 23:13 admite diversas interpretaciones, pero parece prohibir que se mencionen los nombres de otros dioses, mientras que Levítico 18:21 y 20:2-5 llaman a la deidad Moloc por su nombre.
- La esclavitud se considera de manera diferente en Deuteronomio 15:12, donde las esclavas son liberadas cada siete

---

4 Sobre este tema, ver Rogerson, *Old Testament Ethics*, esp. 1–39; Rogerson, *According to the Scriptures?*, 81–82; Fretheim, *God and World*, 148–56; Milgrom, *Leviticus*, 1-6; Gossai, "The Old Testament", 156; cf. Douglas, *Purity and Danger*, 4–5.

5 Sparks, *Ancient Texts*, 431. Sparks también menciona la tensión entre Éxodo 12:8-9 y Deuteronomio 16:7, que es más obvio en hebreo que en la mayoría de las traducciones al español.

años, y en Éxodo 21:2-7, donde no lo son.⁶
- Las personas que leen el Pentateuco encuentran diferentes formas de *diezmar* (es decir, donar una décima parte de sus ingresos): en Levítico 27:30, el regalo se le da a Dios; en Números 18:21, se les da a los levitas; y en Deuteronomio 14:23, se le devuelve al dador.⁷

¿Estamos ante contradicciones en la Biblia?

No. Lo que sugiere es que Dios y su pueblo respondían con creatividad a los tiempos cambiantes.⁸ (Ver "Ética y contexto"). La noción de que la ley de Dios es absolutamente estática e inmutable no le hace justicia a la Biblia, a Dios ni a nuestro mundo. Algunas cosas permanecen constantes, como la necesidad de amar a Dios y al prójimo.

ÉTICA Y CONTEXTO

"Dios se presenta como el *principal instigador del cambio dentro de la ley*... La voluntad de Dios para Israel se entiende como un testamento dado en vida. Dios acompaña a ese pueblo a lo largo del peregrinaje de su vida, y su voluntad para ellos cambia porque ellos cambian. El hecho de que la voluntad de Dios esté vinculada a la vida de una manera tan central hace que la ley sea un regalo de gracia aún mayor que si se entendiera como inmutable".

Terence E. Fretheim, *About the Bible*, 91

"La Escritura 'autoriza' su propia interpretación".

Luke Timothy Johnson, "Bible's Authority", 69 (cursiva eliminada)

En este sentido, Dios es el mismo ayer, hoy y siempre. Sin embargo, otras cosas cambian con los tiempos y las estaciones. Dios es vivo e interactivo, está ligado en relaciones estrechas a criaturas cuyas circunstancias cambian (ver "La evolución de los límites de velocidad").

Los intérpretes judíos de la Biblia no creen que hoy deban sacrificarse animales. No hay ningún templo erigido en Jerusalén donde se ofrezcan tales sacrificios. En lugar del sacrificio, son otras partes de la ley las que han adquirido un significado adicional, como la observancia del *Sabbath* (un día de descanso semanal).

---

6 Enns, *Inspiration and Encarnation*, 85–97, esp. 90–91; cf. Greenstein, "Biblical Law", 97–98.

7 Milgrom, *Leviticus*, 1–2. Observa también las diferencias entre Deuteronomio 23:1 e Isaías 56:4-5 (así como la discusión en Middleton y Walsh, *Truth Is Stranger*, 179-80).

8 Ver Fretheim, *God and World*, 153; Carroll R., introducción a *Old Testament Ethics*, de Rogerson, 10; Hanson, "Theological Significance", 129–30.

La evolución de los límites de velocidad

El Antiguo Testamento no es el único lugar donde las leyes cambian con el tiempo. Piensa, por ejemplo, en las que regulan los límites de velocidad. En 1901, Connecticut promulgó la primera regulación del límite de velocidad para vehículos motorizados en Estados Unidos, especificando que no podían moverse a más de 19 km/hora en la ciudad y 24 km/hora en el sector rural.[a] De manera similar, *The Onion*[1] bromea con las siguientes preguntas y respuestas en su interpretación ficticia de un periódico de 1928:

P: ¿Qué pasaría si un automóvil alcanzara una velocidad de 96 km/hora?
R: El conductor moriría.[b]

Obviamente, la percepción de los vehículos y las leyes que rigen los límites de velocidad han cambiado con el tiempo. Hasta cierto punto, la ley bíblica también ha evolucionado.[c]

---

a. "21 de mayo de 1901".
b. Dikkers, *Our Dumb Century*, pág. 37.
c. cf. Fretheim, *About the Bible*, 87.

El cristianismo comenzó como una secta del judaísmo. Sin embargo, a medida que más y más gentiles (es decir, quienes no eran de ascendencia judía) querían convertirse al cristianismo, la iglesia se enfrentaba con una pregunta de respuesta obligatoria: ¿estas personas deberían adherirse a las expectativas judías sobre la dieta y la circuncisión? La iglesia se reunió, debatió y trabajaron unos con otros y con el Espíritu Santo.

En Hechos 15, tomaron una decisión un tanto atrevida. En conjunto, llegaron a la conclusión de que los y las gentiles no debían estar bajo las mismas normas que regían la dieta y la circuncisión.

Al mismo tiempo, no es que la iglesia adoptara una postura de "vale todo". Con todo y su apertura, mantuvo una preocupación por lo que hacían los gentiles, mostrando así continuidad con la ley del Antiguo Testamento, incluso cuando, con su decisión, se apartaban de algunas secciones de esa ley. Un concilio en Jerusalén escribió una carta a las iglesias gentiles, en la que decía (Hechos 15:28-29 NRSV):

Puesto que nos ha parecido bien al Espíritu Santo y a nosotros no imponerles más carga que estas cosas esenciales: que se abstengan de lo sacrificado a los ídolos y de la sangre, de lo estrangulado y de la fornicación. Si se mantienen alejados de estos, les irá bien. Saludos.

En estos versículos hay varias cuestiones significativas.

Primero, la decisión de la iglesia de adaptarse a los tiempos y estaciones cambiantes tiene mucho en común con la evolución de los códigos legales en el Antiguo Testamento. Los primeros cristianos y cristianas siguieron el precedente del Antiguo Testamento de reconocer que los requisitos de Dios evolucionan con las nuevas circunstancias. Con todo y los avances hacia nuevas direcciones, la iglesia siguió reflejando la tradición del Antiguo Testamento de adaptarse a los nuevos tiempos (ver "La ley es como quien cuida a un niño").

> **Pueblo de Dios**
> "Los documentos bíblicos fueron escritos por el pueblo de Dios para el pueblo de Dios, de modo que es con y entre el pueblo de Dios que estamos mejor ubicados para leer de manera fiel las Escrituras".[a]
> Joel B. Green, "Authority of Scripture", 527
>
> a. Sobre el papel de la comunidad en el discernimiento moral, ver Verhey, Remembering Jesus, 71–76

En segundo lugar, la decisión de la iglesia no fue tomada por una sola persona. Antes bien, los cristianos se unieron y trabajaron con el Espíritu Santo y entre sí para discernir lo que Dios quería. Esta estrategia le pone un importante freno a las decisiones individualistas, que son particularmente susceptibles al pecado. Discernimos mejor la voluntad de Dios cuando nos reunimos alrededor de la Biblia con más hermanas y hermanos (ver "Pueblo de Dios").

En tercer lugar, la iglesia no abandonó su preocupación por la comida ni por los órganos sexuales, incluso en una época y una cultura a siglos de distancia del antiguo Israel. Los cristianos y cristianas del Nuevo Testamento les prohibieron a las personas que se vinculaban a las comunidades de fe comer alimentos sacrificados a los ídolos, ingerir sangre y fornicar. Al hacerlo, se centraron en lo que era más "esencial", como dice el texto.

La ley es como quien cuida a un niño

En la época de Pablo, muchos hogares tenían sirvientes que funcionaban como lo hacen hoy las personas que se dedican al cuidado de niños y niñas. Esas personas protegían a los niños y niñas del daño, cuidaban su carácter moral, eran sus acompañantes en viajes y les ayudaban a convertirse en mejores personas.

En Gálatas 3:23-25, Pablo dice que la ley funcionaba como una de esas personas: tenía la custodia del pueblo de Dios y servía como niñera hasta la llegada de Cristo. Ahora que Cristo está aquí, es como si hubiéramos alcanzado una cierta edad de madurez y ya no necesitáramos la misma supervisión que antes.

Si bien esta imagen es muy positiva, algunas traducciones no la reconocen como tal. La NRSV, por ejemplo, podría haber traducido mejor estos versículos de la siguiente manera (los cambios están entre corchetes):

> Ahora, antes de que viniera la fe, fuimos [protegidos] y guardados bajo la ley hasta que la fe se revelara. Por tanto, la ley fue nuestra [niñera] hasta que vino Cristo, para que fuésemos justificados por la fe. Pero ahora que ha llegado la fe, ya no estamos sujetos a una [niñera].[a]

Quienes nos consideramos cristianos y cristianas ya no estamos bajo la guía de una niñera (la ley), pero eso no significa que ahora hagamos lo contrario de lo que la ley de Dios nos enseñó (Gálatas 3:21). Más bien, quiere decir que ahora tenemos la libertad de trabajar unos con otras y con el Espíritu Santo para discernir la mejor manera de aplicar lo esencial de la instrucción de Dios.

---

a. Aunque no he encontrado "niñera" como traducción de la palabra griega *paidagōgos* en ningún otro lugar, con todo, parece ser mucho más apropiada que "disciplinador" o "capataz" (ya que el término no es despectivo: *TDNT* 5:596-625, esp. 620). También es mejor que "tutor", "educador" o "pedagogo" (ya que este término no se refería a los maestros en la época de Pablo: *BDAG* 748). Para literatura secundaria sobre esta imagen, un buen punto de partida es M. J. Smith, "Role of the Pedagogue in Galatians". Sobre un tratamiento más amplio de la ley en el pensamiento de Pablo, ver N. T. Wright, *Climax of the Covenant*; Dunn, *New Perspective on Paul*. Para otros textos donde Pablo habla sobre Moisés, la ley e Israel, ver Romanos 9-11; 2 Corintios 3.

Finalmente, el patrón utilizado por la iglesia primitiva es una guía útil para la iglesia de hoy.[9] Podemos enfocarnos en lo esencial y trabajar unos

---

9 Como dice Kuhn (*Having Words with God*, 89), "la Escritura en sí no nos da ninguna indicación de que la naturaleza dinámica de la instrucción de Dios deba cesar de repente". Para más información sobre cómo discernir la relación de la diversidad de la Biblia con nosotros hoy, ver McKnight, *Blue*

>
> ## La ley: antes y ahora
>
> "Las diferentes épocas y entornos sociales, políticos y económicos requieren conocimientos éticos y soluciones específicamente destinadas a sus problemas particulares. Es por eso que los cristianos y cristianas de hoy no pueden duplicar los detalles del sistema legal o las prácticas del Antiguo Testamento. Las necesidades actuales no son las mismas que las del antiguo Israel, y los desafíos éticos de las sociedades modernas no se pueden enfrentar reproduciendo lo que se hizo hace tanto tiempo en y para ese pueblo".
> M. Daniel Carroll R., introducción a *Old Testament Ethics,* de Rogerson, 10.
>
> "Congelar cualquier porción de las escrituras en un sistema teológico o ético inmutable iría en contra del desarrollo dinámico dado dentro de las propias escrituras. Más bien, es una dinámica que debe verse como un desarrollo continuo incluso dentro de nuestra propia experiencia y en movimiento constante hacia el Reino escatológico, que es parte del plan de Dios para la creación".
> Paul D. Hanson, "Theological Significance", 129–30.

con otros y con el Espíritu Santo para discernir cómo ser fieles en un mundo que cambia tan rápido (ver "La ley: antes y ahora"). Necesitamos ejercitar la humildad, no asumir nunca que, por haber identificado algunos elementos esenciales, podemos deshacernos de las particularidades de los textos del Antiguo Testamento.[10] Más bien, debemos volver una y otra vez al Antiguo y al Nuevo Testamento, esperando descubrir de nuevo sus recursos vivificantes.[11]

Esenciales

¿Cómo puede la iglesia de hoy continuar enfocándose en lo que es esencial en la ley del Antiguo Testamento, aun cuando reconoce la necesidad de adaptarse a nuevos tiempos y lugares? Afortunadamente, la Biblia brinda muchas pistas sobre lo más esencial. Hay tres formas principales de encontrarlas: (1) repetición, (2) ubicación y (3) designaciones especiales.

Por ejemplo, considera los Diez Mandamientos, que a veces se

Parakeet.
10 Cf. Bauckham, "Reading Scripture as a Coherent Story", esp. 44.
11 Cfr. Goldingay, *Old Testament Interpretation*, 51–55.

denominan Decálogo.[12] El Antiguo Testamento hace todo lo posible para enfatizar su significado. Primero, la Torá se involucra en la *repetición*, enumerando el Decálogo, en parte o en su totalidad, repetidas veces (Éxodo 20:1-17; 31:12-17; Deuteronomio 5:6-21; cf. Levítico 19). En otras ocasiones, habla de los Diez Mandamientos sin citarlos (por ejemplo, varias veces en Éxodo 32; 34; Deuteronomio 9-10).

En segundo lugar, cuando el Decálogo aparece, lo hace en *lugares* muy importantes. Los Diez Mandamientos son una de las primeras cosas que oímos de Dios en el monte Sinaí y da comienzo al discurso más largo de Moisés en Deuteronomio.

En tercer lugar, las *designaciones especiales* también llaman nuestra atención sobre el significado de los Diez Mandamientos. Dos veces se describen como escritos "por Dios con su propio dedo" (Éxodo 31:18, NVI; Deuteronomio 9:10). Las dos tablas de piedra son tan preciosas que se colocan dentro del arca del pacto (Deuteronomio 10:1-5). La Torá también dice que Dios dictó personalmente los Diez Mandamientos al pueblo, mientras que otros fueron entregados por medio de Moisés (Deuteronomio 4:12-13; 5:22-33).[13]

Dadas estas características especiales, no es sorprendente que el Nuevo Testamento también considere fundamental el Decálogo.[14]

En la ley del Antiguo Testamento hay muchos otros elementos esenciales presentes. La siguiente tabla señala algunos de ellos, explica por qué son importantes y utiliza los tres criterios descritos antes:

---

12 Aunque nuestra cultura está más familiarizada con el término "Diez Mandamientos", el hebreo original habla literalmente de "diez palabras", que es lo que significa el término *Decálogo* (Éxodo 34:28; Deuteronomio 4:13; 10:4).

13 Otro indicador de la importancia de los Diez Mandamientos es que parecen fundamentar una variedad de textos diferentes. Como dice Milgrom (*Leviticus*, 2), "el libro de Levítico y muchas de sus leyes a veces contradictorias pueden entenderse como las diversas manifestaciones de los principios de los Diez Mandamientos". Ver también la discusión en Goldingay, *Theological Diversity*, cap. 2, sobre ciertas trayectorias del pensamiento del AT que alcanzan un punto culminante (por ejemplo, 47).

14 Ver Mateo 15:19 y paralelos; Mateo 19:17-19 y paralelos; Romanos 13:8-10.

Algunos elementos esenciales en la ley del Antiguo Testamento

Esencial	Repetición	Ubicación	Designación especial
Santidad	Palabras como *santo* aparecen en la Biblia con más frecuencia que otras, como *amor*.[a]	Ejemplo: el "punto de inflexión central" de Levítico es el capítulo 19,[b] que comienza con el mandamiento: "Sean santos, porque yo, el Señor su Dios, soy santo" (Lev. 19:2).	La santidad es fundamental para la identidad tanto de Dios como de los israelitas (por ejemplo, Levítico 20:26).
Disgusto	Ejemplo: las regulaciones de pureza con respecto a los alimentos aparecen tanto en Levítico 11 como en Deuteronomio 14.	Las preocupaciones sobre la pureza se encuentran en gran parte de la Torá. (Ver la discusión sobre el disgusto en el capítulo 7 de este libro).	Retórica fuerte: El incumplimiento de ciertas regulaciones de pureza significa que la tierra vomitará a los israelitas de ella (Levítico 18:24-30).
Preocupación por los pobres	En repetidas ocasiones, las leyes exigen préstamos sin intereses, la liberación de esclavos, la cancelación de deudas, las consideraciones para la recolección de los restos de la cosecha, y el cuidado de los inmigrantes.[c]	Levítico 19, el capítulo central del libro, contiene muchos mandamientos para cuidar de los pobres (por ejemplo, Levítico 19:9-10, 13-15, 33-34; cf. 19:3, 11, 30, 32).	A los que tratan mal a los pobres les esperan castigos extremadamente duros (por ejemplo, Éxodo 22:22-24).
Tabernáculo	El final del Éxodo describe el diseño del tabernáculo no una, sino dos veces. En Éxodo 25-31, Dios da las instrucciones; en Éxodo 35-40, esas instrucciones se llevan a cabo.	El último tercio de Éxodo se centra en la construcción del tabernáculo. Gran parte de Levítico y Números se refieren a lo que sucede en el tabernáculo.	Muchos textos asocian fuertemente el tabernáculo con la santidad y la morada de Dios.

| Sacrificio | Levítico 1:1-6:7 describe varios sacrificios. Levítico 6:8-7:38 revisa los mismos sacrificios, con el foco en la porción de los sacerdotes. | Los primeros capítulos de Levítico están dominados por la preocupación por los sacrificios. | Algunas de las instrucciones relacionadas con los sacrificios se describen como "un estatuto perpetuo para las generaciones de ustedes" (por ejemplo, Lev. 3:17, NVI). |

a. La palabra hebrea (*qdsh*) y griega (*hagios*), relacionadas con la santidad, aparecen con más frecuencia en la Biblia hebrea y en el NT griego (1147 veces) que las palabras hebreas (*'hb* y *hsd*) y griegas (*agapē* y *phileō*), relacionadas con el amor (940 veces). Para más información sobre la importancia de la santidad, particularmente en Levítico, ver Milgrom, *Leviticus*, 8; Balentine, *Torah's Vision of Worship*, 167-72.
b. Milgrom, *Leviticus*, 7.
c. Cobrar intereses sobre préstamos está prohibido en Éxodo 22:25-27; Levítico 25:35-37; y Deuteronomio 23:19-20. Los esclavos son liberados en Éxodo 21:1-11; y Deut. 15: 12-18. Las deudas se cancelan en Levítico 25:8-55; y Deuteronomio 15:1-11. Permitir la recolección de espigas tras la siega se establece en Levítico 19:9-10; y Deuteronomio 24:19-22. La exigencia de cuidar de los inmigrantes está en Éxodo 22:21; 23:9; Levítico 19:33-34; y Deuteronomio 24:17-22. Para obtener más información sobre las perspectivas bíblicas sobre la inmigración, ver Carroll, R., *Christians at the Border*; Milgrom, "The Alien in Your Midst", 18, 48.

La relevancia de los fundamentos legales

Si bien la santidad, la pureza, la pobreza, el tabernáculo y los sacrificios son esenciales para la ley, muchos cristianos y cristianas luchan con la manera en la que, al menos algunas de estas preocupaciones, se relacionan con ellos y ellas en la actualidad.[15] Antes de concluir este capítulo, vale la pena reflexionar sobre la relevancia de estos temas para la iglesia contemporánea.

Santidad

Como se mencionó en el último capítulo, la palabra *santo* describe quién es Dios, qué pertenece a Dios y cómo debería ser su pueblo. Es un concepto que se relaciona estrechamente con la pureza, la integridad, la unidad y la perfección. Lo santo está apartado del mundo.

En nuestra era actual, la iglesia tiene mucho que aprender acerca de la importancia de ser distinta del resto de la sociedad, apartada para los

---

15 Como se mencionó anteriormente, los Diez Mandamientos también son esenciales para la Torá. Para recursos útiles que conectan los Diez Mandamientos con nuestra actualidad, ver Hauerwas y Willimon, *Truth about God*; Harrelson, *Ten Commandments for Today*; Miller, *Ten Commandments*; Brueggemann, *Covenanted Self*.

propósitos de Dios, sin importar cuán impopular pueda ser.[16] Hemos entrado en una era secular, una época en la que la gente abraza un ateísmo práctico. La gente de hoy es perfectamente feliz pasando la mayor parte de su vida como si Dios no existiera. La iglesia, sin embargo, encarna un conjunto alternativo de prácticas. Nos enfrentamos a las fuerzas desenfrenadas de la codicia, la lujuria, la violencia, la glotonería y el individualismo. La iglesia acoge a aquellos a quienes la sociedad rechaza. Nosotras y nosotros preferimos el pasadizo estrecho y difícil que conduce a la vida, en lugar del camino ancho que solo conduce a la destrucción.

Reentrenar el asco

Como se mostró más arriba, la preocupación por la emoción del disgusto está en el corazón de muchas regulaciones del Antiguo Testamento. ¿Cómo puede la iglesia mantener el enfoque en esta sensación, mientras reconoce que los tiempos y las eras cambian?

Hoy, nuestra sociedad tiende a evitar emociones particulares siempre que sea posible. En particular, es reacia a expresar emociones que impliquen algún tipo de juicio negativo sobre el mundo que nos rodea, como la *ira* (un juicio negativo: ha ocurrido una injusticia), la *tristeza* (un juicio negativo: ha ocurrido una pérdida) o el *miedo* (un juicio negativo: estamos abajo amenaza).

Sin embargo, la especialista en Antiguo Testamento Christine Roy Yoder señala que, en su mayor parte, la Biblia no educa a las personas para que eviten las emociones particulares. Por el contrario, considera experiencias como la ira, la tristeza y el miedo como sentimientos naturales que ocurren en el curso de los acontecimientos de la vida. La preocupación de la Biblia es que nuestras emociones estén dirigidas a las cosas correctas. Por tanto, el odio puede ser inmensamente problemático en muchos casos. Sin embargo, es bueno odiar cosas como el mal, el engaño y la ganancia injusta (Salmo 97:10; Proverbios 14:17; 15:27; 28:16; Romanos 12:9).[17]

El énfasis de Yoder le da un sentido particularmente positivo a la emoción básica del asco. La Biblia muestra una preocupación visible porque esta emoción sea dirigida a las cosas correctas. Así, los israelitas aban-

---

16 Sobre este tema, consulta Hauerwas y Willimon, *Resident Aliens*.
17 C. Yoder, "Shape and Shaping of Emotion"; C. Yoder, "Objects of Our Affections".

donan el desierto y entran en una tierra cuyos habitantes no consideran repulsiva la idolatría o el sacrificio de niños. Deuteronomio describe tales prácticas como "una abominación" e instruye a su audiencia a disgustarse por ellas:

> No traigas cosa abominable [un ídolo] a tu casa... Debes detestarlo y aborrecerlo por completo. (Dt. 7:26, NRSV)[18]

En el Nuevo Testamento, tanto Jesús como Pablo se esfuerzan por reformular las suposiciones de su época sobre lo que es repugnante. Por lo tanto, para Jesús, las prostitutas no son repugnantes (Mateo 21:31-32); los líderes religiosos hipócritas sí lo son. Jesús los describe con términos nauseabundos, diciendo que son "como tumbas blanqueadas, que por fuera se ven hermosas, pero por dentro [...] están llenas de huesos de muertos y de toda clase de inmundicia" (Mt. 23:27, NRSV).[19]

Mientras tanto, Pablo pasa mucho tiempo enseñando que los gentiles incircuncisos no deben ser considerados repugnantes. En cambio, dirige esa emoción a los cristianos y cristianas que exigen la circuncisión, a quienes llama "perros" y los "que mutilan el cuerpo" (Fil. 3:2, NVI).[20]

La iglesia de hoy puede seguir el precedente bíblico de reformular nuestras concepciones sobre lo repugnante. No es fácil; implica un esfuerzo. Es solo a través de la repetición de actividades comunitarias (como la adoración) que las emociones comienzan a cambiar. Además, el disgusto es una emoción difícil de entender. Por un lado, necesitamos rechazar las formas del disgusto que, como el racismo, conducen a la exclusión social.[21] Por otro lado, nuestra vida moral puede ser más fácil si dirigimos el disgusto hacia cosas opuestas a Dios. Por ejemplo, deberíamos sentirnos disgustados por la pornografía. De manera similar, un adicto a las drogas en recuperación necesita desarrollar un nivel saludable de disgusto hacia la cultura de las drogas y a quienes hacen alarde de su consumo. También podemos seguir los precedentes bíblicos de sentir disgusto por algunos

---

18 Ver también Deuteronomio 7:25; 12:31; 13:14-15; 17: 4; 18:9, 12; 20:18; 27:15; 32:16.

19 Para más información sobre cómo Jesús interactuó con las preocupaciones de pureza de su época, ver Kazen, *Jesus and Purity*.

20 Ver también los versículos que siguen, donde describe como *skybalon* las razones para tener confianza en la carne (3:8). La NRSV traduce esta palabra como "basura", pero puede referirse a "excremento humano" (*BDAG*, 932).

21 Sobre la problemática del disgusto, ver Beck, *Unclean*.

tipos de alimentos, dirigiendo esta emoción hacia los alimentos que son dañinos para nuestro cuerpo y la creación de Dios.[22]

Pobreza

En la actualidad, las personas suelen ver a los pobres con extrema negatividad, asumiendo que son personas perezosas que se sienten con derecho a una inmerecida asistencia financiera (como "cupones de alimentos" en algunos países). La Torá tiene una perspectiva muy diferente sobre la pobreza: insta a sus lectores y lectoras a tener compasión de los pobres y a cuidar de ellas y ellos. Algunos intérpretes bíblicos hablan de la "opción preferencial de Dios por los pobres", lo que esencialmente significa que Dios nivela el campo de juego en favor de las personas pobres, oprimidas e impotentes debido a sus grandes necesidades y desventajas.[23] Los códigos legales sugieren que, así como los egipcios sufrieron por haber oprimido a los israelitas empobrecidos, de igual manera los israelitas sufrirían si actuaban como los egipcios (Éxodo 22:21-24).[24]

En consonancia con el Antiguo Testamento, Jesús vincula la salvación al trato hacia las personas pobres. Cuando un joven le pregunta a Jesús qué debe hacer para recibir la vida eterna, Jesús le dice que venda todo lo que tiene y se lo dé a los pobres (Mateo 19:16-30; Marcos 10:17-31; Lucas 18:18-30). Cuando Jesús describe el juicio al final de los tiempos, el tema más importante es la manera en que la gente trata a las personas necesitadas: a las hambrientas, a las sedientas, a las forasteras, a las desnudas, a las enfermas, a las prisioneras: "al más pequeño de estos" (Mateo 25:31-46, esp. 40).[25]

A veces, los cristianos y cristianas tratan de excusar la falta de preocupación por los pobres valiéndose del comentario de Jesús de que "a los pobres siempre los tendrán con ustedes" (Mateo 26:11, NVI; Marcos 14:7; Juan 12:8). Sin embargo, aquí Jesús parafrasea la ley del Antiguo Testa-

---

22 Ver Berry, "Pleasures of Eating"; también en *What Are People For?*, 123-25. Para un tratamiento más prolongado, consulta *Bringing It to the Table*.

23 Magallanes, "Preferential Option for the Poor".

24 Otro grupo vulnerable en el Antiguo Testamento son los inmigrantes y textos como Éxodo 22:21 los protegen. Véase también Carroll R., *Christians at the Border*; Milgrom, "The Alien in Your Midst", 18, 48.

25 Algunos intérpretes conectan a "los más pequeños" con los primeros misioneros que asumieron la pobreza por causa de Jesús (cf. Mateo 10:40-42; Hare, *Matthew*, 290). Si bien los primeros misioneros pueden ser un subconjunto de "los más pequeños de estos", el lenguaje de Jesús describe a los pobres en general.

mento que fomenta la generosidad. En Deuteronomio 15:11, Dios dice: "*Puesto que nunca dejará de haber algunos necesitados en la tierra*, por tanto, yo te mando: 'Abre tu mano al prójimo pobre y al necesitado de tu tierra'" (NRSV, cursiva agregada).

Este versículo es parte de un texto más extenso que le ordena al pueblo de Dios que haga algunas acciones significativas. La gente debería perdonar las deudas de sus vecinos cada siete años (Deuteronomio 15:1). Además, establece como ideal que nadie tenga necesidad (15:4), aunque es realista sobre la naturaleza perdurable de la pobreza. El texto continúa diciendo:

> *Si hay entre ustedes alguien necesitado [...] no sean duros de corazón ni tacaños con su prójimo necesitado. Más bien deben abrir la mano, prestando voluntariamente lo suficiente para satisfacer la necesidad, cualquiera que sea. Tengan cuidado de no albergar pensamientos mezquinos [...]; su vecino podría clamar al Señor contra ustedes, y ustedes incurrirían en culpa. Den generosamente y no sean rencorosos cuando lo hagan, porque por eso el Señor su Dios los bendecirá en todo su trabajo y en todo lo que emprendan.* (Deuteronomio 15:710, NRSV)

Así, el Antiguo y el Nuevo Testamento se unen en un coro para cantar las pocas cosas que importan más, como compartir las posesiones y cuidar de los pobres.[26] Esta música, por supuesto, choca horriblemente contra los *jingles* cantados por la sociedad moderna, que fomentan la codicia, el acaparamiento y que gastemos de todo lo que ganamos y, lo que reste, en nosotros mismos.

Tabernáculo

Otro tema clave de la Torá es el tabernáculo, que era el santuario portátil de Israel, usado para sacrificios, adoración y para albergar el arca del

---

26 Sobre las enseñanzas del NT acerca de la pobreza (y la riqueza), ver Mateo 5:3; 6:19-34; 11:5; 13:22; Marcos 4:19; 12:38-44; Lucas 6:20; 14:12-24; 16:13,19-31; 19:8-9; 20:46-21:4; Hechos 4:32; Gálatas 2:10; Santiago 1:27; 2:2-6; 5:15; cf. Romanos 15:26; 1 Corintios 11:17-22; 16:3; 2 Corintios 8:2. Como dice Hoppe (*No Poor Among You*, 14365, esp. 164), "a pesar de su empuje apocalíptico, gran parte del Nuevo Testamento no plantea que la pobreza pueda ser ignorada o que su existencia deba ser aceptada de manera fatalista. Responder al llamado de Jesús al arrepentimiento les permite a los discípulos escuchar el llamado a la justicia, que proviene de la tradición profética del antiguo Israel, y los impulsa a vender lo que tienen para dárselo a los pobres".

pacto. El tabernáculo está asociado con el tiempo que va desde Moisés hasta David. Salomón construyó un *templo* permanente muy parecido al tabernáculo, pero que se mantuvo fijo en un solo lugar.

Los textos que describen el tabernáculo resultan un tanto extraños para una gran cantidad de protestantes occidentales. Mientras que el judaísmo, la Iglesia católica romana, la Iglesia ortodoxa oriental y el islam consideran los lugares físicos como sagrados, los protestantes occidentales tendemos a no verlos así. Asumimos que la religión pertenece a un reino "espiritual" alternativo. Enfatizamos que nuestros cuerpos son templos del Espíritu Santo y solemos ver los edificios de la iglesia como meros lugares de reunión. Sostenemos que Dios está en todas partes, sin apreciar la idea bíblica de que, a veces, le gusta aparecer en lugares particulares.

Aquellas partes de la Biblia que describen el tabernáculo y el templo nos invitan a reflexionar sobre la importancia teológica del espacio. Los edificios y las estructuras se comunican de manera poderosa.[27]

Permítanme dar como ejemplo un lugar significativo para la memoria colectiva estadounidense, algo que los locales llamamos *el Mall,* en Washington D.C. Hay edificios y estructuras de mármol que se elevan a su alrededor. Cerca del centro, el Monumento a Washington se yergue hacia los cielos, con el Capitolio, la Casa Blanca y el Monumento a Lincoln, cada uno frente a él desde diferentes direcciones. Pueden verse edificios neoclásicos como los de la antigua Roma que dominan el paisaje. A los lados del *Mall*, se encuentran los Museos Smithsonian. Otros monumentos llenan el paisaje circundante y cercano, como el de la Guerra de Vietnam, el de la Guerra de Corea, el de la Segunda Guerra Mundial, y los monumentos a las memorias de Roosevelt y Jefferson.

Esos monumentos, edificios y estructuras inspiran asombro. Son estructuras que comunican que lo que sucede en Washington tiene un significado enorme. Su mensaje es que Estados Unidos es un lugar que perdurará durante siglos. Los visitantes experimentan con frecuencia una sensación de asombro y patriotismo. Las estructuras recuerdan a los estadounidenses el pasado de su país y, al mismo tiempo, les dan pistas sobre lo que se valora en el futuro: el coraje, la igualdad y el sacrificio.

El tabernáculo y el templo comunicaban de manera similar lo que realmente le importa al pueblo de Dios. La construcción de estos edificios re-

---

27 Para conocer un ejemplo de un trabajo sobre este tema, ver Dickinson, Blair y Ott, *Places of Public Memory*.

flejaba la creación del mundo.[28] En palabras de Jon Levenson, "el Templo representa la victoria de Dios". Era el "centro moral" del mundo.[29] El tabernáculo y el templo apuntaban a que Dios está cercano, a que es eterno, precioso, majestuoso, digno de alabanza y vestido de esplendor.

Quienes leemos hoy el Antiguo Testamento podemos aprender cosas importantes de esos textos bíblicos que muestran un tabernáculo adornado con colores y cubierto de oro, plata y cobre.

Después de todo, lo que hacemos quienes nos confesamos como cristianas y cristianos cada domingo por la mañana es más importante que cualquier cosa que haya hecho el Congreso. Las naciones son, como nos dice Isaías, una mera "gota en un balde" (40:15,17). Cuando nos reunimos en torno a la santa Palabra de Dios, nos unimos a una práctica miles de años que más antigua que mi país de origen.

Quizás es hora de que los edificios de nuestra iglesia reflejen, aunque solo sea en parte, la majestad de nuestro Dios. En particular, podemos preguntarnos si los nuevos edificios de las iglesias deberían ser tan anodinos como los gimnasios. Podemos preguntarnos si somos fieles cuando gastamos una gran cantidad de dinero en la renovación de nuestros hogares mientras las iglesias se deterioran cada vez más. Los edificios de iglesias en ruinas le comunican a la gente que nuestra fe es arcaica, irrelevante y obsoleta. Esas edificaciones cuentan que lo que sucede adentro merece tanta atención como una silla plegable abollada (ver "Hageo").

Si bien existen diferencias entre las iglesias de hoy y el tabernáculo y el templo del Israel antiguo (como los sacrificios de animales), tenemos mucho que aprender sobre la presencia de Dios y el espacio sagrado cuando leemos las páginas de la Biblia que describen la casa de Dios.[30] La maravilla y la majestad del tabernáculo y el templo son temas recurrentes en el Antiguo Testamento, incluso más allá de la Torá. Observa, nada más, estos salmos:

Señor, yo amo la casa donde vives,
el lugar donde reside tu gloria (Sal. 26:8)

---

28 Ver Balentine, *Torah's Vision of Worship*, 136–41.
29 Levenson, *Creation and the Persistance of Evil*, pt. 2, esp. 142-45, 172.
30 Para más información sobre el espacio sagrado en el Antiguo Testamento, consultar Carvalho, "Finding a Treasure Map"; George, *Israel's Tabernacle as Social Space*; Sommer, *Bodies of God*, caps. 4-5. Sobre el espacio sagrado en el mundo contemporáneo, ver Giles, *Re-pitching the Tent*; Rose, *Ugly as Sin*; cf. Jacobsen, *Space Between*.

Hageo

En la actualidad, el libro de Hageo no recibe prácticamente ninguna atención por parte de los predicadores. Sin embargo, pocos textos podrían ser más apropiados para sermones durante jornadas de construcción. El profeta Hageo vivió en una época en la que el templo de Dios estaba en ruinas y la gente tardó en reconstruirlo. Entonces, Hageo trajo un mensaje breve pero poderoso:

> ¿Es tiempo de que ustedes mismos vivan en sus casas con paneles, mientras la casa de [Dios] está en ruinas? Ahora, pues, así dice el Señor de los ejércitos: Mira cómo te ha ido. Has sembrado mucho y cosechado poco; comes, pero nunca tienes suficiente; bebes, pero nunca te sacias; te vistes, pero nadie se abriga; y ustedes que ganan un salario, lo ganan para echarlo en un saco con agujeros. (Hag. 1:4-6, NRSV)

La gente le respondió a Hageo con obediencia. El templo se reconstruyó rápidamente. ¿Qué pasaría si los cristianos y cristianas de hoy respondieran de manera similar, reconstruyendo sus iglesias y convirtiéndolas en lugares vibrantes y hospitalarios donde la gente pudiera comenzar a imaginar las maravillas de nuestro Dios?

Una sola cosa le pido al Señor,
y es lo único que persigo:
habitar en la casa del Señor
todos los días de mi vida,
para contemplar la hermosura del Señor
y recrearme en su templo (Sal. 27:4)

Yo me alegro cuando me dicen:
"Vamos a la casa del Señor" (Sal. 122:1)

En el Antiguo Testamento, la casa de Dios corresponde a la morada del Rey de gloria. Es un lugar de belleza que inspira adoración.

Sacrificio

Después de una larga descripción del tabernáculo al final del Éxodo, el libro de Levítico comienza con una discusión sobre el sacrificio. A primera vista, el sistema de sacrificios de la Biblia parece increíblemente peculiar. Algo que hoy asociamos con cultos extraños. Los feligreses se horrorizarían si sus pastores comenzaran a matar palomas en los altares para expiar los pecados no intencionales. Sin embargo, Levítico 5 habla, casualmente, sobre tales prácticas como si fueran comunes. ¿Qué sucede con estas costumbres y qué significados teológicos podrían tener para nosotros hoy?

En el corazón de muchos sacrificios bíblicos está la idea de la comunión con Dios.[31] (Ver "Los propósitos del sacrificio"). Cuando traías un animal para el sacrificio, algunas de sus partes (a veces todas) eran consumidas por el fuego. La idea era que Dios estaba presente, junto a ti, comiendo al animal y disfrutando de su delicioso aroma (Levítico 21:6; Números 28:2). Hoy, con frecuencia, las personas consideran que compartir una comida es una clave de expresión de amistad. La idea en el Antiguo Testamento era que, a través del sacrificio, te acercabas más a Dios. De hecho, los sacrificios como ofrecimiento de paz eran eventos comunitarios, barbacoas o asados, por así decirlo. Dios, los sacerdotes y quienes traían la ofrenda (probablemente una familia extensa) tenían una celebración de adoración juntos, mientras comían en presencia de los demás.[32]

> **LOS PROPÓSITOS DEL SACRIFICIO**
>
> Si bien he optado por enfatizar en la forma en la que el sacrificio lleva a las personas a la comunión con Dios, la Biblia deja en claro que también existen otros propósitos. La gente ofrecía sacrificios para:
>
> - mostrar obediencia a o compromiso con Dios,
> - recordar su dependencia de Dios,
> - resaltar su estatus e identidad,
> - dar gracias,
> - tratar de obtener una bendición o la respuesta deseada a la oración,
> - cumplir con sus votos,
> - limpiarse de impurezas o pecados,
> - reforzar la sacralidad del tabernáculo o del templo
> - alejar la ira de Dios.

---

31 Los académicos debaten hasta qué punto cada elemento de un sacrificio dado comunicaba algo simbólicamente. También están en desacuerdo acerca de si las interpretaciones simbólicas de los sacrificios particulares fueron consistentes entre los diferentes grupos a lo largo del tiempo. Como advierte Watts (*Ritual and Rhetoric*, 8), "el poder de un ritual para sus participantes puede no depender necesariamente de su interpretación simbólica, o al menos del consenso de los participantes sobre cualquier interpretación simbólica". Si bien hay algunas razones para ser cautelosos, también es posible discernir por qué, en muchos textos bíblicos, se hicieron sacrificios. Por ejemplo, Abraham casi sacrifica a Isaac como un acto de obediencia (Gn. 22). Sobre el sacrificio del Antiguo Testamento, ver Gorman, "Sacrifices and Offerings".

32 Klawans ("Ritual Purity, Moral Purity", esp. 26) critica a quienes leen con indiferencia los reglamentos sobre los sacrificios, y señala que "con seguridad, el matadero municipal no debe ser un lugar en el que un animal se sienta mucho más bienvenido que en un templo antiguo... Además, cualquiera que esté al tanto de las formas en que la muerte de los animales se ha vuelto rutinaria en laboratorios, hospitales y aulas de biología puede reconocer que, incluso si el sacrificio ritual se eliminara por com-

>
> SACRIFICIO Y COMUNIÓN
>
> "Aunque en la actualidad los sacrificios de animales puedan resultar primitivos para algunas personas, es importante recordar que la mayor parte del culto israelita consistía en esta comida santificada. Sin dudas, a veces el único que 'comía' era Dios (en el caso del holocausto completo), pero la metáfora de la comida permanecía. 'Comunión' —es decir, encontrarse con Dios— significaba reunirse con Dios en la mesa. Perder de vista esto significa perder de vista las muchas imágenes de sacrificio presentes en el Nuevo Testamento, imágenes alojadas en el corazón de la Eucaristía, nuestra comida santificada con el Dios Uno y Trino".
> Corrine L. Carvalho, "Finding a Treasure Map", 128

El sacrificio de animales ya no se practica ni en el judaísmo ni en el cristianismo. Estas ceremonias se extinguieron definitivamente después de que los romanos destruyeran el templo de Jerusalén en el año 70 e. c. Sin embargo, tanto judíos como cristianos celebran los momentos en los que se reúnen para las fiestas y entienden que Dios está presente entre ellos. La fiesta de la Pascua, la celebración de la Última Cena, tal vez incluso las comidas compartidas en la iglesia, son prácticas bíblicas que tienen su importancia (ver "Sacrificio y comunión"). En una sociedad que se basa en la comunicación electrónica y las redes sociales, la gente pierde el contacto cara a cara.[33] Sin embargo, cuando compartimos la comida, nos unimos en una antigua práctica de muchos milenios de antigüedad que construye comunidad, supera la soledad y celebra la presencia de Dios entre nosotros y nosotras.

El sacrificio es una parte importante del ritual del Antiguo Testamento. La gente suele observar los rituales con desprecio y considerarlos prácticas vacías que implican seguir un programa sin relevancia, sin importar dónde se encuentran nuestros corazones. Si bien la Biblia es consciente de que se puede abusar de los rituales (ver Isaías 1:10-17; Oseas 6:6), también enfatiza su importancia. El erudito bíblico Samuel Balentine tiene esta idea:

> *En resumen, los rituales nunca son acciones meramente formales que se ofrecen solo por cumplir. Son, antes bien, un medio de*

---
pleto, sin dudas se podría cuestionar si la modernidad ha mejorado en algo la vida de los animales".
33 Sobre este tema, ver Locke, *De-voicing of Society*; o más recientemente, Turkle, *Alone Together*.

"construcción del mundo", un medio para representar, mantener y, cuando sea necesario, recrear el mundo que Dios diseñó.

En la actividad ritual, las personas toman una posición concreta en el mundo y, al participar en actos tan específicos, de "carne y hueso", involucran la *mente* y el *cuerpo* en una obra de enseñanza y aprendizaje.[34]

Evan Imber-Black y Janine Roberts también subrayan el valor del ritual:

*Cuando cultivas los rituales en tu vida, encuentras que operan en tu desarrollo individual y en tus interacciones con los demás y te permiten **relacionarte, cambiar, sanar, creer** y **celebrar**, que son, de hecho, los temas principales de toda la existencia humana.*[35]

Conclusión

Para algunas personas, hacerse amigas del Antiguo Testamento suena como hacerse amigas de un bienhechor legalista que no sabe mucho de gracia, que sigue enormes listas de reglas y que se toma todo demasiado en serio. Es más apropiado pensar en el Antiguo Testamento como un profesor de derecho, que tiene un amplio conocimiento de diferentes leyes, reglas y costumbres en diferentes lugares y épocas de la historia de Israel.

Al pasar tiempo con este profesor, aprendemos algunas cosas interesantes. Nos encontramos con problemas que requieren una reflexión teológica seria: asuntos como la santidad, la pobreza, lo repugnante, la comida, el espacio sagrado y el sacrificio. Sería fácil para la iglesia pasar por alto estos temas y descartarlos como productos de una religión obsoleta. Sin embargo, este profesor de derecho nos recuerda que la ley de Dios está viva y es dinámica, que cambia a medida que el Dios vivo interactúa con las diferentes necesidades de su pueblo. El estudio cuidadoso de estas Escrituras no solo nos muestra similitudes entre la cultura bíblica y la moderna, sino que también evidencia qué es lo más importante para Dios

---

34 Balentine, *Torah's Vision of Worship*, 75-76.
35 Imber-Black y Roberts, *Rituals for Our Times*, pág. 28. Para más información sobre cómo la adoración cristiana se basa en el Antiguo Testamento y en otras ideas judías, consultar Beckwith, "Jewish Background", 68-80. Para más información sobre la importancia del ritual, consultar Hogue, *Remembering the Future*, 116-52; Anderson y Foley, *Mighty Stories*.

y para su pueblo, a fin de que podamos permanecer fieles, incluso en una época muy diferente a la del antiguo Israel.

Para un estudio posterior

Balentine, Samuel E. *The Torah's Vision of Worship*. Overtures to Biblical Theology. Minneapolis: Fortress, 1999.

>Este excelente estudio cubre muchos de los temas anteriores, pero con mayor profundidad. Después de reconstruir el trasfondo histórico de la Torá, el autor sostiene que esta ofrece una visión transformadora de la adoración, que implica vivir en armonía con el diseño cósmico de Dios.

Bechtel, Carol M., ed. *Touching the Altar: The Old Testament for Christian Worship*. Grand Rapids: Eerdmans, 2008.

>Esta colección de ensayos ofrece varias formas de conectar el Antiguo Testamento con la adoración actual. Por ejemplo, el artículo de Carvalho proporciona un relato minucioso de cómo los textos sobre el templo pueden iluminar hoy nuestra comprensión del espacio sagrado.

Beck, Richard. *Unclean: Meditations on Purity, Hospitality, and Mortality*. Eugene, OR: Cascade, 2011.

>Este libro ofrece una excelente comprensión de la tensión entre la pureza y el amor a lo largo de la Biblia, basándose en una variedad de disciplinas y ofreciendo sabiduría útil sobre el papel de lo desagradable en la iglesia de hoy.

Douglas, Mary. *Leviticus as Literature*. Oxford: Oxford University Press, 1999.

>Durante décadas, Douglas se ha valido del conocimiento antropológico para estudiar el libro de Levítico, lo que ha tenido un impacto profundo en los estudios bíblicos. Este trabajo representa uno de sus últimos y más completos análisis.

Milgrom, Jacob. *Leviticus: A Book of Ritual and Ethics*. A Continental Commentary. Minneapolis: Fortress, 2004.

A lo largo de su carrera, Milgrom publicó extensamente sobre la Torá, especialmente sobre Levítico. Este volumen ofrece una puerta de entrada útil a las ideas de uno de los intérpretes bíblicos más influyentes de la última generación. Para quienes deseen estudiar su trabajo con mayor profundidad, él también tiene un comentario de tres volúmenes sobre Levítico en la serie Anchor Bible. Tiene más de 2700 páginas.

Comentarios publicados por Abingdon, Baker Academic, Brazos, Eerdmans, Fortress, InterVarsity, Smyth & Helwys, Nelson, T&T Clark, Westminster John Knox y editoriales universitarias.

Cuando hablé de la importancia de consultar a otros autores y autoras sobre pasajes perturbadores (capítulo 7), sugerí que revisaran lo que los comentarios tienen para decir. Los editores de las series mencionadas producen comentarios sólidos con frecuencia. Si bien esta lista no es exhaustiva, orienta a los lectores y lectoras en la dirección correcta. Mientras tanto, aquí hay algunas Biblias de estudio útiles: *CEB Study Bible* (2013), *The New Oxford Annotated Bible* (4.ª ed., 2010), *The HarperCollins Study Bible* (rev., 2006) y *The New Interpreter's Study Bible* (rev., 2003).

El sitio web www.MatthewSchlimm.com contiene recursos adicionales, que incluyen preguntas para la discusión en grupo.

(Footnotes)

1 *The Onion es un antiguo periódico (hoy una página web) de noticias satíricas. (N. del E.)*

9

La verdad es polifacética

¿Se contradice el Antiguo Testamento?
Nuestra respuesta a esta pregunta es muy importante para la vida de fe. Muchas personas se han visto impulsadas al ateísmo por las aparentes contradicciones del texto bíblico.[1] Otras han querido afirmar que la Biblia está libre de contradicciones, pero han sentido que la duda corroe su fe.

En este capítulo me propongo fijarme en los textos del Antiguo Testamento que parecen, al menos al principio, exhibir alguna contradicción. Hay muchos tipos de tensión dentro de la Biblia. A veces, esas tensiones consisten en pequeños detalles, como el número de guerreros que tuvo David (cf. 2 Samuel 24:9 y 1 Crónicas 21:5). No veo estas inconsistencias como significativas, porque la buena doctrina nunca se basa en un solo detalle de las Escrituras. Los escritores bíblicos no estaban interesados en la precisión científica que hoy se ha convertido en ídolo.[2]

Sin embargo, en el Antiguo Testamento existen tensiones teológicas y éticas mucho mayores. A continuación, planteo que esas tensiones dentro de las Escrituras, y las muchas preguntas que enfrentamos, en realidad pueden ser muy provechosas (ver "El Gran Misterio"). Valiéndome de tres analogías de mi propia vida, hablo de la complejidad de la verdad del Antiguo Testamento. Esta verdad, sostengo, se parece más a una conversación que a un argumento de venta. Es más una obra de arte que una ecuación matemática. Se parece más a un traje hecho a medida que a una bata de hospital de talla única. La Biblia refleja las realidades desordenadas de nuestro mundo, evitando los ambientes estériles de los laboratorios científicos.

---

1 Cf. Zuckerman, *Faith No More*, 33–39.

2 Sobre las tensiones en la Biblia, particularmente sobre cómo "proporciona testigos múltiples de un mismo evento", ver Mark S. Smith, *Memoirs of God*, 162–68, esp. 164.

El gran misterio

"Como sucedió con Job, conocer a Dios te sumergirá en un misterio mayor, no resolverá los misterios por ti".

Jonathan Martin, Twitter, 18 de marzo de 2013

"Es mejor cojear" leyendo la Biblia "que salir corriendo a toda velocidad".

Juan Calvino, *Institutes* 1.6.3 (trans. Battles)

"Los pensamientos y las obras de Dios son característicamente vastos, y tal vez esa sea la mejor explicación de por qué la poética de las Escrituras es habitualmente difícil: los escritores bíblicos se inspiraron para imitar la Realidad de la que testifican. Entonces, en lugar de presentar lecciones morales sencillas, ponen a sus lectores a trabajar, nos confunden y nos desconciertan al plantear preguntas donde antes podríamos haber imaginado que había claridad. Si nos ceñimos a estos textos, sometiéndonos a la obra que el Espíritu Santo está haciendo a través de ellos incluso ahora, en medio de nuestras nuevas dificultades, al final pueden llegar a complicar nuestra manera de pensar de formas útiles (al menos, si el objetivo es pensar más como Dios)".

Ellen F. Davis, "Poetics of Generosity", 630

Discursos de venta vs. conversaciones

Hace un par de años, formé parte de un grupo de trabajo en la universidad donde enseño. Investigábamos las necesidades tecnológicas de nuestra universidad y cómo podríamos satisfacer mejor esas necesidades. En un momento, invitamos al campus a unos ejecutivos de ventas para que nos contaran cómo podrían reforzar nuestros recursos.

Comenzaron contándonos todas las cosas maravillosas que podían hacer sus productos. Después de sus eslóganes, hicimos preguntas.

En ciertos momentos, con algunas repeticiones, sentimos como si fueran físicamente incapaces de responder con franqueza. En lugar de ser honestos y mencionar las deficiencias de sus productos, les daban rodeos a esas deficiencias. En lugar de decirnos qué características les faltaban, seguían enfatizando en las características que ofrecían.

Salí de la reunión con la sensación de que acababa de pasar tiempo con un político corrupto. No quería tener nada que ver con sus productos, porque sentía que me habían mentido. Si no me habían engañado intencionalmente, sin dudas, se habían negado a ser completamente honestos. No me dieron toda la verdad.

El Antiguo Testamento como un amigo con el que nos gusta hablar

El Antiguo Testamento se niega a actuar como un representante de ventas que apenas le alcanza para ser medianamente honesto. No les da a sus lectores tan solo una perspectiva. Muestra las cosas bajo diferentes luces y desde diferentes ángulos. No presenta todos los puntos de vista existentes bajo el sol, pero reconoce la complejidad de la verdad.[3]

En la escuela secundaria, pocas cosas me encantaban más que ir a una cafetería con mis amigos cercanos. Saboreábamos nuestros *mochas* y, bajo el estímulo maravilloso de los *express* combinados con leche espumosa y chocolate caliente, sosteníamos las discusiones más hondas y profundas de nuestras vidas (al menos así se sentían en ese momento). Hablábamos de por qué estábamos en la tierra. Hablábamos de Dios. Hablábamos del mal. Perspicacia construida sobre perspicacia. Nos desafiábamos unos a otros. Nos basábamos en los pensamientos del otro. Incluso cuando no estábamos de acuerdo y discutíamos, nos aportábamos mutuamente una comprensión más profunda de nuestro mundo. Nunca hubiéramos alcanzado perspectivas tan fecundas si nos hubiéramos sentado solos. Nos necesitábamos los uno a los otros. Necesitábamos la conversación para alcanzar la iluminación.

Cuando quienes lo leemos nos involucramos con el Antiguo Testamento en su totalidad, participamos más de una conversación que de escuchar un discurso de ventas (ver "Conversación sagrada"). A medida que reunimos diferentes pasajes, llegamos a verdades complejas sobre Dios,

Conversación sagrada

"La Escritura misma refleja e invita a una conversación sagrada entre los creyentes y Dios, y entre los creyentes los unos con las otras".

Karl Allen Kuhn, *Words with God*, 15

"No hay una única voz en las Escrituras, y dar autoridad a una sola voz en las Escrituras o en la tradición para silenciar otras, seguramente distorsiona el texto y malinterpreta la vivacidad que este engendra en la comunidad interpretativa".

Walter Brueggemann, en Brueggemann, Placher y Blount, *Struggling*, 16

---

3 Como en otras partes de este libro, aquí personifico el Antiguo Testamento hablando de él como si fuera una persona que ve la verdad como algo complejo. Otros han sugerido que el Espíritu Santo, al guiar los textos incluidos en el canon, le ayudó a la iglesia a preservar la complejidad de la verdad (Middleton y Walsh, *Truth Is Stranger,* 180; cf. Newsom, "Bakhtin, the Bible", esp. 297).

sobre nuestro mundo, sobre unas con otros y sobre nosotros mismos. Comenzamos a ver cómo las personas pueden ser, a la vez, hechuras a la imagen de Dios y pecadoras. Empezamos a comprender por qué debemos hacer lo correcto a pesar de que implique un gran sacrificio personal. Comenzamos a descubrir cómo Dios puede amarnos implacablemente y aún enojarse por el pecado. El Antiguo Testamento es un amigo que mantiene unidas muchas perspectivas diversas en una tensión artística.

Ejemplo: bendiciones y maldiciones

Las diversas perspectivas de la Biblia se hacen evidentes en muchos lugares.[4] Piensa, por ejemplo, en lo que dice el Antiguo Testamento sobre las recompensas por el comportamiento fiel en esta vida. Éxodo, Levítico y Deuteronomio parecen dejar las cosas perfectamente claras: obedece a Dios y recibirás bendiciones. Desobedece a Dios y las dificultades te esperan.[5] A menudo, los lectores y lectoras se sorprenden de cuán vívidamente la Biblia conecta los comportamientos de las personas con lo que les sucede.

Por ejemplo, Deuteronomio 28 comienza: "Si realmente escuchas al Señor tu Dios, y cumples fielmente todos estos mandamientos que hoy te ordeno, el Señor tu Dios te pondrá por encima de todas las naciones de la tierra". En la docena de versículos que siguen en ese capítulo inicial, el texto describe de manera concreta bendición tras bendición, todas ellas relacionadas con la bondad en el aquí y ahora. Las personas obedientes tendrán familias numerosas. La tierra será fértil. La economía será fructífera. Los enemigos huirán como si fuera el agua que las olas arroja contra las rocas. Otras naciones mirarán a Israel con admiración. El capítulo continúa asegurando: "El Señor abrirá los cielos, su generoso tesoro, para derramar a su debido tiempo la lluvia sobre la tierra, y para bendecir todo el trabajo de tus manos. Tú les prestarás a muchas naciones, pero no tomarás prestado de nadie" (Dt. 28:12).

Sin embargo, no pasa mucho tiempo antes de que el texto cambie a las consecuencias de la desobediencia: en lugar de abundantes bendiciones, las maldiciones estarán por todas partes. Ni la gente ni la tierra gozarán de fertilidad. Si no obedeces a Dios, esto es lo que te sobrevendrá a con-

---

4 Ver Goldingay, *Theological Diversity*, esp. 1-12.

5 Ver Éxodo 23:20–32; Levítico 26; Deuteronomio 27-28. Muchas obras proféticas operan a partir de una lógica similar (por ejemplo, Amós 4:6).

tinuación: "El Señor enviará contra ti maldición, confusión y fracaso en toda la obra de tus manos, hasta que en un abrir y cerrar de ojos quedes arruinado y exterminado por tu mala conducta y por haberme abandonado... Sobre tu cabeza, el cielo será como bronce; bajo tus pies, la tierra será como hierro. En lugar de lluvia, el Señor enviará sobre tus campos polvo y arena; del cielo lloverá ceniza, hasta que seas aniquilado" (Dt. 28:20,23-24). A medida que el capítulo avanza, las maldiciones empeoran. Las naciones no temerán a Israel: se horrorizarán al verlo. A Israel lo atacarán enfermedades de todo tipo. La gente será esparcida por todo el mundo. El capítulo termina diciendo que la gente tratará de venderse como esclava, "pero nadie querrá comprarte" (28:68). ¿Qué podría ser peor?

La retórica de estos textos es tan poderosa e inflexible, que podemos asumir fácilmente que todo está resuelto. Obedece a Dios y recibirás bendiciones. Desobedece a Dios y recibirás maldiciones.

Sin embargo, hay otros textos del Antiguo Testamento que presentan las cosas bajo una luz muy diferente. Toma como ejemplo el libro de Job. Si bien algunos de los amigos de Job tienen convicciones como las que se encuentran en Deuteronomio, el libro en su conjunto, especialmente con el prólogo, el epílogo y los discursos de Job, les dice a sus lectores que, a veces, los inocentes sufren aunque no hayan hecho nada malo.[6]

El autor de Eclesiastés llega a una idea similar: "... hay hombres justos a quienes les va como si fueran malvados, y hay malvados a quienes les va como si fueran justos. ¡Y yo digo que también esto es absurdo!" (Ecl. 8:14).[7]

Otros textos enfatizan de manera similar que la vida no siempre es justa. Cuando el castigo viene por el pecado, a menudo se retrasa o sobreviene a niveles más bajos que la magnitud de la ofensa. Salmo 73 deja en claro que, incluso si la maldad en algún momento se pone al día y le da alcance al malhechor, no siempre lo hace de inmediato (ver "Un día más justo). A veces, la gente justa sufre juntamente con los culpables (Ezequiel 21:1-5). Otras veces, los culpables sufren más de lo que deberían por sus pecados (Isaías 40:2).

¿Qué conjunto de textos es el correcto? ¿La gente obtiene lo que le espera, como enfatizan libros como Deuteronomio? ¿O los justos sufren

---

6 Pope, *Job*, lxxvii – lxxix.

7 Curiosamente, Eclesiastés 8:12b-13 se acerca al pensamiento deuteronómico, aunque está socavado por 8:10-12a.

> **Un día más justo**
>
> Tanto el Antiguo como el Nuevo Testamento son conscientes de que la gente no siempre recibe en esta vida lo que se merece. Juntos miran hacia un tiempo en el que el orden moral del mundo se establecerá correctamente, cuando los inocentes ya no sufrirán y los malvados obtendrán lo que les corresponde (Jeremías 31:29-30; Ezequiel 18:1-32; Mateo 13:24-43).

mientras los malvados prosperan, como sugieren muchos otros textos? La Biblia no nos da una sola respuesta. Se niega a decir que las cosas solo son de una manera. Evita la técnica del representante de ventas de ofrecer solo una perspectiva. Si bien es posible ver las enseñanzas del Antiguo Testamento sobre este tema como contradictorias, también es posible verlas como un diálogo continuo sobre verdades que son supremamente complejas.

Cuando se considera en su conjunto, el Antiguo Testamento no ve la verdad como una unidad singular: *A* es verdadera o *B* es verdadera. Al contrario, ve la verdad como plural: hay verdad tanto en *A* como en *B*. No es que el Antiguo Testamento piense que toda la verdad es relativa o que cada opinión alguna vez expresada sea igualmente válida. Más bien, se niega a presentar un solo punto de vista como si insistiera en que este único punto de vista funcionará para todos en toda circunstancia. El Antiguo Testamento nos ofrece varias voces que, todas juntas, conforman una rica conversación sobre el complicado mundo que habitamos.

Infortunadamente, varias personas no han podido ver la Biblia como una conversación sobre los resultados de la obediencia y la desobediencia. Un poderoso movimiento surgido en Estados Unidos, a veces llamado teología de la prosperidad o el "evangelio de la salud y la riqueza", ha amplificado algunas partes de la Biblia y silenciado otras. Ese movimiento enfatiza textos sobre las bendiciones psicológicas, físicas y materiales que siguen a la obediencia a Dios, pero descuida los textos que matizan estas enseñanzas de maneras significativas. El triste resultado ha sido un sistema religioso que, en el peor de los casos, aprecia la felicidad, la comodidad y la riqueza mundanas, e idolatra la importancia personal y el dinero. A veces, es poco más que optimismo vestido con ropas cristianas.[8]

---

[8] Como señala Bowler (*Blessed*, 7-8, 125-27), hay un evangelio de prosperidad "duro" que enfatiza la riqueza mundana y un evangelio de prosperidad "suave" que enfatiza otros tipos de beneficios, como el bienestar psicológico. Esto último se puede ver, por ejemplo, en la extremadamente popular *Oración de Jabes*, de Bruce Wilkinson, que denuncia explícitamente a aquellos que esperan que Dios les dé artículos de lujo, pero luego habla de aprovechar la "abundancia de Dios" usando "una pequeña ora-

(Ver "Una convincente Declaración de Bienes").

La teología de la prosperidad no está equivocada del todo. En la vida realmente hay bendiciones que vienen como resultado de la fe (la amistad con otros creyentes es un buen ejemplo). El problema es que este movimiento no refleja las muchas perspectivas de la Biblia sobre este tema.

En un mundo caído, las acciones correctas no siempre se traducen en bendiciones.

Algunos cristianos y cristianas se han ido al otro extremo, perdiendo de vista las bendiciones de esta vida por completo. A veces llamada "teología del pastel en el cielo", esta forma de pensar se enfoca en las cosas buenas en el cielo, en lugar de esperar que el bien suceda aquí y ahora. Dicho crudamente, el sentimiento básico es "tendrás tu pastel en el cielo (en la misma presencia de Dios) incluso si ahora tienes hambre en la tierra".[9] (Ver "Un insulto a Dios").

> **UNA CONVINCENTE DECLARACIÓN DE BIENES**
>
> "El encanto de la teología de la prosperidad es obvio. El movimiento de fe vende una atractiva lista de bienes: Dios, riqueza y un cuerpo sano para disfrutarlo. Pero es el gozo, los sentimientos los que levantan la barbilla de los creyentes y yerguen sus hombros; ese es su logro fundamental. El primer paso para acceder a estas buenas noticias es creer que las cosas pueden mejorar. El principal atractivo del Evangelio de la prosperidad es el simple optimismo".
>
> Kate Bowler, *Blessed*, 232

> **UN INSULTO A DIOS**
>
> "Predicar que en el cielo te espera un pastel cuando mueres es un insulto a Dios".
>
> Desmond Tutu, *Dios no es cristiano*, 124–25

---

ción con un premio gigante"(17-18). El evangelio de la prosperidad suave (e incluso el duro) también se ve en los escritos y la predicación de Joel Osteen. Este pastor afirma, por ejemplo, que las personas que siguen sus pasos "finalmente serán más felices que nunca, vivirán con alegría, paz y entusiasmo, no solo por un día o una semana, ¡sino por el resto de sus vidas!" (*Su mejor vida ahora*, viii).

9 La frase "pastel en el cielo" se usa en una parodia del himno "Pecador ven a Cristo Jesús" con una dura crítica a los predicadores que querían salvar almas sin alimentar estómagos (J. Hill, "The Preacher and the Slave", en *Songs of Work and Protest*, 155-57, especialmente 156):

> Pastores pelilargos llegaron aquí
> A cantarte del bien y del mal
> Pregunté si había algo de comer
> Respondieron con voces de miel:
> Comerás (comerás), y adiós y adiós (adiós y adiós)
> En la gloria allá arriba (arriba)
> Obra y ora (obra y ora), come paja (come paja)
> Tu pastel te espera al morir (¡te mentí!)

En sus peores formas, este pensamiento reduce el evangelio a una religión de otro mundo que alguien como Abraham o Moisés nunca habrían reconocido. Es una caricatura que les ofrece a las víctimas de la opresión un escape mental, y nada más; una versión que no se atreve a decir nada positivo sobre las bendiciones del evangelio en el aquí y ahora.

La Biblia, por otro lado, se niega a adoptar un abordaje unilateral de las bendiciones mundanas de nuestra fe. No acepta completamente el evangelio de la prosperidad, al igual que no acepta completamente la teología del pastel en el cielo. En cambio, la Biblia les ofrece a sus lectores y lectoras perspectivas diversas, indicándoles cuán verdaderamente complejo es el mundo. Leer la Biblia de manera fiel significa hacerle justicia a sus muchos puntos de vista.[10] (Ver "Viviendo con la tensión").

Viviendo con la tensión

"Deja que las tensiones se mantengan. Por aguda que pueda parecer la tensión entre dos [pasajes] diferentes, no debe resolverse mediante la distorsión exegética de los textos. Los testigos individuales deben tener su propia voz".

Richard Hays, *Moral Vision*, 190

"Dejemos que las aparentes tensiones e inconsistencias en las Escrituras permanezcan como están. Dios no va a sufrir conmoción alguna. Cristo no va a perder su autoridad. Las puertas del infierno no prevalecen contra la iglesia. La Biblia, entendida como lo que realmente es, todavía nos habla con autoridad divina... Si Dios no sintió la necesidad de proporcionarnos a nosotros y nosotras, su iglesia, una versión completamente armonizada de los relatos bíblicos, entonces no deberíamos sentir la necesidad de imponernos una nosotros mismos".

Christian Smith, *Bible Made Impossible*, 134

Problemas de matemáticas vs. obras de arte

Además de pensar en los discursos de venta y en las conversaciones, es útil pensar en las matemáticas básicas en comparación con las obras de arte. De niño siempre me gustaron las matemáticas. Vengo de una larga línea de ingenieros. Una de mis materias favoritas en la secundaria fue

---

10 Varias obras de teología bíblica intentan hacerle justicia a las muchas perspectivas de la Biblia. Entre ellas, se destaca Crenshaw, *Defending God*, que trata de la amplia variedad de perspectivas sobre el sufrimiento que ofrece el AT, en lugar de tratar de fusionar muchos puntos de vista en un sistema artificial.

Cálculo. Nunca me fue muy bien en los deportes, pero las olimpiadas matemáticas eran una historia diferente.

Tampoco conseguí apreciar la literatura. Me encantó lo que Jack Handey dijo en su *"Deep Thought"*, en *Saturday Night Live*: "Siempre que lees un buen libro, es como si el autor estuviera allí, en la habitación, hablando contigo, por eso no me gusta leer buenos libros".[11] Las historias y el arte parecían buenos pasatiempos para algunas personas, pero en su mayor parte yo no les veía ningún sentido. Ya tenía muchos pasatiempos: piragüismo, pesca, videojuegos, ver deportes, pasar tiempo con amigos y escuchar música. Leer literatura no era uno de ellos.

Me encantaba el ámbito de los números, donde las cosas siempre tenían sentido. Una y otra vez, podía identificar la respuesta correcta. Siempre podías volver a introducir tu respuesta inicial en la ecuación para asegurarte de que estabas en lo correcto. En las matemáticas existe una pulcritud que aprecio profundamente, una garantía de que las cosas funcionan como deberían. Podía completar un problema de matemáticas y dejarlo a un lado, sabiendo que lo había hecho bien. Era completamente diferente a escribir un ensayo, donde nunca quedaba claro si había dado una respuesta satisfactoria.

En la escuela secundaria también tomé clases de español. En el transcurso, hicimos a un lado el estudio del idioma para conocer a los grandes artistas de habla hispana. Fue allí donde conocí por primera vez la obra de Diego Rivera. A mediados del siglo XX, Rivera creó enormes murales con escenas de gente trabajando y trabajando, típicamente al servicio de unos pocos ricos. Me quedé impresionado por lo que vi. Pasé mis veranos paleando tierra en un invernadero. Y en el trabajo de Rivera, encontré la expresión más verdadera de lo que realmente era el trabajo físico. Para mí, Rivera había capturado parte de la naturaleza humana más vívidamente que cualquier otra cosa que alguna vez hubiera experimentado.

Un tema recurrente en el arte de Rivera es que las masas que trabajan juntas pueden liderar los grandes procesos del progreso mientras, al mismo tiempo, se deshumaniza a los propios trabajadores. En *Detroit Industry, South Wall*, los espectadores ven la increíble naturaleza de la producción masiva de automóviles, mientras Rivera representa una fábrica

---

[11] Handey, *Deepest Thoughts*, 3.

con meticuloso detalle y llena la escena con enormes engranajes, correas y pistones. Al mismo tiempo, los espectadores también notan que, de manera sorprendente, casi todos los miembros de la clase trabajadora tienen un rostro abatido u obstruido: su humanidad está oculta, incluso cuando producen resultados sobrehumanos. Los supervisores, mientras tanto, tienen caras fáciles de ver. (Ver figura 5.)

Figura 5. *Detroit Industry, South Wall* (porción inferior derecha). Diego Rivera, "South Wall of a Mural Depicting Detroit Industry, 1932-33 (Fresco)". *Bridgeman*, http://tinyurl.com/chb43lj

Rivera comunicó verdades profundas y conflictivas que tanto en la secundaria como en mi actualidad están más allá de lo que yo podría expresar con palabras. Él capturó la complejidad del trabajo: lo necesario que es, que todos lo hacemos, y cómo los que trabajan más duro a expensas de sus cuerpos con frecuencia obtienen el menor reconocimiento o compensación. Se podría escribir extensamente sobre estos temas, pero, en un mural, Rivera reúne estas y otras ideas, y las comunica vívidamente a los espectadores que, en un solo momento, se enfrentan a la profundidad y plenitud de la verdad que captura.

La novelista Iris Murdoch escribe: "Puede que sepas una verdad, pero si es algo complicado, tienes que ser un artista para no expresarla como una mentira".[12] Su idea es que algunas verdades son muy diferentes de las verdades simples que encontramos en las matemáticas básicas. Algunas verdades están cargadas de complejidad y tensión. Y nuestras palabras rara vez les hacen justicia (ver "Osos y estrellas"). Como un artista increíble, Rivera comunicó con ingenio un sistema de trabajo que produjo resultados asombrosos, que no les dio a los trabajadores todo lo que se merecían.

> **Osos y estrellas**
>
> "Las personas jamás pueden expresar la medida exacta de sus necesidades, ni de sus ideas ni de sus penas […]; el lenguaje humano es como una tetera rajada en la que tocamos melodías para hacer bailar a los osos, pero lo que queremos es hacer llorar a las estrellas".
>
> Gustave Flaubert, *Madame Bovary*, 166 (texto alterado para reflejar inclusión de género)

El Antiguo Testamento como artista

Por un lado, el Antiguo Testamento presenta algunas verdades con la certeza que esperaríamos de las matemáticas simples. Dios es santo y nosotros y nosotras también deberíamos serlo. Esta idea no cambia. Es tan confiable como $\pi \times (radio\ del\ círculo)^2$ = área del círculo.

Sin embargo, en muchos temas, el Antiguo Testamento se parece menos a un profesor de matemáticas de secundaria y más a un gran artista. Es un texto que captura verdades mucho más complicadas que cualquier ecuación matemática.

Ejemplo: un rey en Israel

Consideremos, por ejemplo, la manera en que el Antiguo Testamento presenta la monarquía en el antiguo Israel. La mayoría de los personajes de 1 Samuel tienen posiciones conflictivas sobre los reyes de Israel. *Tanto Dios como el profeta de Dios, Samuel*, creen que solo Dios debe gobernar sobre Israel, sin contraparte humana alguna (8:6-8; 10:18-19). Sin embargo, después de que la gente insiste en tener un rey, Dios cambia los planes y les concede su deseo (8:9,22). De hecho, Dios juega un papel activo para asegurar que Saúl, y nadie más, se convierta en el primer monarca de Israel (1 Samuel 9-10). Mientras tanto, Samuel sirve como instrumento

---

12 Murdoch, *Accidental Man*, 111.

de Dios para instalar a Saúl como rey (8:10-18; 10:1, 20-25; 11:14-15). Sin embargo, solo unos capítulos más tarde, Samuel anuncia que Dios ha cambiado de opinión acerca de hacer rey a Saúl (15:11,35), aunque el contexto inmediato dice que Dios no cambia de opinión (15:29).[13] ¡Difícilmente el texto podría ser más confuso!

Las tensiones del texto no terminan ahí. El *mismo Saúl* aparece en escena sin interés en convertirse en rey. No toma el poder; se tropieza con la corona (1 Samuel 9-10). Saúl no busca el trono; incluso se esconde cuando Samuel intenta anunciar que gobernará (10:22). Sin embargo, una vez que tiene el poder, se niega obstinadamente a dejarlo ir, a pesar de que Samuel y Dios dejan en claro que a Saúl se le escapa constantemente el control. El hombre que alguna vez no tuvo interés en la monarquía se obsesiona con matar a David, su principal rival al trono (1 Samuel 16-30).

David, de manera similar, también parece estar en conflicto con la monarquía. Ya en 1 Samuel 16 se deja ungir como el próximo rey por Samuel. Constantemente forma alianzas con los hijos de Saúl en busca de una mejor posición para llegar al poder: hace convenios con Jonatán, el hijo de Saúl (18:3; 23:18; cf.20:17) y se casa con Mical, la hija de Saúl (18:17-30). Sin embargo, David nunca se opone directamente a Saúl. Además, tiene muchas oportunidades de eliminarlo, y Saúl es la única persona que se interpone en su camino hacia el trono (caps. 24; 26). Incluso cuando Saúl busca quitarle la vida a David, este nunca hace lo mismo con Saúl. David regaña severamente a quienes desean que haga lo contrario (24:7).

El pueblo de Israel también muestra sus tensiones sobre la monarquía. En 1 Samuel 8 exigen un rey, a pesar de las severas advertencias de Dios y del profeta Samuel. Sin embargo, en cuestión de capítulos, ven su propio deseo de una monarquía como un pecado (12:19).

Sería fácil descartar 1 Samuel como completamente contradictorio, especialmente cuando observamos todas esas tensiones ya descritas. Al mismo tiempo, con este texto es fácil dejarse llevar por la frustración, especialmente cuando queremos claridad y seguridad: ¿Dios se opone a cosas como las monarquías, o está Dios a favor de ellas? ¿No podría darnos una posición clara y fácil de entender que todo cristiano y cristiana pudiera

---

[13] La mayoría de las traducciones intentan relajar la tensión entre estos versículos. Suelen hacer que 1 Samuel 15:11,35 diga que a Dios "le pesó en su corazón haber hecho rey a Saúl", pero luego dejan que 15:29 diga que Dios "no es hombre para que se arrepienta" (por ejemplo, RVA-2015; ver también TLA, NVI, NBLA, BLPH). Sin embargo, el término hebreo que se encuentra detrás de "arrepentido", en 15:11,35, y "cambiar de opinión", en 15:29, es el mismo.

adoptar como una postura apropiada sobre el gobierno humano?

No. En asuntos como estos, el Antiguo Testamento no ofrece el tipo de certeza que se puede encontrar en un campo como el de las matemáticas básicas. Las verdades que comunica la Biblia son infinitamente más complejas que lo que los estudiantes de secundaria abordan en sus tareas de matemáticas (ver "Complejidad y verdad").

Complejidad y verdad

"La verdad rara vez es pura y nunca es simple".
Oscar Wilde, La importancia de llamarse Ernesto, 258

"La verdad sobre la naturaleza humana, el mundo y Dios no puede ser pronunciada por una sola voz, sino únicamente por una comunidad de voces no fusionadas, y eso es lo que encuentra su representación artística en la forma de la Historia Primitiva [de la Biblia]".
Carol Newsom, "Bakhtin, the Bible", 301

"Identificar la verdad es una tarea de final abierto en la que debemos trabajar constantemente en el camino".
William Stacy Johnson, "Reading the Scriptures", 113

"La iglesia siempre ha sostenido que, en principio, ni la revelación ni la razón conducen a algo parecido al conocimiento completo. Mucho continúa siendo misterioso, especialmente en lo que respecta a la teología".[a]
Kenton L. Sparks, Sacred Word, 133

a. Cf. Goldingay, *Key Questions*, 72–73, 103.

A sus lectores y lectoras, 1 y 2 Samuel les da una historia que los lleva del tumultuoso período anterior a la monarquía a la vida de los dos primeros reyes de Israel. Por un lado, quienes lo leen aprenden por qué sería necesario un rey y por qué Dios lo permitiría. Por otro lado, aprenden por qué Dios se opondría a un rey desde el principio, lo permite solo a regañadientes y, finalmente, tiene que conformarse con personas muy imperfectas. La historia está ingeniosamente contada, está llena de momentos de suspenso y peligro, mientras Dios trabaja con una humanidad quebrantada.[14] En el camino, las lectoras y los lectores adquieren una idea de por

---

14 Muchas obras abordan tanto el arte como las ambigüedades de 1 & 2 Samuel, incluyendo Alter, *David Story*; Miscall, *1 Samuel*.

qué Dios se opondría al gobierno humano: hay algo fundamentalmente malo en un ser humano imperfecto (de lo que no escapa ningún líder) con el poder en sus manos sobre otros seres humanos. Los lectores y las lectoras también aprenden acerca de la necesidad del gobierno humano, incluso con todos sus problemas: la teocracia (donde Dios es el gobernante) degenera rápidamente en anarquía (donde no hay gobernante). Así, 1 y 2 Samuel son textos difíciles y conflictivos porque el gobierno humano de cualquier tipo, incluido el que Dios ayuda a crear, es intrínsecamente difícil y conflictivo (ver "Acuerdo y desacuerdo").

Acuerdo y desacuerdo

"Si bien hay muchas cuestiones de las que se pueden dar explicaciones sencillas sobre las que se puede esperar que las autoridades competentes estén de acuerdo (característicamente, materias estudiadas por disciplinas como matemáticas, geografía y ciencias naturales), existen otras realidades (y preguntas sobre qué hay detrás de las preocupaciones de estas disciplinas), pertenecientes más al ámbito de las humanidades, donde las explicaciones directas son más raras y el desacuerdo entre autoridades competentes es más común. ¿Qué es un ser humano? ¿Qué es lo correcto? ¿Cuál es la naturaleza del ser? ¿Qué es la realidad última? ¿A dónde va la historia? Tales preguntas son complejas porque las realidades que buscan captar son complejas, y no es de extrañar que en un documento como el AT aparezca una variedad de aspectos de estos conjuntos complejos. Si no hubiera tensiones en la Biblia, se podría inferir que su comprensión de tales preguntas es demasiado simple".

John Goldingay, *Diversidad teológica*, 14

Talla única vs. hecho a medida

Una metáfora final puede ayudarnos a comprender el enfoque bíblico de la verdad: muchos y muchas de nosotros hemos tenido que usar una de esas batas de hospital de talla única. Parecemos tontos cuando las lucimos. Nunca las usaríamos en público y lo que las ha hecho famosas es que no nos cubren el trasero. Sin embargo, tienen su valor. Los trabajadores de la salud pueden usarlas fácilmente con todos los pacientes. No necesitan medir ni estimar el tamaño de un paciente, lo que podría llevarles a perder un tiempo valioso en un hospital. Además, las batas son higiénicas. Les permiten a enfermeros y médicas acceder fácilmente a la aplicación de líquidos intravenosos u otras inyecciones. También son lo suficientemente delgadas como para que los médicos y enfermeras puedan escuchar rápidamente los pulmones o el corazón de un paciente.

Sin embargo, las cosas son totalmente diferentes cuando tenemos el placer de usar ropa que nos queda excepcionalmente bien. Son prendas que no son ni demasiado apretadas como para provocar molestias, ni demasiado sueltas como para sentir que nadamos en sus materiales. Quizás nuestra prenda de vestir favorita sea un traje hecho a medida o una camiseta vieja a la que ya estamos acostumbrados. Se siente genial y nos encanta usarla.

Esa ropa que nos queda bien probablemente no le funcionaría a la mayoría de las otras personas. Si alguien con una constitución física diferente a la nuestra se atreviera a usarla, se va a ver mal (si es que puede hacerla caber en su torso).

El Antiguo Testamento como confeccionista

Si pensamos en el Antiguo Testamento como un modisto, está claro que algunas de sus verdades pueden compararse con un atuendo de talla única. Debemos amar a Dios con todo lo que somos (Deuteronomio 6:5), y debemos amar a nuestro prójimo como a nosotros mismos (Levítico 19:18). Estas verdades se aplican a todas las personas. Así como los pacientes necesitan batas de hospital, los cristianos y las cristianas necesitamos estos mandamientos.

Sin embargo, suponer que todo el Antiguo Testamento funciona como una bata de hospital de talla única es un error. Muchas de las verdades del Antiguo Testamento están hechas a medida. Son prendas que funcionan para determinadas personas en determinadas situaciones, y no para todos en todas las ocasiones.[15] A decir verdad, es posible que, para algunas personas en algún momento de sus vidas, no funcionen.[16] (Ver "De la contradicción al ateísmo").

Ten en cuenta, por ejemplo, lo que se encuentra en Proverbios 26:4-5:

---

15 Como explica Kort (*"Take, Read"*, cap. 1), la doctrina de Calvino sobre la lectura de las Escrituras una de las responsables de la necesidad de aplicar textos individuales a la vida de las personas, aunque tiene sus antecedentes, por ejemplo, en la vida monástica, en la práctica de la *lectio divina*, un enfoque de cuatro pasos para el estudio de la Biblia que implica leer, meditar, orar y contemplar.

16 Jenson ("Snakes and Ladders") sostiene que los mandamientos de Deuteronomio se pueden organizar en tres niveles: (1) El Shemá (Deuteronomio 6:4-5) es el más general y completo, correspondiente a la categoría "talla única" ya descrita en este capítulo. (2) Los Diez Mandamientos (Deuteronomio 5:6-21) son más específicos que el Shemá, pero no tan específicos como otros mandamientos. (3) Las leyes detalladas de Deuteronomio 12-26 son las más específicas y están basadas en el contexto.

> ### De la contradicción al ateísmo
>
> El conocido ateo Christopher Hitchens habla de cómo la Biblia contiene muchas perspectivas. Él usa este hecho para tratar de desacreditar su valor: "Dado que todas estas revelaciones, muchas de ellas irremediablemente inconsistentes, no pueden por definición ser simultáneamente verdaderas, se debe deducir que algunas de ellas son falsas e ilusorias".[a]
>
> El punto de Hitchens funciona solo si asumimos que todo lo que dice la Biblia corresponde a una sola categoría de verdad única para todos. Entonces, cuando surgen tensiones, sus lectores y lectoras pueden verse impulsados a rechazar la Escritura por completo. Sin embargo, si vemos partes de la Biblia como específicas para un contexto, adaptadas a situaciones particulares, ya no enfrentamos el problema que Hitchens dice encontrar.
>
> El verdadero problema aquí no es la Biblia. Es la visión estrecha que Hitchens tiene de la verdad.
>
> ---
>
> a. Hitchens, *Dios no existe*, 97.

No respondas al necio según su necedad,
    o tú mismo pasarás por necio.
Respóndele al necio como se merece,
    para que no se tenga por sabio. *(Énfasis agregado)*

Si asumimos que cada versículo de la Biblia ofrece una presentación de la verdad única para todos, entonces tenemos una gran contradicción en nuestras manos. Pero, por otro lado, es posible ver esos dos proverbios como una oferta en diferentes palabras para situaciones distintas. Como dice Peter Enns, "la sabiduría implica más que simplemente leer un proverbio. También se debe tener sabiduría para leer la situación, para saber si un proverbio es apropiado".[17]

Encontrar ropa de tu talla

Si algunos textos se adaptan más a eventos particulares de la vida,

---

Son las leyes que corresponden al traje confeccionado a medida aquí descrito.

17 Enns, *Inspiration and Encarnation*, 74. Esta cita es del capítulo "The Old Testament and Theological Diversity", un suplemento útil para lo que desarrollamos en el presente capítulo. Ver también Proverbios 25:11, así como la discusión sobre conocer "el momento adecuado para una palabra o hecho específico", en Crenshaw, *Old Testament Wisdom*, 10-11.

¿cómo podemos saber cuáles se ajustan a nosotras y nosotros y cuáles no? En otras palabras, si notamos una tensión entre el *Texto A* y el *Texto B*, ¿cuál debería ejercer una mayor influencia en nuestras vidas?

La iglesia sostiene que Dios no solo nos ha dado la Biblia, sino también el Espíritu Santo, nuestros hermanos en la fe, las grandes tradiciones de la iglesia y mentes increíbles.[18] La esperanza es que usemos todos estos dones, junto con una buena dosis de humildad, para comprender las mejores relaciones entre el texto y nuestra vida.

Por supuesto, es posible que todavía hagamos las cosas mal. La gente malinterpreta la Biblia. Confundimos nuestros propios deseos con la voz del Espíritu Santo. Nuestros amigos y amigas nos defraudan. En las tradiciones de la iglesia abundan los pecados graves. Nuestro sentido de la razón, la experiencia y la emoción se pueden utilizar fácilmente con fines egoístas. Si bien no existe un enfoque infalible, los siguientes pasos pueden orientarnos hacia buenas direcciones:

En primer lugar, podemos preguntarnos: "¿Son mis circunstancias más parecidas a las del Texto A o a las del Texto B?". Podemos investigar cuáles fueron las circunstancias que dieron lugar a cada texto. Las Biblias de estudio y los comentarios son especialmente útiles para esta tarea.[19] Podemos considerar nuestras propias situaciones, preguntándonos si nuestro contexto es más parecido al que enfrenta la audiencia del Texto A o del Texto B. Podemos conectar cuidadosamente el texto más relevante con nuestras vidas, confiando en el Espíritu Santo y otros hermanos y hermanas para guiarnos. Como ya lo indiqué en el capítulo 5, un texto como Amós 1, que prohíbe los crímenes de guerra, puede tener más que decirnos hoy que textos como Josué, que conmemoran la matanza de los cananeos.[20]

En segundo lugar, podemos preguntarnos: "¿Quién se beneficia cuando se favorece un texto sobre otro?". Si leemos de manera que solo nos beneficie a nosotros mismos o a nuestras familias, probablemente no estemos haciendo un gran trabajo al seguir a un Dios que exige total lealtad y

---

18 En la tradición wesleyana, hay un fuerte énfasis en ver la Biblia como la fuente principal de autoridad teológica, pero también en la tradición, la razón y la experiencia (ver Gunter *et al.*, *Wesley and the Quadrilateral*).

19 Para Biblias de estudio recomendadas y comentarios, ver el final del capítulo 8.

20 Como señala Goldingay, *Theological Diversity*, 37-39, 92-94, a veces, este paso se vuelve complicado. Es posible que sepamos muy poco sobre las circunstancias que dieron origen al texto (por ejemplo, muchos salmos son difíciles hasta hoy). O podemos encontrar textos con diferentes puntos de vista que provienen de contextos casi idénticos. Necesitamos otros pasos.

autosacrificio. Por otro lado, si leemos la Biblia y nunca sentimos ningún gozo o bendición de parte de la fe, entonces probablemente estemos yendo demasiado lejos en la dirección contraria, y estemos perdiendo todo el sentido del amor y la gracia de Dios. La lectura de la Biblia debe dar buenos frutos en nuestra vida. Si no es así, debemos reconsiderar la manera en la que nos acercamos a ella.

En tercer lugar, podemos preguntarnos: "Incluso si debo incorporar ideas del Texto A, ¿qué tiene que enseñarme el Texto B?". Si afirmamos que toda la Biblia es la Palabra de Dios, hasta los textos menos relevantes para nuestras situaciones particulares pueden tener mucho que enseñarnos. Por ejemplo, en Oseas, Dios dice:

Lo que pido de ustedes es amor y no sacrificios,
conocimiento de Dios y no holocaustos. (6: 6)

Muchos cristianos y cristianas se relacionan fácilmente con este texto. Vemos a Cristo como el sacrificio supremo (Hebreos 10:10) y no creemos que su deseo es que hagamos altares para quemar animales en su favor.

Sin embargo, no debemos descartar por completo las enseñanzas del Antiguo Testamento sobre el sacrificio.[21] Como se indicó anteriormente, esos textos aún pueden conectarse con nuestras vidas de muchas maneras. El Antiguo Testamento habla de sacrificios que expían: restauran la armonía con Dios (por ejemplo, Levítico 4:20-35). Antes de descartarlos, vale la pena preguntar: "¿Hay sacrificios que debería hacer para restaurar la armonía con Dios?".[22] Si bien no abogo por el sacrificio de animales, puede que haya otro tipo de sacrificios que, de acuerdo con los textos sacrificiales del Antiguo Testamento, nos traigan paz con Dios.

Cuarto, *podemos poner los textos en diálogo unos con otros,* imaginando conversaciones entre autores y personajes. El objetivo no sería necesariamente resolver todas las diferencias. Por el contrario, si basamos las conversaciones completamente en el propio texto bíblico, este tipo de ejer-

---

[21] De hecho, aunque los profetas criticaron las prácticas del sacrificio, lo hicieron con hipérbole y exageración, de modo que no estaban pidiendo el fin del sacrificio, sino una corrección de los abusos (G. Anderson, "Sacrifice and Sacrificial Offerings [OT]", 881–82).

[22] Antes de que, como cristianas y cristianos, descartemos esta idea, diciendo que el sacrificio de Cristo significa que no necesitamos hacer sacrificios personales, debemos recordar que incluso el NT la defiende (cf. Rom. 12:1). En Lucas 19, Zaqueo sacrifica la mitad de sus pertenencias y se las da a los pobres, y Jesús dice: "Hoy ha llegado la salvación a esta casa" (19:8–9).

cicio puede hacernos dar cuenta, de manera novedosa, de las diferentes perspectivas de la Biblia.[23]

Por ejemplo, Esdras se opone por completo a que los israelitas se casen con extranjeros,[24] sin embargo, la moabita Rut y el israelita Booz tienen un matrimonio muy celebrado (como vimos en el capítulo 6). Si pudiéramos usar una máquina del tiempo para reunir a Ruth y Esdras, ¿qué se dirían?[25]

> RUT: Lo que has hecho es una atrocidad a mis ojos. Obligaste a los hombres israelitas a divorciarse y a despedir a sus esposas extranjeras. Separaste familias. Incluso los niños tuvieron que irse [Esdras 10:44].
>
> ESDRAS: ¡Mira! Cuando supe de esos matrimonios, me enfermé. Estaba tan molesto que rasgué mi ropa y rapé la cabeza. No pude comer. Cuando oraba, ni siquiera podía mirar hacia el cielo [Esdras 9:3,5-6].
>
> RUT: ¿Qué es lo que te molesta tanto: los matrimonios extranjeros o los dioses extranjeros?
>
> ESDRAS: Ambos. Van de la mano.
>
> RUT: No, no es así. Yo dejé atrás a los dioses de Moab cuando seguí a mi suegra a Israel [Rut 1:16].
>
> ESDRAS: No todo el mundo es como tú.
>
> RUT: Si hicieras las mismas exigencias en mi época, me habrían obligado a salir de Israel. Me hubiera llevado a mi hijo Obed conmigo. Él es el abuelo del rey David. ¿Dónde estaría tu nación sin el linaje de David? [Rut 4:17]

---

23 Naturalmente, estas conversaciones son actos interpretativos y no se debe considerar que tengan el mismo valor que la Biblia. No obstante, pueden ser esclarecedores, como señala Newsom, "Bakhtin, the Bible", 304-6.
24 Se ha escrito mucho sobre este tema. Ver la bibliografía en Southwood, "The Holy Seed", 208-24.
25 El diálogo aquí imagina que tanto Rut como Esdras tienen acceso al AT, o al menos a las tradiciones que posteriormente se escribieron en el AT. Por supuesto, el Antiguo Testamento no estaba completo para ninguno de los dos, por lo que insinuar su conocimiento de estos textos es anacrónico. Sin embargo, para empezar, todo este diálogo imaginario está fuera de los límites del tiempo. Es un diálogo que me permite explorar a Ruth y a Esdras no solo como personajes en sí mismos, sino también como representantes de tradiciones bíblicas más amplias. Para un tratamiento similar, que también percibe una conversación entre voces bíblicas, pero no en términos de un diálogo directo como se presenta aquí, ver Kuhn, *Having Words with God*, 48-70.

ESDRAS: El linaje de David nos llevó al exilio. Salomón, el hijo de David, invitó a otros dioses a nuestra tierra cuando se casó con extranjeras [1 Reyes 11:1-11]. Abandonamos al Señor por esos otros dioses. Después de siglos de infidelidad, la paciencia de Dios llegó a su fin. Siguieron la muerte y el exilio. Todo resultó de nuestro incumplimiento de la instrucción de Dios, que prohíbe estrictamente los matrimonios con extranjeros [Éxodo 34:11-16; Deuteronomio 7:1–5; Esdras 9:10-15].

RUT: Pero en otras partes de nuestras tradiciones, aprendemos que el bisnieto de Abraham, José, no solo se casó con una egipcia, ¡también se casó con la hija de un sacerdote pagano! Nuestras tradiciones no hacen nada para condenarlo por esto. En cambio, sus hijos y descendientes se convirtieron en dos tribus importantes dentro de Israel [Génesis 41:45,50; 46:20].

ESDRAS: José no es un ejemplo a seguir. Él actuó como los egipcios al participar de la magia y al robarle la tierra a los hambrientos [Génesis 44:5,15; 47:13-26]. Nuestro Dios exige total fidelidad a él y una profunda compasión por los pobres y los vulnerables [Deuteronomio 6:5; 15:1-18].

RUT: A veces, son los extranjeros los pobres y vulnerables [cf. Éxodo 22:21]. De hecho, Dios tiene la costumbre de hacer excepciones para los forasteros como yo. Moisés se casó con una cusita, y Dios castigó a María y Aarón por oponerse a ese matrimonio [Números 12]. Una generación después, Josué perdonó a la cananea Rahab, pero exigió la muerte del israelita Acán [Josué 2:1–21; 6:17-25; 7:1–26].[26]

ESDRAS: El problema de Acán fue que no destruyó hasta la última reliquia de las pertenencias cananeas [Josué 7:11]. Debemos estar completamente apartados, separados, no contaminados con los extranjeros, separados de las naciones.

RUT: Los planes de Dios no están completos sin otras naciones [cf. Isaías 45:1-4]. A veces, Dios pone a Israel junto a Egipto y Asiria [Isaías 19:19-25]. Incluso tú mismo has hablado de que Dios te muestra su gracia ante los reyes persas [Esdras 9:8-9].

ESDRAS: Sí, pero no sabes nada de lo desesperadas que estaban

---

26 Davis, "Poetics of Generosity".

las cosas cuando llegué a Jerusalén. Luchamos por reconstruir nuestros hogares, nuestro templo, nuestra ciudad, nuestra nación y nuestra identidad. Enfrentamos amenazas internas y externas. Éramos esclavos del imperio, rechazados por todos los pueblos vecinos. Si no fuera por la gracia de Dios, las cosas hubieran sido completamente desesperanzadoras [Esdras 4:1-6:15; 9:8-9].

RUT: Conozco bien la desesperanza... Quedé viuda. Me separaron de mi familia, de mi hogar y de mi pueblo. Me enfrenté al hambre. Para mí, la gracia de Dios provino de haber sido incluida en tu pueblo, en lugar de excluida [Rut 1:5-6, 15-16; capítulos 2-4].[27]

ESDRAS: Ni los israelitas ni los moabitas estaban en amenaza de extinción en tu época. En la mía, no estaba claro si habría algún futuro para nosotros como pueblo. Tuvimos que trazar líneas nítidas entre nosotros y los pueblos circundantes. El pueblo judío no habría sobrevivido de otra manera. (Ver "Supervivencia").

Supervivencia

Las políticas de Esdras y Nehemías "no nacen de prejuicios o paranoia. Nacen por la necesidad. Ninguna *ethnie* [grupo étnico] puede sobrevivir si no controla sus fronteras étnicas; y estas se controlan poniendo atención al parentesco, la comensalía y el culto religioso, precisamente las áreas de la vida de las que se ocuparon Esdras y Nehemías".

Neil Glover, "Your People", 306

La "comunidad postexílica de Esdras y Nehemías muestra signos de desintegración y trauma, a los que respondieron con intentos de apuntalar los límites y eliminar las tentaciones económicas o políticas, señalando las terribles consecuencias que tuvieron en el pasado de Israel...
"Cualesquiera que sean las objeciones que los lectores modernos puedan tener con las tácticas de Esdras, uno también debe reconocer que atender los problemas de inconformidad e identidad era esencial para sobrevivir en la diáspora. Las preocupaciones, si no también las tácticas específicas, eran genuinas".

Daniel L. Smith-Christopher, *Theology of Exile*, 160, 162

---

27 Existe un debate sobre si Rut realmente se convirtió en israelita. Para un breve resumen de las diferentes posiciones, ver Glover, "Your People", 295. Si bien podemos entrar en este debate, el texto deja en claro que ella llegó a participar en la sociedad israelita a través de su matrimonio con Booz y de figurar como una antepasada del rey de Israel por antonomasia.

Me encantaría que Rut convirtiera a Esdras a las formas más incluyentes que ella tenía, pero dudo que cediera mucho terreno, especialmente cuando fueron ideas como las de ella las que lo enfermaron físicamente.[28]

Además, Esdras tiene una voz que yo debería escuchar, aunque me sienta tentado a silenciarlo. Me llama la atención la vulnerabilidad del pueblo de Dios cuando regresó del exilio. Me recuerda que la compañía que mantenemos, ya sean cónyuges o incluso amigos, nos afecta profundamente y afecta nuestras creencias. Vivimos en un mundo muy diferente al de Esdras: la fe no necesariamente va de la mano con la nacionalidad. Por esta razón, y por muchas otras, nunca abogaría por la división según líneas nacionalistas o étnicas.[29]

Al mismo tiempo, Esdras me hace pensar en la sabiduría de aquellos cristianos y cristianas que se casan con quienes no simpatizan con su fe. Mi inclinación natural es pensar que las parejas pueden resolver incluso hasta las diferencias religiosas, pero sé por mis experiencias en la consejería pastoral que a veces las diferencias de fe son la fuente de mayor dolor en los matrimonios. De hecho, sería interesante extender esta conversación entre Rut y Esdras al agregar la voz del apóstol Pablo, quien (1) trabajó incansablemente para incluir a los extranjeros (gentiles) en la iglesia, pero (2) instó a los creyentes a no casarse con incrédulos, mientras que (3) no llegó al punto de decirles a los creyentes que echaran a sus cónyuges incrédulos (1 Corintios 7:12-16; 2 Corintios 6:14-18). Probablemente, Pablo se pondría del lado de Rut en algunos momentos, pero de Esdras en otros.

La verdad de Dios sobre las relaciones con extranjeros y las personas con diferentes creencias es bastante compleja. No hay una palabra que funcione en todos los contextos. Dios no reparte prendas de talla única para que todos y todas las usen. En nuestros días, podemos ver por qué las enseñanzas de Esdras no encajarían bien hoy. Los extranjeros pueden muy bien compartir nuestra fe. La mayoría de nosotros y nosotras en el mundo occidental no hemos enfrentado traumas como el exilio. El cristianismo puede estar disminuyendo en Estados Unidos y Europa, pero no está al

---

28 Ver también la discusión en C. Hays, "Silence of the Wives", 79–80.
29 De hecho, Willa M. Johnson, *Holy Seed Has Been Defiled*, *passim*, esp. 110, defiende a Esdras "contra la comprensión de Esdras 9-10 como una ideología racista, en lugar de argumentar que la separación fue una consecuencia normativa del trauma postexílico". Ella argumenta: "El mandato judicial contra el matrimonio interétnico en Esdras 9-10 no es tanto una advertencia contra la mezcla de razas en el sentido segregacionista moderno del término, sino una respuesta a una confluencia compleja de factores económicos, étnicos, de género y de clase y de sexo que surgieron a raíz del trauma del exilio y de la reconstrucción de la identidad del pueblo elegido de Yhwh en su antigua tierra".

borde de extinguirse. Las palabras de Rut nos caen mucho mejor que las de Esdras.

Sin embargo, estoy agradecido de que a veces el pueblo judío haya seguido el precedente de Esdras mientras se enfrentaba a una inmensa persecución. Al hacerlo, conservó su identidad, razón por la cual hoy está presente. En el entretanto, otros grupos de personas, como los moabitas, han desaparecido de la tierra. Puedo apreciar lo que Esdras tiene para decir, incluso si encarnar sus enseñanzas fuera como intentar que mi cuerpo adulto encajara en el mameluco de un bebé.

Conclusión

A las personas les encanta reducir la Biblia a un solo concepto, pero Dios arruina todos nuestros conceptos y los despedaza. Dios es *trascendente*: está más allá de nuestras formas de pensar y razonar. Como escribe Paul Hanson: "Es idolátrico afirmar que cualquier formulación humana puede describir definitivamente al único Dios verdadero".[30] En otras palabras, las verdades de Dios son mucho más grandes que nosotros y nosotras, y ciertamente más grandes de lo que nuestros idiomas limitados puedan precisar. Las verdades de Dios superan la capacidad de asimilación de nuestros cinco sentidos.

En su conocido poema "Di toda la verdad, pero dila oblicuamente" (*Tell All the Truth but Tell It Slant*), Emily Dickinson escribe:

La Verdad debe deslumbrar gradualmente
O todo hombre será ciego.[31]

La Biblia va aún más allá: dice que debemos vislumbrar a Dios solo de a parte, o pereceremos: "El Señor dijo: 'Pero debo aclararte que no podrás ver mi rostro, porque nadie puede verme y seguir con vida'" (Éxodo 33:20). En lugar de presentar toda la plenitud de Dios a la vez, el Antiguo Testamento muestra conversaciones fascinantes sobre quién es Dios y lo que quiere de nosotros y nosotras.[32] Estas conversaciones continúan

---

30 Hanson, *Diversity of Scripture*, pág. 3.
31 E. Dickinson, "1129", *Complete Poems*, 507.
32 A. Heschel (*El hombre no está solo*, 97) tiene un sentimiento similar: "Las definiciones toman el nombre de Dios en vano. No tenemos ni una imagen ni una definición de Dios. Solo tenemos Su nombre. Y el nombre es inefable".

> **Una oración por la verdad**
> De la cobardía que se aleja de la nueva verdad,
> De la pereza que se contenta con medias verdades,
> De la arrogancia que cree saber toda la verdad,
> Oh Dios, de verdad, líbranos.
> Elyse D. Frishman, ed., *A Reform Siddur*, 43

y se extienden más allá de las páginas de las Escrituras hasta nuestras propias vidas.[33]

La mayoría hemos tenido el placer de hablar hasta altas horas de la noche con nuestros amigos y amigas más cercanos. Al final nos detenemos no porque queramos, sino porque tememos lo cansados que estaremos a la mañana siguiente. El Antiguo Testamento es como ese tipo de amigos. Podemos seguir hablando con él hasta altas horas de la noche. Siempre nos ofrece más de lo que podríamos considerar por nuestra cuenta. Nos encontraremos reflexionando sobre algunas de las cosas que dice, incorporando otras partes y debatiendo aún otras palabras. La verdad profunda que describe solo puede ser sondeada, nunca encapsulada (ver "Una oración por la verdad").

Para un estudio posterior

Goldingay, John. *Theological Diversity and the Authority of the Old Testament*. Grand Rapids: Eerdmans, 1987.

> Aunque esta obra ya es caduca, representa un excelente relato de las contradicciones en el Antiguo Testamento, cómo podrían clasificarse, y los enfoques que podemos adoptar ante tales contradicciones.

Kuhn, Karl Allen. *Having Words with God: The Bible as Conversation*. Minneapolis: Fortress, 2008.

> Este libro desarrolla de manera perspicaz la idea de que la Biblia luce mejor como una conversación entre humanos y entre los seres humanos y Dios. Tiene mucho en común con el presente capítulo.

---

33 Olson, "Biblical Theology as Provisional Monologization", 180.

Newsom, Carol A. "Bakhtin, the Bible, and Dialogic Truth", *Journal of Religion* 76 (1996): 290-306.

Este brillante artículo inspiró el presente capítulo. Newsom se basa en el pensamiento del crítico literario ruso Mikhail Bakhtin para describir formas dialógicas de conceptualizar la verdad. Aunque sus argumentos son más filosóficos, Newsom ofrece una serie de sugerencias fecundas.

El sitio web www.MatthewSchlimm.com encontrarás recursos adicionales, incluidas preguntas para la discusión grupal.

10

Llorando a mares y rabiando con Dios

Para muchos cristianos y cristianas, la vida con Dios significa una vida de gozo y paz. Filipenses 4:4 instruye a los lectores y lectoras a "regocijarse en el Señor siempre". La razón de tal gozo es evidente en los versículos subsiguientes, que hablan de la paz de Dios que sobrepasa todo entendimiento (4:7). Tal paz, leemos en otra parte, debe gobernar en nuestros corazones (Col. 3:15).

Los salmos hablan repetidamente de alabar a Dios, de agradecer a nuestro Creador por toda la bondad que hay en nuestras vidas. El Salmo 9 nos recuerda que, debido a los maravillosos actos de Dios, la celebración y los cantos de felicidad deben ser el sello distintivo de nuestra fe. No una, ni dos, sino 26 veces (¡!). El Salmo 136 recuerda a los lectores que "¡su gran amor perdura para siempre!".

Para un buen número de nosotros y nosotras, este énfasis en la felicidad y la paz tiene mucho sentido. Son buenas noticias y, naturalmente, nos traen una gran alegría.

Sin embargo, las personas que han leído la Biblia con atención saben que no siempre presenta la vida de fe como una vida de gozo y felicidad. El Antiguo Testamento está lleno de oraciones que le dan voz al sufrimiento profundo. A veces, los corazones del pueblo de Dios se hunden en la desesperación total. En otras ocasiones, estalla la ira y la gente insulta a Dios. Se atreven a decir que Dios es olvidadizo, poco confiable, oculto, insensible y la causa del sufrimiento. A veces, la gente en la Biblia incluso habla de Dios como si fuera su enemigo.

¿Por qué aparecen estas expresiones de tristeza e ira en nuestras Escrituras? ¿Cómo podrían tales manifestaciones ser algo bueno? ¿La iglesia se olvidó de leer lo que realmente estaba incluyendo en su Biblia? Este capítulo analiza la crudeza emocional comunicada a Dios a través de la oración bíblica. Después de examinar cómo se ven estas oraciones, el capítulo cambia de rumbo y se pregunta qué bien podrían aportar a la vida de fe.

Las profundidades del dolor

Job goza de la reputación de ser *paciente* después de perder propiedades, hijos y salud. Sin embargo, cuando observamos lo que realmente dice la Biblia, encontramos que no es alguien que espera en silencio a que las cosas mejoren. En cambio, Job se lamenta:

> *Antes que el pan, me llegan los suspiros;*
> *   mis gemidos se derraman como el agua.*
> *Lo que más temía, me sobrevino;*
> *   lo que más me asustaba, me sucedió.*
> *No encuentro paz ni sosiego;*
> *   no hallo reposo, sino solo agitación. (3:24-26)*

Luego, desesperado, Job llora:

> *¡Preferiría que me estrangularan*
> *   a seguir viviendo en este cuerpo!*
> *Tengo en poco mi vida; no quiero vivir para siempre.*
> *¡Déjame en paz, que mi vida no tiene sentido! (7:15-16)*

Estos dos pasajes son nada más que un par de hilos en una manta. El libro de Job está lleno de palabras de angustia similares.

Aunque a veces Job se ve como el ejemplo bíblico clave de alguien que sufre, el Antiguo Testamento describe el sufrimiento como una parte normal de lo que significa ser humano. Los salmos, en particular, brindan oraciones para cuando ocurren las tragedias de la vida. En el Salmo 6:6, leemos:

> *Cansado estoy de sollozar;*
> *   toda la noche inundo de lágrimas mi cama,*
> *   ¡mi lecho empapo con mi llanto!*

El hebreo detrás de estas palabras es aún más vívido. En lugar de simplemente decir que la cama está empapada de lágrimas, el texto dice literalmente: "Hago que mi cama se llene de lágrimas". En lugar de decir que el lecho está *empapado*, el hebreo evoca imágenes del lecho *disolviéndose*. Es como si el sofá fuera un simple grano de sal en un tanque de lágrimas.

Estas palabras están muy lejos de la enseñanza del Nuevo Testamento sobre regocijarnos siempre.[1] De hecho, son diametralmente diferentes de los salmos en los que la gente no puede dejar de alabar a Dios (por ejemplo, el Salmo 150). Sin embargo, estas oraciones de dolor son sorprendentemente comunes, constituyen una gran parte del libro de los Salmos y aparecen en otros libros de la Biblia, como Jeremías. Los eruditos llaman a estas expresiones de dolor *salmos de lamento*. Son uno de los tipos más comunes de oraciones en el libro de los Salmos, que componen alrededor de un tercio del libro.[2]

No resulta sorprendente que el libro de Lamentaciones también esté lleno de este tipo de oraciones. Es una respuesta a los eventos catastróficos de 587 a. e. c., cuando los babilonios invadieron Judá y rodearon Jerusalén, matando lentamente de hambre a los habitantes de la ciudad hasta que, finalmente, la ciudad cayó. Estos son solo algunos de esos versículos que intentan describir la totalidad del dolor de Jerusalén.

> *El corazón de la gente*
> *clama al Señor con angustia.*
> *Bella Sión amurallada,*
>   *¡deja que día y noche*
>   *corran tus lágrimas como un río!*
> *¡No te des un momento de descanso!*
> *¡No retengas el llanto de tus ojos!*
> *Levántate y clama por las noches,*
>   *cuando empiece la vigilancia nocturna.*
> *Deja correr el llanto de tu corazón*
>   *como ofrenda derramada ante el Señor.*
> *Eleva tus manos a Dios en oración*
>   *por la vida de tus hijos,*
>   *que desfallecen de hambre*
>   *y quedan tendidos por las calles.*
> *Mira, S*ᴇɴ̃ᴏʀ, *y ponte a pensar:*

---

[1] Como muestra Zenger (*A God of Vengeance?*, 13-22), algunas personas sugieren rechazar estos salmos por considerarlos "no cristianos".
[2] Cf. Murphy, *Gift of the Psalms*, 12-13.

¿A quién trataste alguna vez así?
¿Habrán de comerse las mujeres
  a sus hijos, fruto de sus entrañas?
¿Habrán de matar a sacerdotes y profetas
  en el santuario del Señor?
(Lamentaciones 2:18-20)

> ### El Libro de las Lamentaciones
> "Es difícil imaginar una escritura más implacablemente brutal. Este breve libro bíblico ofende al lector con un aluvión de imágenes duras y violentas... El libro de Lamentaciones no interesa tanto al lector como lo asalta".
>
> Tod Linafelt, *Surviving Lamentations*, 2

Tal oración es casi incomprensible para la mayoría de nosotros y nosotras. Está muy lejos de nuestras preocupaciones habituales en la oración de los domingos por la mañana, que tienden a centrarse en las próximas cirugías y las "misericordias viajeras". Aquí, en la Biblia, sin embargo, el dolor crudo se encuentra con la oración honesta en medio de eventos horribles. (Ver "El Libro de Lamentaciones").

Ira ardiente

Como a muchos cristianos y cristianas, me enseñaron a orar con las manos juntas, los ojos cerrados y la cabeza inclinada. Las oraciones en mi familia siempre fueron amables, llenas de palabras como "por favor" y "gracias", nada que pudiera molestar a nuestro Creador. De hecho, por lo general nos apegamos oraciones que recitamos de manera mecánica, presumiblemente para que no se nos deslizara accidentalmente una palabra irreverente.

> ### La fe de Israel
> "La fe de Israel es una fe inquisitiva, cuestionadora, insistente y disyuntiva".
>
> Walter Brueggemann, *Teología del Antiguo Testamento*, 318

Sin embargo, cuando estudio las oraciones de la Biblia, encuentro una forma muy diferente de comunicarme con Dios. La gente no se limita a expresar lo más profundo de su dolor. En general, sacude los puños con rabia contra su Creador. Se atreve a lanzar acusaciones contra Dios. Quienes forman parte del pueblo de Dios le lanzan preguntas penetrantes (ver "La fe de Israel"). En lugar de afirmar que Dios nos protege en los peores momentos, las oraciones del Antiguo Testamento acusan a Dios de provocar esos momentos. Si las oraciones de dolor son salmos de lamento, las oraciones airadas son salmos de queja.

La mayoría de los feligreses están familiarizados con el Salmo 23, que presenta a Dios como un pastor que se preocupa por las personas, las lleva a pastos verdes y a aguas tranquilas, las protege incluso en los valles más oscuros. El salmo anterior comienza con una caracterización de Dios completamente diferente. *El Señor no está cerca, sino muy lejos*:

> Dios mío, Dios mío,
> ¿por qué me has abandonado?
> Lejos estás para salvarme,
> lejos de mis palabras de lamento.
> Dios mío, clamo de día y no me respondes;
> clamo de noche y no hallo reposo. *(Sal. 22:1-2)*[3]

Esta imagen de un Dios distante aparece varias veces en las oraciones de la Biblia. El Salmo 10 llega incluso al punto de dar a entender que Dios es un cobarde, *alguien que se esconde de las dificultades*:

> ¿Por qué, Señor, te mantienes distante?
> ¿Por qué te escondes en momentos de angustia? *(10:1)*[4]

Como muchos salmos de queja, el Salmo 10, más adelante, pasa a hablar de manera positiva acerca de Dios (ver más abajo). Sin embargo, la irreverencia en el comienzo de esta oración es bastante chocante, un marcado contraste con lo que nos enseñaron cuando fuimos instruidos en la oración en nuestra niñez.

En otros salmos de queja, *se acusa a Dios de quedarse dormido en el trabajo*, de fallar en las responsabilidades divinas:

---

3 Ver también Salmo 42:9; 43:2; Jeremías 14:9.

4 Sobre la imagen de Dios escondiéndose, ver Salmos 10:11; 13:2; 27:9; 30:7; 69:17; 88:14; 89:46; 102:2; 104:29; 143:7; Isaías 45:15. Para más información sobre este tema, véase Balentine, *Hidden God*.

¡Despierta, Señor! ¿Por qué duermes?[5]
¡Levántate! No nos rechaces para siempre.
¿Por qué escondes tu rostro
y te olvidas de nuestro sufrimiento y opresión? *(44:23-24)*

Con frecuencia, nuestras iglesias repiten el refrán "Dios es bueno todo el tiempo. Todo el tiempo, Dios es bueno". Estos salmistas tienen ideas muy diferentes sobre Dios. ¿Por qué sus palabras llegaron a la Santa Biblia?

Mucha gente insistiría, en oposición a las palabras de los salmos anteriores, que Dios lo ve y lo sabe todo (cf. Salmo 139:7-13). Probablemente, el autor del Salmo 35 estaría de acuerdo, pero luego argumentaría que el hecho de que Dios vea el mal, no lo excusa de ninguna manera. Este salmista se atreve a preguntar cómo Dios puede presenciar el sufrimiento y no hacer nada al respecto:

¿Hasta cuándo, Señor, mirarás? ¡Líbrame de sus estragos,
[libra] mi vida de los leones! (35:17, NRSV)[6]

A menudo, las oraciones bíblicas contienen preguntas con un tono acusatorio. Los que oran quieren saber cuánto tiempo permitirá Dios que triunfen los malos mientras los buenos sufren. Quieren saber por qué Dios aún no ha intervenido.[7]

Con frecuencia escucho a la gente decir: "Dios siempre responde a las oraciones, pero puede que no sea la respuesta que estamos buscando". Sin embargo, al comienzo del libro de Habacuc, el profeta evita esos lugares comunes, lo que indica que Dios *no ha escuchado nuestras oraciones e incluso ha causado la injusticia*:

¿Hasta cuándo, Señor, he de pedirte ayuda
sin que tú me escuches?
¿Hasta cuándo he de quejarme de la violencia
sin que tú nos salves?
¿Por qué me haces presenciar calamidades?

---

5 Obviamente, hay tensión entre este versículo y el Salmo 121:4, que dice que Dios "¡nunca duerme ni descansa!". Para más información sobre las tensiones teológicas, ver el capítulo 9.

6 Cf. Jeremías 14: 8.

7 Westermann, *Praise and Lament in the Psalm*, 176–78; Miller, *They Cried to the Lord*, 70–73; ver también 73–79 para conocer otras formas de presentar quejas.

¿Por qué debo contemplar el sufrimiento?
Veo ante mis ojos destrucción y violencia;
surgen riñas y abundan las contiendas (1: 2-3)

¿Qué pasaría si Habacuc se apareciera en nuestras iglesias y rezáramos esa oración? Yo, por mi parte, me sentiría incómodo. Puedo verme a mí mismo interrumpiéndolo y diciendo: "Un momento, antes de que sigamos orando, ¿te gustaría compartirnos lo que te molesta? Nos podemos reunir en privado si no quieres hablar ante todo el grupo". Tendría temor de que sus palabras molestaran a Dios. El de Habacuc no es en absoluto un lenguaje cortés. No hay nada de gratitud en sus palabras. Son, sobre todo, acusatorias. Son palabras que culpan a Dios, pero, curiosamente, forman parte de nuestras Sagradas Escrituras (ver "Incapacidad para reconciliar").

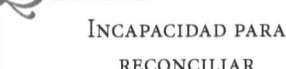

INCAPACIDAD PARA RECONCILIAR

Habacuc "confesó su incapacidad para reconciliar lo que él había oído acerca de Dios con su experiencia concreta. Sus preguntas, al igual que las de Jeremías, interpelan a Dios con una realidad cruda".

James L. Crenshaw, "Human Dilemma", 242.

Otro profeta, Jeremías, acusa a Dios de no ser confiable:

¿Por qué no cesa mi dolor?
¿Por qué es incurable mi herida?
¿Por qué se resiste a sanar?
¿Serás para mí un torrente engañoso
de aguas no confiables? (15:18)[8]

Como si la oración de Jeremías no fuera lo suficientemente extraña, *la respuesta de Dios lo es aún más*. En los versículos subsiguientes, Dios no golpea a Jeremías por su irreverencia. En cambio, aparece, le dice a Jeremías que hable de lo que es bueno y promete protegerlo. Cuando Jeremías vuelva a profetizar, Dios hará de Jeremías "una muralla fortificada de bronce" (15:20, NRSV). Dios promete estar con él para salvar, liberar y rescatar al profeta cuando sea atacado (15:20-21). Dios no siempre

---

8 El libro de Jeremías contiene varias oraciones (también llamadas "confesiones") que le hablan a Dios con una honestidad brutal: 11:18-23; 12:1-6; 15: 10-21; 17:14-18; 18:18-23; 20:7-13, 14-18.

responde de manera tan positiva a las oraciones de Jeremías (por ejemplo, 12:5), pero aquí ofrece acompañarlo.⁹

Dios también tiene una respuesta relativamente favorable a las acusaciones de Job en el libro que lleva su nombre. En repetidas ocasiones, Job habla con enojo sobre el dolor demoledor al que se enfrenta. Sin embargo, el amigo de Job, Elifaz, está muy incómodo con las emociones de Job. Le advierte sobre los peligros de la ira (5:2-5). Le asegura que Dios es compasivo y amoroso (5:9-11). Insiste en que Job puede encontrar formas de ser feliz e incluso reír en medio de las dificultades (5:17, 22). Es una reminiscencia de cómo la gente de hoy dice: "Dios nunca te dará más de lo que puedas manejar".

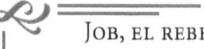

> JOB, EL REBELDE
>
> La "forma de orar de Job es diametralmente opuesta a lo que [sus amigos] considerarían apropiado y permisible. Si entendemos que los amigos sostienen creencias y prácticas tradicionales, Job queda como un rebelde".
>
> Samuel E. Balentine, *Prayer in the Hebrew Bible*, 170

A pesar de lo bien que suenan las palabras de Elifaz, Job no se inmuta (ver "Job, el rebelde") y, en su respuesta, habla de Dios como un enemigo:

Las saetas del Todopoderoso me han herido,
y mi espíritu absorbe su veneno.
*¡Dios ha enviado sus terrores contra mí! (6: 4)*¹⁰

Más tarde, cuando Elifaz se pregunta por qué Job no puede encontrar consuelo en Dios (15:11), este le responde diciendo:

Cosas como estas he escuchado muchas;
¡valiente consuelo el de todos ustedes! (16: 2)

---

9 Como explica Fretheim, *Jeremiah*, 241-42, hay más de una manera de interpretar las palabras de Dios en 15:19-21. Si bien es posible que Dios reprenda a Jeremías por lamentarse, Fretheim argumenta de manera convincente que el profeta no ha pecado. Dios lo anima a volver a su tarea de profetizar, lo que no significa que su lamentación esté errada. Debemos seguir la versión NASB, que traduce la mitad de 15:19 de forma literal ("si extraes lo precioso de lo inútil", que evoca imágenes tanto de un remanente como de extraer bondad de una sociedad corrupta), en lugar de las paráfrasis que encuentro en las versiones NRSV y CEB ("Si dices lo que vale la pena, no lo que no la vale" [CEB]). El hebreo no habla de "pronunciar", sino de "traer a la luz", y la palabra hebrea para "sin valor" se refiere a la glotonería, la abundancia y la falta de valor, cosas muy alejadas del lamento de Jeremías (ver Deuteronomio 21:20; Proverbios 23:20-21; 28:7; Jeremías 2:36).

10 Job hace comentarios similares en muchas otras ocasiones; ver, por ejemplo, 10:16-19 y 16:7-17:1. Aparte del libro de Job, Dios es presentado como un enemigo en textos como Lamentaciones 2:1-5; cf. Salmo 60:3; Jeremías 14:19; Lamentaciones 3:42-45.

Si estuviera leyendo a Job por primera vez, esperaría que Dios finalmente se pusiera del lado de Elifaz. Él tiene mucho en común con la forma en que los cristianos y cristianas de hoy piensan la fe y el sufrimiento.

De manera sorprendente, al final del libro, Dios prefiere las acusaciones subidas de tono de Job a la teología "ortodoxa" de sus amigos:

> *El Señor le dijo a Elifaz el temanita: "Mi ira se ha encendido contra ti y contra tus dos amigos; porque no has hablado de mí lo que es justo, como lo hizo mi siervo Job". (Job 42:7, NRSV)*

Las palabras de Dios son escandalosas. ¿Cómo así que lo que dice Job es "correcto" cuando lo ha acusado tan airadamente de causarle terror?[11] ¿Cómo que las palabras de los amigos son las "incorrectas" cuando son ellos quienes defendieron los caminos de Dios? ¿Qué está pasando?

Las preguntas que surgen en nuestra mente al final del libro de Lamentaciones son similares. El libro concluye con cuestionamientos, súplicas desesperadas y dudas sobre si Dios volverá a ser misericordioso. Dirigiéndose a Dios, el texto pregunta:

> *¿Por qué nos has olvidado por completo?*
> *¿Por qué nos has abandonado en estos días?*
> *Vuélvenos a ti, oh Señor, para que seamos restaurados; renueva nuestros días como antaño*
> *a menos que nos hayas rechazado por completo,*
> *y estés enojado con nosotros sin medida. (5: 20-22 NRSV)*

Al leer el libro de Job, quedamos a la espera de que termine con una conclusión positiva: *ahora, el sufrimiento es malo; pero, luego, las cosas mejorarán*. Sin embargo, lo mejor que pueden hacer quienes piensan esto es pedir la ayuda de Dios y preguntarse si alguna vez llegará tal socorro.

¿Qué hacen esos textos airados, tristes y desesperados en la Biblia? ¿No

---

[11] Balentine (*Job*, 710-11) plantea que Dios considera que la "piedad del prólogo" de Job es correcta. También es posible que sus palabras de arrepentimiento en 42:1-6 sean las que Dios juzgue correctas. Sin embargo, varios factores apuntan a que Dios considera como correctas las acusaciones de Job en los capítulos 3-31. En primer lugar, Dios le habla a Elifaz, quien no aparece en absoluto en el prólogo, lo que hace poco probable la sugerencia de Balentine. Segundo, el contraste de Elifaz con Job se relaciona en gran medida con si este debería hablar negativamente de Dios. Por lo tanto, al ponerse del lado de Job, Dios demuestra que favorece las acusaciones honestas sobre la piedad superficial. En tercer lugar, las acusaciones de Job no son ejemplos aislados y ambiguos, sino parte de una tradición bíblica más amplia que se siente cómoda con que la gente acuse a Dios. Ver Habel, *Book of Job*, 583.

contradicen todas las cosas buenas que esta dice sobre Dios?[12] No es de extrañar que la gente ignore el Antiguo Testamento, especialmente cuando contiene palabras como las descritas en este capítulo. Estas palabras parecen oponerse a todo esfuerzo de evangelización: ¿por qué alguien querría seguir a un Dios acusado de causar sufrimiento, de no ser confiable y de quedarse dormido en el trabajo?

Encontrándole el sentido a las oraciones de queja

A pesar de todas estas dificultades, hay varias razones por las que estos salmos de lamento y queja son realmente importantes para la vida de fe.

La omnipresencia de la tragedia

Primero, la tragedia nos golpea a todos y todas. Los primeros capítulos de la Biblia dejan en claro que ya no vivimos en el paraíso. Vivimos en un mundo de espinas, dolor y muerte. Pasamos por la vida, encontrándonos agraviados por la sociedad, por extraños, por seres queridos y por nosotros mismos. Nadie es inmune a las tragedias de la vida.

Debido a que vivimos en un mundo caído, necesitamos recursos para lidiar con la tragedia. No necesitamos clichés ni tópicos. En verdad, no hace falta que nos digan que debemos sonreír ante la tragedia porque, considerándolo bien, no todo es tan malo (ver "Una noción terriblemente cruel").

Una noción terriblemente cruel

"La idea que supone que los cristianos tienen un profundo gozo interior todo el tiempo es una noción terriblemente cruel… Es una idea que convierte en torturadores a las personas que desean consolar a los afligidos. Quieren ayudar a sus amigos que sufren a recuperar la alegría, pero en el proceso les insisten en que acepten la idea de que no es normal que la vida cristiana incluya un sufrimiento del corazón tan profundo. Entonces, además de sufrir, las personas se sienten heridas por la idea de que su aflicción se debe a algún fracaso en su vida cristiana, como si algo estuviera mal con los cristianos que tienen una cruz que llevar".

Phillip Cary, *Good News*, 139

---

12 Para más información sobre este tema, ver Brueggemann, *Teología del Antiguo Testamento*, esp. 317-403.

A veces, la vida es realmente horrible. Los salmos de lamento y queja le dan a la iglesia precisamente lo que necesita para lidiar de manera honesta con la emoción iracunda en nuestras vidas. Estas oraciones nos dan permiso para ser abiertos sobre lo que realmente estamos viviendo. Nos otorgan el habla cuando el sufrimiento y las injusticias parecen ir, o estar, más allá de las palabras.[13]

El mayor sentido de dignidad que la iglesia les puede dar a las personas que sufren es decirles que sus gritos de angustia son dignos de que Dios los oiga. Lo más vergonzoso que puede hacer la iglesia es decirles a las personas que sufren que la razón de su dolor es que hay algo mal en sus vidas. (Ver "Manifestante impaciente").

Manifestante impaciente

"Dios valora la integridad del manifestante impaciente y aborrece a los hipócritas piadosos capaces de amontonar acusaciones sobre un alma atormentada con tal de defender su posición teológica".
Marvin H. Pope, *Job*, 350, al hablar de Job y sus "amigos"

"La literatura disidente demuestra la honestidad básica de Israel cuando briega con cuestiones teológicas. Ningún asunto era demasiado delicado como para no examinarlo, ni demasiado peligroso como para no explorar sus méritos. De hecho, su Señor invitó abiertamente a la discusión, confiando en que la devoción de sus siervos podía soportar una prueba de fuego".
James L. Crenshaw, "Human Dilemma", 258

¿Qué hay detrás de la tristeza y la ira?

La cultura estadounidense se siente muy incómoda con emociones como la tristeza y la ira. (Ver "*Cool*"). En nuestra crianza, a muchos y muchas nos enseñaron a ver las emociones como *infantiles, irracionales*, como *un signo de debilidad, poco confiables* y como *obstáculos para obtener lo que realmente queremos*. Los chicos grandes no lloran.

Con demasiada frecuencia, los cristianos y cristianas adoptamos actitudes sociales acríticas sobre los sentimientos; asumimos que la vida de fe les da a las personas aún más razones para evitar la tristeza y la ira. Hablamos de una profunda alegría interior y una vida abundante, que implica

---

13 Cf. Zenger, *God of Vengeance*, 85.

> ### Cool
>
> "Como Peter Stearns argumentó de manera tan persuasiva, entre 1920 y 1950 comenzó a surgir en Estados Unidos un nuevo estilo emocional que ha continuado hasta el día de hoy, marcado sobre todo por el desapego, o, para usar el término popular desde la década de 1960, por ser 'cool'. Con el crecimiento del consumismo, la gestión empresarial y el sector de servicios, la clase media estadounidense adoptó un estilo emocional que pone gran énfasis en ocultar las reacciones emocionales, especialmente en el lugar de trabajo, donde podrían interferir con la obtención de beneficios".[a]
>
> Matthew Schlimm, *From Fratricide to Forgiveness*, pág. 36
>
> ---
>
> a. Ver Stearns, *American Cool*.

que el Evangelio libra a las personas de sus emociones más temidas.[14]

Sin embargo, esas llamadas "emociones negativas" como la tristeza y la ira tienen, en realidad, un alto valor. Ambas provienen de las percepciones que nuestro cuerpo hace sobre el mundo que nos rodea:

- La tristeza proviene de darse cuenta de que se ha perdido algo valioso.
- La ira es el resultado de percibir que se ha cometido un delito.

La única forma de evitar la tristeza sería pasar por la vida negándonos, de manera obstinada, a aceptar que a veces perdemos aquello que valoramos. Una existencia tan superficial requiere negar continuamente la pura verdad. Significa que debemos fingir que no nos importan los sueños rotos, las promesas incumplidas o los dos metros de tierra fría que cubren a las personas que amamos profundamente. Desde el cáncer hasta la enfermedad mental, desde la guerra hasta la pobreza, la tragedia golpea a las personas al azar, lo queramos o no. Naturalmente, la pérdida que viene con tales eventos causa dolor, y no deberíamos sentirnos mal por el duelo. Como dijo mi suegro después de la muerte de mi abuela: "El dolor es el precio del amor profundo". (Ver "Llegar a la iglesia con nuestras cargas").

Del mismo modo, la única forma de evitar la ira sería vivir como si nunca se hubieran cometido delitos. Esa forma de vida no solo es deshonesta; también es imposible. Todo el mundo es pecador y se ha pecado

---

14 Cary, *Good News*, 138–39.

contra todo el mundo. Cuando se cometen malas acciones contra las personas que amamos o contra nosotros mismos, la ira surge naturalmente. La única forma de estar libre de ira sería no tener un sentido del bien y del mal.

Al mismo tiempo, muchos y muchas temememos profundamente a la tristeza o la ira. Detestamos lo que esas emociones nos hacen sentir, especialmente en una sociedad que nos ha enseñado que no tenemos nada más importante que hacer que buscar la felicidad. Tememos que el dolor nos lleve a una profunda depresión. Nos preguntamos si la ira nos convertirá en gente cruel. Si dejamos que estas emociones entren en nuestras vidas, ¿desaparecerán alguna vez? A menudo preferimos la razón fría al tumultuoso paisaje de la emoción (ver "El riesgo del lamento").

> **LLEGAR A LA IGLESIA CON NUESTRAS CARGAS**
>
> *"No todo el que viene a la iglesia está lleno de gozo y felicidad.* Hay muchos que vienen con grandes cargas, tanto físicas como espirituales: enfermedad, problemas maritales, dificultades económicas, presión en el trabajo, incluso acoso y persecución. La vejez trae consigo todo tipo de problemas. A menudo, las personas no ven ninguna salida y necesitan que se les permita clamar a Dios en su angustia, tal como lo hicieron Job y el mismo Jesús".
>
> Gordon J. Wenham, *Psalter Reclaimed*, 47 (énfasis original)

> **EL RIESGO DEL LAMENTO**
>
> "El lamento es riesgoso [...] porque en él se abandona todo pretexto que pueda servir de excusa, negación o fachada".
>
> Scott A. Ellington, *Risking Truth*, 3.

Honestos con Dios

Sin embargo, hay algo profundamente deshonesto en actuar como si estuviéramos siempre felices o en mostrarnos indiferentes cuando se nos presentan pérdidas e injusticias.[15] Olvidamos que Dios ya conoce nuestros pensamientos más íntimos. Podemos quitarnos las máscaras sonrientes. Cuando estemos tristes, podemos expresárselo a Dios, sin importar cuán intensa sea la emoción. Incluso cuando estamos enojados, podemos enfurecernos con Dios. Cuando no hallemos palabras para expresar nuestra tristeza o ira, la Biblia les devuelve el habla a nuestras lenguas mudas. Estas oraciones facilitan momentos de santa honestidad en los que podemos

---

15 Tanner, *Psalms for Today*, 64.

articular nuestras realidades más oscuras ante Dios. (Ver "La naturaleza de la fe").

La naturaleza de la fe

"Cualquiera que sienta repulsión por la idea de quejarse ante Dios debería repensar el significado de la fe, que no es estoicismo".

Roland E. Murphy, *Gift of the Psalms*, 14

"El uso de estos 'salmos de oscuridad' [...] es un acto de fe atrevida, por un lado, porque insiste en que el mundo debe experimentarse como realmente es y no de un modo prefijado. Por otro lado, es audaz porque insiste en que todas esas experiencias de desorden son un tema propio para el discurso con Dios. No hay nada fuera de los límites, nada excluido o inapropiado. Todo pertenece, precisamente, a esta conversación del corazón. Eliminar de esa conversación partes de la vida es, de hecho, omitir partes de la vida, de la soberanía de Dios".

Walter Brueggemann, *El mensaje de los Salmos*, 52

Incluso Jesús encontró motivos para orar con salmos de ira. En la cruz, pronunció el comienzo del Salmo 22, "Dios mío, Dios mío, ¿por qué me has desamparado?" (Mt. 27:46, NSRV; Mr. 15:34). La ira y el dolor entraron en la vida de muchas otras personas en la Biblia, incluidos Abraham, Agar, Moisés, Rut, Ana y el apóstol Pablo (Génesis 21:11,16; 23:2; Números 16:15; Rut 1:9,14; 1 Samuel 1:7-10; Hechos 21:13; cf. Juan 11:35). No podemos esperar quedar exentos de emociones que nuestras madres y padres en la fe conocieron tan de cerca.

Renunciar a Dios

Muchas personas que crecieron en la iglesia abandonan a Dios cuando ocurre una tragedia. Se les dijo que Dios siempre es bueno. Las colmaron de recordatorios del amor de Dios. Pero las enseñanzas de la iglesia se desmoronan rápidamente cuando se encuentran con la muerte cara a cara o presencian la insensatez de los acontecimientos mundiales. En su libro *Faith No More: Why People Reject Religion*, Phil Zuckerman explica: "Un matrimonio que se desmorona, oraciones que no funcionan o experimentar la trágica muerte de un ser querido, todo ello puede llevar a una pérdida de fe... Tal apostasía a menudo se basa en un serio sentimiento de abandono".¹⁶ La fe que se enseña en las iglesias de hoy, que habla solo del amor de Dios, suele ser inadecuada para enfrentar una tragedia real.

Irónicamente, la iglesia tiene, en sus propias Escrituras, los mismos recursos que les permiten a las personas lidiar, con honestidad y oración, con los sentimientos de abandono de Dios. Aunque los salmos de lamento y queja pueden estar llenos de dudas, brindan recursos que dan vida cuando todo lo demás parece haber muerto (ver "Fe y duda"). Es triste que la iglesia haya escondido estas oraciones al pasarlas por alto, sin reconocer su presencia en nuestras Biblias.¹⁷ Y así, naturalmente, la gente abandona a Dios porque no puede ver la manera en que la fe es capaz de prevalecer frente al mal.

> ### Fe y duda
>
> "Hay más fe en la duda honesta, créame, que en la mitad de los credos".ᵃ
>
> Alfred Lord Tennyson, "XCVI", en *In Memoriam*, 96–97
>
> ---
>
> a. Cf. Crenshaw, "Human Dilemma", 258.

En lugar de abandonar la fe, los escritores bíblicos adoptaron un enfoque muy diferente (ver "Retomar el viaje de la fe"). Ellos se negaron a renunciar a Dios.¹⁸ Aunque implicara lanzarle las peores acusaciones

> ### Retomar el viaje de la fe
>
> "El lamento nos permite retomar el camino de la fe en medio de una profunda pérdida y de un silencio divino. Si abandonáramos nuestras creencias o negáramos nuestra experiencia, sería imposible continuar el viaje. El grito de lamento por parte de Israel no es una falta de fe vergonzosa, sino un acto valiente de toma de riesgos. En efecto, callar o, peor aún, pronunciar alabanzas en el silencio, es una traición a la fe, es buscar en un Dios ahora distante y caduco la suficiencia que solía encontrar en su Dios. El lamento es una expresión de fe profunda y potente".
>
> Scott A. Ellington, *Risking Truth*, 4

---

16 Zuckerman, *Faith No More*, 40–55, esp. 52.

17 Según Murphy, *Gift of Psalms*, 12-13, el libro de Salmos contiene alrededor de cincuenta salmos de lamento. Aproximadamente la mitad (24) se omiten en el Leccionario común revisado. (Nota del traductor: *Revised Common Lectionary*, una herramienta devocional utilizada por las iglesias protestantes de larga tradición).

18 Ver Crenshaw, *Whirlpool of Torment*, 117-19.

imaginables a su Creador, siguieron hablando con Dios. Incluso si se equivocaban en sus acusaciones, siguieron orando: lloraron, se lamentaron y se enfurecieron. Sorprendentemente, salieron de la tragedia con su fe intacta.

Tenemos miedo de que las oraciones de queja alejen a la gente de la iglesia. Después de todo, ¿por qué querría alguien adorar a un Dios acusado de quedarse dormido en el trabajo? Sin embargo, la verdad contradictoria es esta: necesitamos estas oraciones de queja para evitar que la gente se vaya de la iglesia. Si estas se volvieran fundamentales para las prácticas de la iglesia,

> 1- Los cristianos y cristianas sabrían que la tragedia nos golpea a todos.
>
> 2- Los cristianos y cristianas sabrían cómo mantener abiertas las líneas de comunicación entre Dios, ellos y ellas cuando las olas de tristeza e ira lleguen para estrellarse en sus acantilados.
>
> 3- Los cristianos y cristianas podrían ver cómo su fe es capaz de sobrevivir incluso en un mundo de desastres y catástrofes.

Incómodamente entumecido

La impresión sin expresión conduce a la depresión. En otras palabras, cuando en la vida suceden acontecimientos importantes, necesitamos expresar las emociones que los acompañan o, de lo contrario, nos convertiremos en cáscaras vacías de nosotros mismos, tropezando como si tuviéramos un mal resfriado, incapaces de experimentar la plenitud de la vida. La tristeza y la ira reprimidas pueden provocar emociones fuera de lugar, depresión y entumecimiento emocional (ver "Ira y expresión").

> IRA Y EXPRESIÓN
> Me enojé con mi amigo;
> Le hablé de mi ira, mi ira cesó.
> Me enojé con mi enemigo;
> Guardé silencio, mi ira creció.
> William Blake, "Poison Tree"

El terapeuta Marvin Allen analiza la forma en que la falta de voluntad para experimentar la tristeza conduce de igual manera a la incapacidad de experimentar la alegría. Allen sostiene: "No es posible entregar parte de la psique y dejar el resto intacto. Es como ir al dentista para que te quite la caries. Para detener el dolor de un diente, el dentista tiene que adormecer todo el lado de la mandíbula".[19] Las personas que se vuelven insensibles a emociones como el dolor, explica Allen, sin darse cuenta, mitigarán otras emociones como la felicidad. Las emociones no expresadas pueden volverse corrosivas dentro de nosotros (ver "¿Qué pasa con los mandamientos a regocijarnos?").

> ¿QUÉ PASA CON LOS MANDAMIENTOS A REGOCIJARNOS?
>
> En Filipenses 4, los lectores y lectoras encuentran estas palabras:
>
>> Regocíjense en el Señor siempre; de nuevo diré: Alégrense... No se preocupen por nada... Y la paz de Dios [...] guardará sus corazones y sus mentes. (Filipenses 4:4, 6–7, NRSV)
>
> ¿Qué hacemos con este texto a la luz de los textos bíblicos que muestran el dolor como normal en la vida de fe?
> Primero, debemos recordar que el griego detrás de estos mandamientos es plural, no singular. En otras palabras, estos mandamientos le dicen a toda la iglesia en su conjunto que se regocije, no a los creyentes individuales.
> En segundo lugar, es importante ver estos versículos como una parte de la conversación bíblica sobre las emociones, no como la última palabra. En Romanos 12:15, Pablo escribe: "Gozaos con los que se gozan, llorad con los que lloran" (NRSV). Tales palabras dejan en claro que, incluso para Pablo, ciertas circunstancias exigen duelo.
>
> a. Phillip Cary, *Good News*, págs. 139–40.

Fui pastor de una iglesia poco después de los atentados terroristas del 11 de septiembre de 2001. Tras estos ataques, tanto los líderes del gobierno como la población en general expresaban el deseo de "volver a la normalidad".[20] Le dije a mi iglesia que, tal vez, necesitábamos dedicar tiempo a combinar oración, dolor y enojo. En varias ocasiones, oramos el Salmo 10. Como se mencionó anteriormente, es un salmo que comienza así:

¿Por qué, Señor, te mantienes distante?
¿Por qué te escondes en momentos de angustia? (10:1)

---

19 Allen con Robinson, *Angry Men, Passive Men*, 15.
20 Ver, por ejemplo, Myers y Schemo, "After the Attacks, ... Business As Usual".

A medida que avanza, el salmo insta a Dios a no olvidar al afligido. Es un lamento que convoca a Dios a "quebrar los brazos de los inicuos y malvados", a "perseguir su maldad hasta que no se les encuentre más" (10:15). Termina con una afirmación de confianza en Dios (10: 17-18, NRSV, énfasis agregado):

Oh Señor, escucharás el deseo de los mansos;
fortalecerás su corazón, inclinarás tu oído para hacer justicia al huérfano y al oprimido,
para que los de la tierra no causen más terror.

Esta oración le ofreció a mi iglesia una forma de ser fiel después de la tragedia. Nos dio permiso para desnudar nuestro corazón ante Dios. Ya no necesitábamos fingir que todo estaba bien cuando los rascacielos se derrumbaban. En lugar de actuar como si nada hubiera pasado, podíamos llevar nuestro dolor y nuestro enojo a Dios, confiando en que él (en lugar de líderes políticos defectuosos) haría que el mundo volviera a estar bien.

Intimidad con Dios

Las personas expresan emociones con sus seres más cercanos. Una relación real con Dios seguramente tendrá algo parecido a las peleas entre amantes, las temporadas llenas de lágrimas e incluso los momentos en que se sienten desesperados. Quizás estas oraciones de dolor e ira nos muestren cómo es realmente la intimidad con Dios: en lugar de ocultar las emociones, las personas se acercan a Dios con tanta vulnerabilidad y confianza que le dicen todo lo que piensan y sienten. Los autores bíblicos no se disculparon por sus emociones. No le aplicaron la ley del hielo a Dios, que es el equivalente funcional de la apostasía. En cambio, hablaron directamente con él acerca de sus sentimientos, como lo harían con un confidente cercano. (Ver "Toda su fealdad").

Dios aparece

Quizás lo más asombroso de estos salmos de lamento y queja es que Dios los responde. La mayoría de las veces, estas oraciones comienzan en las profundidades de la desesperación, pero terminan con notas de elogio

>
> ### Toda su fealdad
> "Lo que queda claro de estos clamores a Dios, es que no hay nada que deba detener la conversación entre él y su pueblo. El dolor y el sufrimiento de la vida deben presentarse ante Dios en toda su fealdad, en toda su ira y en todo su dolor... Estas oraciones por ayuda demuestran que no tenemos que disfrazar nuestras palabras ni siquiera ante nosotros mismos. Dios acepta nuestros gritos de dolor. Dios acepta nuestras acusaciones de un mundo quebrantado. Dios acepta nuestro verdadero yo y nuestras verdaderas emociones. No necesitamos ofrecer falsos elogios cuando sentimos lo contrario".
>
> Beth LaNeel Tanner, *Psalms for Today*, 66-67

supremo.[21] En repetidas ocasiones, la Biblia describe a Dios apresurado por atender las necesidades de quienes expresan su decepción y enojo por los acontecimientos de la vida.

Justo en la mitad del libro de las Lamentaciones, sucede algo sorprendente. La fe rompe en lágrimas de angustia. Al inicio, Lamentaciones 3 habla de cómo Dios ha hecho que la gente "rechine los dientes sobre la grava" y que olvide "qué es la felicidad" (3:16-17, NRSV). Los lectores y lectoras esperan que este dolor continúe. Pero luego sucede algo que desafía las duras realidades que nos rodean:

> *Pero esto lo recuerdo*
> *y por eso tengo esperanza:*
> *El amor inquebrantable del* Señor *nunca cesa, sus misericordias nunca terminan;*
> *Son nuevos cada mañana; grande es tu fidelidad.*
> *"El* Señor *es mi porción", dice mi alma, "por tanto, en él esperaré".*
> *Bueno es Jehová con los que le esperan, con el alma que le busca.*
> *Es bueno esperar en silencio la salvación del* Señor.
> *Bueno es llevar el yugo en la juventud,*
> *sentarse solo en silencio cuando el* Señor *lo ha impuesto, poner la boca en el polvo (todavía puede haber esperanza),*
> *dar la mejilla al golpeador y llenarse de insultos. Porque el* Señor *no rechazará para siempre.*

---

21 Siguiendo el ejemplo de Westermann, Patrick D. Miller ("Current Issues in Psalms Studies", 141) observa que todo el libro de Salmos se mueve de un enfoque en el lamento a un enfoque en la alabanza, que, en un macronivel, refleja lo que ocurre en el micronivel dentro de los salmos particulares.

Aunque cause dolor, tendrá compasión según la abundancia de su misericordia;
porque él no aflige ni entristece voluntariamente a nadie. (Lamentaciones 3:21-33, NRSV)

En medio de las condiciones más duras, surge la esperanza.[22]

Los salmos funcionan de manera similar. Incluso los salmos con acusaciones duras suelen contener notas de confianza, esperanza y acción de gracias.[23] Con frecuencia, encontramos un patrón triple.[24] Primero, la gente que ora habla con Dios con brutal honestidad sobre las luchas que enfrentan. Así comienza el Salmo 13:

¿Hasta cuándo, Señor? ¿Me olvidarás para siempre?
¿Hasta cuándo me esconderás tu rostro?
¿Cuánto tiempo debo soportar el dolor en mi alma,
y tener dolor en mi corazón todo el día?
¿Hasta cuándo será exaltado mi enemigo sobre mí? (13:1-2, NRSV)
Después de plantearle preguntas acusatorias a su Hacedor, los que oran instan a Dios a actuar:

¡Mírame!
¡Respóndeme, Señor Dios mío!
¡Devuelve la vista a mis ojos!
De lo contrario, dormiré el sueño de la muerte
y mi enemigo dirá: "¡Gané!".
Mis enemigos se regocijarán por mi ruina. (13:3-4)

---

[22] Como se observa en Parry, *Lamentations*, 92, los intérpretes recientes tienden a reaccionar negativamente a la expresión de esperanza en Lamentaciones 3, considerándolo (1) menos auténtico que el dolor de Lamentaciones 1-2; o (2) como un intento de ortodoxia que fracasa cuando la esperanza se desvanece en la desesperación en los capítulos subsiguientes. Sin embargo, la presencia de la esperanza en muchos salmos de lamento bíblicos sugiere que Lamentaciones es parte de una tradición más amplia que encuentra sus formas de expresar confianza en Dios, incluso cuando también surge el dolor. Al mismo tiempo, no deberíamos entender mi valoración positiva de Lamentaciones 3 como un intento de "atenuar, borrar o menospreciar el lenguaje del lamento o la angustia" presente en otras partes del libro (para citar a Linafelt, *Surviving Lamentations*, 2). Debemos respetar tanto la angustia como la esperanza (cf. Westermann, *Lamentations: Issues*, 76-85).

[23] Las excepciones clave serían Salmos 39; 44; 88, donde hay poco o ningún traslado de la acusación al elogio. Quizás estos salmos estén ahí para las ocasiones más duras, cuando incluso resulta difícil imaginar que Dios pueda aparecer.

[24] Miller, *They Cried to the Lord*, 128-29; cf. Gunkel y Begrich, *Introduction to Psalms*, 177-86. Pueden estar presentes otros elementos (por ejemplo, una confesión de pecado; ver la lista en Gerstenberger, *Psalms*, 1: 12-13).

Y luego, así como sucede en medio de Lamentaciones, el tono cambia de repente. Los que agitan los puños hacia Dios encuentran consuelo; encuentran motivos para alabar:

Pero yo confío en tu gran amor;
mi corazón se alegra en tu salvación.
Canto salmos al Señor.
¡El Señor ha sido bueno conmigo! (Sal. 13:5-6)

No sé cómo explicar el repentino cambio de tono, aparte de decir que Dios aparece entre todas estas oraciones. En medio de estos lamentos desgarradores, se abre un camino para regocijarse en Dios. Es como si se invitara a quienes oran a dar un paso de fe audaz, involucrar su imaginación y reconocer que Dios ha escuchado su súplica y obrará en su favor de manera poderosa (ver "La Biblia y la imaginación"). De hecho, muchos eruditos piensan que, en el antiguo Israel, después de que un adorador expresaba sus lamentos y quejas, un sacerdote o líder religioso ofrecía una palabra consoladora de Dios (llamada *oráculo de salvación*) que llevaría a la nota de alabanza que se encuentra al final de estas oraciones.[25]

> **La Biblia y la imaginación**
> "La Biblia [...] apela a la imaginación de sus lectores. Les invita a ver el mundo de manera diferente, a verlo como algo distinto de la clase de mundo que, de otra manera, parece ser".
> Garrett Green, "Narrative and Scriptural Truth", 92

Las oraciones de queja no solo nos permiten descargar nuestra agonía con Dios. También nos permiten recibir la poderosa revelación que Dios hace de sí mismo, que nos saca una sonrisa incluso cuando hay lágrimas en nuestras mejillas.[26] (Ver "Una vida completamente nueva").

---

25 Gunkel y Begrich, *Introduction to Psalms*, 180-84; cf. Brueggemann, *Psalms and the Life of Faith*, 72-74; Miller, *They Cried to the Lord*, 135-77.

26 En Números, las quejas de los israelitas se ven de manera muy negativa. Cuando vemos el canon como un todo, parece que parte del problema puede haber sido que permanecieron atrincherados en sus quejas y no se movieron hacia el elogio.

Una vida completamente nueva

En su libro *A Whole New Life*, Reynolds Price reflexiona sobre la experiencia de tener cáncer en la médula espinal. Su consejo se parece a los salmos de lamento. Él insta a las personas a sufrir, pero también a desarrollar nuevas formas de pensar y ser:

> Llora durante un tiempo limitado y razonable por cualquier parte de tu antiguo yo que sabes que extrañarás. Esa persona está muerta, como cualquier infante adolescente de marina con un agujero en la frente en una jungla asiática; cualquier *Navy Seal* con las piernas destrozadas, reducido a la mitad por el resto del tiempo que le queda; cualquier mujer destrozada en sus partes más tiernas, sin poder atarse en lazos de amor, sin conseguir acunar a criatura alguna en su seno, sin soñar con hundirse en el pecho de un amante, sin cabello. Si las lágrimas vienen, llora con fuerza. Luego, contén el dolor por cualquier medio legal. A continuación, encuentra tu camino para ser otra persona, el próximo tú viable: una persona completamente distinta, de ojos abiertos, realista como una escopeta recortada y agradecida por el aire, por no hablar de la bondad humana que encontrarás si cuentas con suerte normal.
>
> Reynolds Price, *A Whole New Life*, 183

Conclusión

A través de muchas temporadas llenas de dolor en mi propia vida, encontré consuelo en el Salmo 126. Así es como termina:

> El que con lágrimas siembra,
> con regocijo cosecha.
> El que llorando esparce la semilla,
> cantando recoge sus gavillas. *(126:5-6)*

Muchas oraciones de queja en la Biblia reflejan el movimiento que vemos aquí. Hay un reconocimiento del dolor, la ira y la angustia que normalmente acompañan a la vida. Pero también hay esperanza: esa noche terminará y llegará un día más luminoso (ver "La única palabra que importa").

El Antiguo Testamento nunca imagina una vida libre de dolor, ira o angustia. En cambio, incorpora completamente estas emociones a la vida de fe.

Como nuestro amigo en la fe, el Antiguo Testamento es más audaz que la mayoría de nosotros y nosotras cuando se trata de la oración. Tenemos mucho que aprender de este amigo, que nos enseña a orar incluso cuando la oración se torna más difícil. En medio de la tragedia, podemos hablar con total honestidad con Dios, y luego esperar a que aparezca y nos entregue canciones de gozo.

> **La única palabra que importa**
>
> "Allí donde la condición humana muestra lo peor de sí y no hay mortal capaz de ofrecer una ayuda que se pueda considerar suficiente, allí donde el pueblo es ya presa del terror, Dios pronuncia la única palabra que importa: no tienes que tener miedo".
>
> Patrick D. Miller, *They Cried to the Lord*, 174

Para un estudio posterior

Ellington, Scott A. *Risking Truth: Reshaping the World through Prayers of Lament*. Princeton Theological Monograph Series. Eugene, OR: Pickwick Publications, 2008.

Esta sobresaliente reseña del lamento en la Biblia cristiana habla con gran claridad, explicando la erudición y ofreciendo ideas creativas. Es un cofre del tesoro para quienes deseen reflexionar más profundamente sobre el lamento bíblico.

Tanner, Beth LaNeel. *The Psalms for Today*. Louisville: Westminster John Knox, 2008.

Este libro ofrece una introducción muy accesible a los Salmos. Incluye un capítulo que se centra en los salmos de lamento.

Wolterstorff, Nicholas. *Lament for a Son*. Grand Rapids: Eerdmans, 1987.

Este libro no es un comentario sobre los lamentos de la Biblia. Más bien, es un lamento en sí mismo, que tiene muchos puntos de continuidad con los salmos de lamento bíblicos. El autor es uno de los teólogos filosóficos más respetados de la última generación y escribió este libro después de que su hijo muriera en un accidente de alpinismo.

El sitio web www.MatthewSchlimm.com tiene recursos adicionales, incluidas preguntas para la discusión grupal.

11

Grande y terrible es la ira del Señor

Una cosa es aceptar que *nosotros* podemos estar enojados con *Dios*.

Algo muy diferente es aceptar que Dios está enojado con *nosotros*. Hoy, el mensaje dominante del cristianismo es simple: Dios nos ama. Hemos exaltado Juan 3:16 ("Porque de tal manera amó Dios al mundo...") sobre todos los demás versículos de la Biblia. Para muchos, es casi inconcebible que este Dios amoroso, cariñoso, compasivo y perdonador también esté enojado con nosotros y nosotras.

Sin embargo, a lo largo de la Biblia, y especialmente en los libros proféticos del Antiguo Testamento, los lectores y las lectoras encontramos un mensaje aterrador: *la gente ha pecado descaradamente, y ha provocado la ira de Dios*. El siguiente texto de Ezequiel es similar a lo que se puede encontrar en muchos otros textos proféticos:[1]

> *Por esta razón yo, el Señor omnipotente, juro por mí mismo: Como ustedes han profanado mi santuario con sus ídolos repugnantes y con prácticas detestables... Una tercera parte de tu pueblo morirá en tus calles por la peste y por el hambre; otra tercera parte caerá a filo de espada en tus alrededores, y a la tercera parte restante la dispersaré por los cuatro vientos. Yo desenvainaré la espada y perseguiré a la gente. Entonces se apaciguará mi ira, mi enojo contra ellos será saciado, y me daré por satisfecho. Y, cuando en mi celo haya desahogado mi enojo contra ellos, sabrán que yo, el Señor, lo he dicho. (Ezequiel 5: 11-13)*

La mayoría detestamos cuando otra persona está enojada con nosotros y nosotras. La sola idea de la ira de Dios puede ser abrumadora.

---

[1] Para un relato de la disciplina divina en el Antiguo Testamento (un resultado obvio de la ira divina), ver Boda, *A Severe Mercy*, passim, esp. 519-23.

La ira de Dios y el pensamiento popular

A mediados del siglo XVIII, una gran cantidad de personas se entusiasmaron mucho con su fe como parte de un movimiento llamado el Gran Avivamiento. Jonathan Edwards fue uno de los que lideró ese movimiento en Estados Unidos, que urgía a su audiencia a "huir de la ira venidera". En "Pecadores en manos de un Dios airado", quizás el sermón más famoso de la historia de ese país, Edwards no se avergüenza de la ira de Dios. En todo caso, la intensifica:

> *Qué espantosas son esas Palabras, Isaías 63.3, que son las Palabras del gran Dios:* **Los hollaré con mi ira, y los hollaré con mi furor; y su sangre será rociada sobre mis vestidos...** *[Dios] sabrá que no puedes soportar el Peso de la Omnipotencia que te pisa, sin embargo, no lo considerará, y te aplastará bajo Sus Pies sin Misericordia; él aplastará tu sangre y la hará volar, y será rociada sobre sus vestiduras... No solo te odiará, sino que te tendrá en el más absoluto desprecio; ningún lugar se considerará adecuado para ti, sino bajo sus pies, para ser hollado como el lodo de las calles.*[2]

Sorprendentemente, mucha gente respondía con seriedad a este tipo de mensajes. Buscaban cambiar el curso de sus vidas y huir de la ira de Dios a través de una vida más santa.

Viviendo con ira

Los tiempos han cambiado y los sermones como el de Edwards son bastante raros. Sin embargo, la imagen de un Dios enojado persiste en la mente de muchas personas. De hecho, hay cristianos y cristianas que viven con un temor abrumador de la ira de Dios. Para ellos, la ira de Dios es tan grande que bloquea cualquier atisbo de compasión divina. La vida de fe se ha convertido en una vida de culpa. T. S. Matthews lo dice así en sus memorias *Under the Influence*:

> *Por mucho que lo intente, no puedo deshacerme del todo de mi asombro habitual por la Iglesia ni disociarla por completo del Dios tan temible a quien la Iglesia hace sus reverencias rituales. Todavía pienso en Dios [...] como un policía omnisciente, enorme, ven-*

---

2 Edwards, "Pecadores en manos de un Dios airado", 359 (énfasis en el original).

gativo y vigilante, consciente al instante del más mínimo tinte de irreverencia en mis pensamientos más íntimos, siempre listo para abalanzarse (aunque, con paciencia ominosa, él podría detener su mano por un tiempo) si maldigo, si lo menciono con ira, diversión o mera costumbre, si (¡oh, fuego del infierno y horror!) blasfemo su santo nombre.[3]

Aquí vemos la manera en que pensar en Dios como alguien airado puede causar todo tipo de problemas, desde abrumadores sentimientos de culpa, temor de Dios, hasta el abandono de la religión.

La ira de Dios contra otras personas

No es una sorpresa que los predicadores actuales se hayan distanciado de predicar sobre la ira divina. Y los que hablan de la condenación suelen indicar que la ira de Dios está dirigida a personas muy diferentes de ellos mismos.

Así, después de los ataques terroristas del 11 de septiembre de 2001, Pat Robertson, del *Club 700*, y su colega tele-evangelista Jerry Falwell afirmaron que los ataques fueron, al menos parcialmente, el resultado de la ira de Dios contra los paganos, los homosexuales, los grupos que luchan por las libertades civiles y las personas que han abortado.[4] Aproximadamente una década después, Robertson sugirió que un terremoto masivo en Haití era el resultado de un levantamiento de esclavos en 1791 donde, afirmó, los haitianos habían firmado "un pacto con el diablo".[5] Es significativo que nunca escuché a Robertson hablar sobre la ira de Dios cayendo sobre él mismo por no haber dado su fortuna para ayudar a los pobres (Mateo 19:16-30; Marcos 10:17-31; Lucas 18:1830), aunque el patrimonio neto reportado de Robertson es de US$100 millones.[6]

---

3 T. S. Matthews, *Under the Influence*, 343. Originalmente llegué a esa cita gracias a Fretheim, *Suffering of God*, 1.

4 Harris, "God Gave U.S.".

5 Marquand, "Pat Robertson Haiti Comments".

6 "Pat Robertson's Net Worth". Ver también Finley, "A Moralist Who Loves Racing", que informa que Robertson una vez compró un caballo de carreras por US$ 520 000.

> **Exponiendo una contradicción**
>
> Rob Bell expone la contradicción en las creencias evangélicas de que Dios es (a) muy amoroso, pero también (b) está dispuesto a castigar con la condenación eterna a cualquiera que muera sin aceptar la fe de manera correcta. Dice Bell:
>
>> Si algo anda mal con tu Dios,
>> si tu Dios está amando un segundo y es cruel el siguiente,
>> si tu Dios castiga a la gente por toda la eternidad por los pecados cometidos en unos pocos
>> breves años,
>> no habrá cantidad de *marketing* inteligente
>> ni lenguaje convincente
>> ni buena música
>> ni buen café
>> que pueda disfrazar
>> esa verdadera, deslumbrante, insostenible, inaceptable realidad espantosa.
>
>> Rob Bell, *El amor vence*, 175

Ira cuestionada

Muchos cristianos y cristianas evitan la lógica de Robertson. Pensar que la ira de Dios puede dirigirse hacia alguien no les sientan bien. Como se mencionó anteriormente, la nota dominante en la mayoría de las iglesias de hoy es el amor de Dios, no su ira. De hecho, el pastor Rob Bell, nombrado por la revista *Time* como una de las cien personas más influyentes del mundo, escribió un libro en 2011 titulado *El amor vence*, que se convirtió en el número dos en la lista de *éxito de ventas* del *New York Times* tan pronto como fue publicado.[7] En su libro, Bell cuestiona las nociones tradicionales sobre la ira de Dios y la condenación eterna. Como muchos cristianos y cristianas de hoy, él cree que, al final, el amor de Dios vence a la ira de Dios. (Consulte "Exponiendo una contradicción").

Rechazar partes de la Biblia

Cuando los cristianos y cristianas encuentran pasajes del Antiguo Testamento que hablan de la ira de Dios, con frecuencia cambian de rumbo hacia Jesús, insistiendo en que "el Dios del Nuevo Testamento es mucho más amoroso que el Dios airado del Antiguo Testamento". Obviamente, este pensamiento degrada el Antiguo Testamento. A veces, estas ideas se desarrollan con un mayor grado de sofisticación. La gente asume que:

---

7 Meacham, "Rob Bell"; "Hardcover Advice & Misc".

1- Jesús murió en la cruz por nuestros pecados.

2- Por lo tanto, ya no tenemos ninguna razón para temer el juicio de Dios sobre nuestras vidas. Los relatos del Antiguo Testamento sobre un Dios colérico ya no se aplican.

Este tipo de sentir suele encontrarse entre cristianos y cristianas de toda clase.

El pastor menonita Ryan Dueck cuenta que, recientemente, su hijo de 11 años, después de leer sobre Sodoma y Gomorra, le dijo: "A veces le tengo miedo a Dios". El pastor Dueck describió lo difícil que fue responder al comentario de su hijo, y finalmente concluyó: "Realmente creo que cuando me encuentro con pasajes horribles en el Antiguo Testamento, en lugar de tratar de racionalizar, dar vueltas o defenderlos, mi único recurso es volver al Crucificado que me muestra, de la manera más verdadera y completa, cómo es Dios; que me muestra que no debemos tener miedo".[8]

Dueck no está solo. El obispo episcopal, ya jubilado, John Shelby Spong se mueve en la misma dirección, pero de forma más agresiva. Spong rechaza gran parte del Antiguo Testamento. En particular, lamenta que "la Biblia, una y otra vez, retrata la intención de un Dios airado de castigar al pueblo elegido".[9] Esta tendencia a abandonar el Antiguo Testamento debido a la incomodidad con la ira divina no es nueva. Como mencioné en el capítulo 1, es una inclinación que se ha dado, al menos, desde la época de Marción.[10]

Rechazar la fe

Las imágenes de la ira divina hacen que algunas personas rechacen no solo el Antiguo Testamento, sino toda su fe en Dios. El famoso ateo Richard Dawkins escribe: "El Dios del Antiguo Testamento es posiblemente el personaje más desagradable de toda la ficción". Dawkins afirma que hay muchas razones por las que el Dios del Antiguo Testamento es así. Entre ellas está lo que él llama los "celos maníacos" y la "furia característica" de Dios.[11]

No vivimos en un mundo donde el cristianismo es la única opción

---

8 Dueck, "Sometimes I'm Afraid of God".
9 Spong, *Sins of Scripture*, 170.
10 Tertuliano, *Against Marcion* 1: 24-27 (*ANF* 3: 289-93).
11 Dawkins, *El espejismo de Dios*, 51, 278, 279.

>
> DE TEMER A DIOS A DEJAR LA IGLESIA
>
> "A muchas de las personas que entrevisté, en particular a las que se habían criado en denominaciones protestantes conservadoras o en hogares fuertemente católicos, se les había enseñado a temer a Satanás y al infierno. Y lo hicieron. Y este miedo siguió siendo un elemento feo, dañino y perturbador de sus vidas durante muchos años. A medida que crecieron, comenzaron a resentirse, a odiarlo y, finalmente, a cuestionarlo. Esas enseñanzas y creencias pueden producir sentimientos negativos a largo plazo en algunas personas, además de malestar arraigado y desesperación prolongada. Y algunas personas con tales experiencias, en algún momento, solo quieren alejarse de la fuente de esos sentimientos, es decir, su religión".
>
> Phil Zuckerman, *Faith No More*, 162

religiosa. Enfrentadas a los retratos bíblicos de un Dios airado, a muchas personas les resulta más fácil renunciar a su fe que vivir con culpa y temor (ver "De temer a Dios a dejar la iglesia").

¿Qué nos estamos perdiendo?

¿Hay alguna alternativa a vivir con un miedo paralizante, condenar a las personas que no son como nosotros, rechazar la Biblia o rechazar la fe? Cuando estudiamos de cerca los relatos de la Biblia sobre la ira de Dios, ¿hay algo que estemos pasando por alto? ¿Hay algo que pueda ayudarnos a comprender mejor por qué las comunidades judías y cristianas, durante miles de años, estuvieron dispuestas a afirmar que los textos bíblicos que hablan de un Dios airado son inspirados y, por lo tanto, sagrados?

LA IRA DIVINA EN LOS DOS TESTAMENTOS

Este capítulo aborda esas preguntas, pero primero es importante notar que la ira divina no es solo un problema del Antiguo Testamento. En realidad, y en contraposición con la percepción popular, es un problema bíblico. Las personas que asocian el Antiguo Testamento con la ira y el Nuevo Testamento con la gracia no han invertido mucho tiempo en leer detenidamente ninguno de los dos.

El Antiguo Testamento contiene innumerables textos que hablan de la misericordia, la compasión, el perdón y el amor inquebrantable de Dios. Como dice el Salmo 103:12:

*Tan lejos de nosotros echó nuestras transgresiones
como lejos del oriente está el occidente.*

El profeta Joel también enfatiza el perdón de Dios:

*Rásguense el corazón
y no las vestiduras.
Vuélvanse al Señor su Dios,
porque él es bondadoso y compasivo,
lento para la ira y lleno de amor,
cambia de parecer y no castiga. (Joel 2:13)*

La idea de que Dios no empezó a perdonar sino hasta cuando Jesús murió en la cruz simplemente no coincide con lo que dice la Biblia. Aunque el Antiguo Testamento contiene muchos pasajes que hablan de la ira de Dios, es un texto que describe repetidamente la eterna compasión de Dios por Israel.

Además, la ira divina no se limita al Antiguo Testamento. Jesús también trae mensajes de aflicción y perdición como los viejos profetas del Antiguo Testamento antes que él (por ejemplo, Mateo 23:13-29; Lucas 6:24-26; 13:1-5). Jesús cuenta muchas parábolas en las que el personaje que representa a Dios se enoja intensamente e incluso se vuelve violento (por ejemplo, Marcos 12:9; Lucas 14:21; 19:27). Marcos 3:5 dice específicamente que Jesús se enojó, y hay otros pasajes que lo describen actuando o hablando con enojo (por ejemplo, Mateo 21:12-13; 23:13-29; Lucas 6:24-26; 11:42-52). Al igual que los textos del Antiguo Testamento, Jesús habla específicamente de la "ira venidera" (Mateo 3:7, NRSV; Lucas 3:7; cf. Lucas 21:23). El resto del Nuevo Testamento continúa con este tipo de ideas presentes en Jesús.[12]

De hecho, a pesar de las imágenes inquietantes del Antiguo Testamento, uno puede argumentar fácilmente que la ira divina en el Nuevo Testamento es aún más chocante. Mientras que el Antiguo Testamento habla de los castigos que vienen en esta vida, el Nuevo describe el castigo eterno. Como expone John Wenham al hablar del Antiguo y el Nuevo Testamen-

---

12 Como, por ejemplo, en Romanos 1:18; 2:5,8; 12:19; Apocalipsis 6:16-17; 11:18; 14:10,19; 15:1,7; 16:1,19; 19:15.

>
> **El infierno y la Biblia**
>
> El Antiguo Testamento no habla de un infierno. Utiliza el término "Sheol" con bastante frecuencia, pero esa palabra es diferente. "Sheol" significa el inframundo, la tumba, el lugar de los muertos o incluso la muerte misma.
>
> Sin embargo, el Nuevo Testamento habla de "un infierno de fuego", un lugar donde los impíos reciben el castigo eterno (Mateo 5:22; 18:9; cf. Marcos 9:43; Santiago 3:6)

to, "el Nuevo Testamento es el más terrible, porque el Antiguo Testamento rara vez habla de algo más allá de los juicios temporales".[13] Es Jesús mismo quien habla más sobre la condenación eterna, ya sea el "fuego eterno" o el "infierno" en sí mismo.[14] (Ver "El infierno y la Biblia").

La ira de Dios es un tema que debemos abordar quienes leemos la Biblia. En simples palabras, relegar la ira divina al Antiguo Testamento no resulta convincente.

Metáforas de Dios

Dada la omnipresencia de la ira de Dios, ¿cómo debemos entenderla? Para empezar, es importante tener en cuenta que *la Biblia generalmente habla de Dios a través de metáforas*. Una metáfora es hablar de algo en términos de otra cosa, como decir: LOS PREDICADORES SON PILOTOS. Todos sabemos que hay muchas diferencias entre las personas que pronuncian sermones y las que vuelan aviones. Sin embargo, esta metáfora indica que existen interesantes similitudes entre esas dos vocaciones. Tanto la gente que predica como la que vuela un avión intentan llevar a otras a un lugar diferente de donde empezaron. Idealmente, los pastores movilizan el corazón de las personas, llevándolas más lejos en su camino de fe. Mientras tanto, los pilotos mueven los cuerpos de las personas, trasladándolas a nuevos lugares físicos. Cuando los sermones o los vuelos tardan demasiado, se produce una experiencia miserable que no hace feliz a nadie.

Cuando se trata de lenguaje acerca de Dios, la Biblia apela a la metáfora con tanta frecuencia que no siempre lo notamos. Las imágenes bíblicas de Dios hablan poderosamente sobre quién es Dios, pero también se

---

13 J. Wenham, *Goodness of God*, 16.
14 Sobre el "fuego eterno", ver Mateo 18:8; 25:41. Sobre el "infierno" en sí, ver Mateo 5:22-30; 10:28; 18:9; 23:33; Marcos 9:43-47; Lucas 12:5.

rompen y no encapsulan ni definen la identidad de Dios. (Ver "Dios y la metáfora").

Piensa en esta imagen: DIOS ES NUESTRO REY. Esta metáfora proviene de la Biblia (por ejemplo, Salmo 145:1) y arroja luz sobre cómo Dios debe gobernar el pueblo del pacto. Sin embargo, esta imagen se rompe. Por ejemplo, Dios puede ser rey, pero la Biblia no extiende esta metáfora para hablar de una reina con la que Dios esté casado.[15]

O considera esta otra: DIOS ES UNA ROCA. Una vez más, esta metáfora viene directamente de la Biblia (por ejemplo, Salmo 18:2). Sin embargo, podemos ver hasta dónde funciona y hasta dónde no. Es una metáfora que ilustra con claridad la estabilidad y la confiabilidad de Dios, incluso en las tormentas de la vida. Se trata de una construcción literaria que sugiere que Dios no será sacudido. Al mismo tiempo, todos sabemos que las rocas no tienen vida, a diferencia de Dios. Entonces, en ese punto, la metáfora se rompe.

De manera similar, debemos pensar en un Dios airado como un lenguaje metafórico. La imagen utiliza la experiencia humana de la ira y la aplica a Dios. Al hacerlo, transmite información valiosa acerca de Dios, pero, como veremos, también hay lugares donde esta imagen de Dios no funciona. La ira humana suele reflejar las limitaciones humanas, por lo que la ira divina es naturalmente diferente.

DIOS Y LA METÁFORA

"Se ha dicho con razón que prácticamente todo el lenguaje que se usa en la Biblia para referirse a Dios es metafórico; la palabra "Dios" sería una excepción. Ocasionalmente, ese lenguaje se extrae del mundo natural, tanto animado (Dios es un águila, Deuteronomio 32:11) como inanimado (Dios es una roca, Salmo 31:2-3). La gran mayoría de las metáforas sobre Dios en el Antiguo Testamento, sin embargo, se extraen de la esfera de lo humano: (a) forma, con su función (boca, hablar, Números 12:8); (b) estados emocionales, volitivos y mentales (regocijo, Sofonías 3:17); (c) roles y actividades, dentro de la familia (padre, Oseas 11:1) o la sociedad en general (pastor, Salmo 23:1)".

Terence E. Fretheim, *Suffering of God*, 5-6

---

15 Ver Frymer-Kensky, *In the Wake of the Goddesses*, 151–61, esp. 158, sobre el debate en torno a si algunos israelitas antiguos pensaban en Asera como la consorte de Dios, incluso aunque sus perspectivas no hayan sido promovidas por los textos bíblicos.

El funcionamiento de la ira divina

Entonces, ¿qué sentido tiene la metáfora Dios está enojado? ¿Por qué los autores bíblicos vuelven a ella una y otra vez?

Como se mencionó en el capítulo anterior, la ira surge cuando alguien percibe que se ha *cometido un delito*. Además, esta emoción suele significar que la persona enojada quiere que la justicia, la corrección o el castigo se apliquen sobre el malhechor.[16]

Con estos dos componentes clave en mente, la razón por la que la Biblia presentaría a Dios enojado resulta obvia:

1- Dios percibe las malas acciones.
2- Al sentir repulsión por el mal, quiere hacer justicia.

Dios sabe del mal que ocurre en el mundo. Debido a que Dios es bueno, quiere detener ese mal y evitar que se vuelva a repetir. La metáfora Dios está enojado captura esas ideas centrales de la Biblia.

> **La dificultad con la ira**
> "Cualquiera puede enojarse, eso es fácil... pero [enojarse] con la persona indicada, en la dimensión apropiada, en el momento justo, con el propósito preciso, y de la manera correcta, ya no está al alcance de todos y no es fácil; de modo que hacer estas cosas correctamente es raro, loable y noble".
> Aristóteles, Ética a Nicómaco 2.9.2 (traducción de Rackham)

Los límites de la metáfora

Si bien podemos vislumbrar por qué la metáfora Dios está enojado funciona, también debemos ser conscientes de su alcance.

Una de las diferencias más significativas entre la ira divina y la humana tiene que ver con las limitaciones, imperfecciones y pecados humanos: los seres humanos tenemos problemas para airarnos de una manera sana (ver "La dificultad con la ira"). Con demasiada frecuencia, la gente

- se enoja por razones equivocadas,
- cuando está enojada, reacciona de manera exagerada,
- mientras está enojada, realiza juicios sesgados,
- permanece enojada por demasiado tiempo,

---

16 Ver Schlimm, *From Fratricide to Forgiveness*, esp. Cap. 4.

- no se enoja por las injusticias reales,
- no usa su enojo de manera constructiva y
- mientras está enojada, hace algo mal.

Como dice Terence Fretheim, "la mayoría de las expresiones humanas de ira están 'infectadas' con el pecado".[17]

Obviamente, Dios es diferente de la humanidad. Dios no tiene los defectos, las limitaciones ni la pecaminosidad que nos caracteriza. Él se enoja por las cosas correctas (ver "Una diferencia drástica"). Ve nuestros corazones con claridad. Nadie, excepto Dios, está en posición de juzgar quién merece misericordia y quién merece castigo. Mucho más que cualquier ser humano, Dios sabe cómo ejercitar la ira de manera que produzca el bien para todos los involucrados.[18] A diferencia de las personas de mal genio, con frecuencia se necesitan siglos para que Dios se enoje. En Oseas, mientras se describe a Dios como alguien apasionadamente enojado (11:5-7), el tono del texto cambia repentinamente (11:8-9), y leemos:

UNA DIFERENCIA DRÁSTICA

"El sentido de injusticia de la humanidad es una pobre analogía del sentido de injusticia de Dios. Para nosotros y nosotras, la explotación de los pobres es una falta; para Dios es un desastre. Nuestra reacción es la desaprobación; la reacción de Dios es algo que ningún idioma puede transmitir.

Así como Dios es absolutamente diferente de la humanidad, la ira divina es diferente de la ira humana".

Abraham Joshua Heschel, *Los profetas*, 2: 64–65, 74 (texto alterado para reflejar la inclusión de género)

> *Pero no daré rienda suelta a mi ira,*
> *ni volveré a destruir a Efraín.*
> *Porque en medio de ti no está un hombre,*
> *sino que estoy yo, el Dios santo,*
> *y no atacaré la ciudad.*
> *(Oseas 11:9; énfasis agregado; cf. Isaías 55:8-9)*

La ira humana nos ayuda a comenzar a ver cómo es la ira de Dios. Sin embargo, es posible que Dios no siga procediendo con ira, como lo

---

17 Fretheim, "Wrath of God", esp. 6.
18 Ver Davis, *Imagination Shaped*, 64.

hacemos los humanos con tanta frecuencia. Cuando asumimos que la ira divina refleja todas nuestras experiencias interpersonales, cometemos grandes errores.

Una de las experiencias más comunes de ira humana es que interfiera en la comunicación. Cuando dos personas están enojadas, tienden a hablar la una por encima de la otra sin escuchar lo que la otra realmente dice. En contraste, el libro del Éxodo señala que Dios escucha lo que dice la gente, incluso en medio de la ira divina. Éxodo 32 narra el momento en que los israelitas erigen un becerro de oro y lo adoran. Dios está furioso, y explota con Moisés: "Tú no te metas. Yo voy a descargar mi ira sobre ellos, y los voy a destruir. Pero de ti haré una gran nación" (32:10). Moisés, audaz, se niega a concederle el deseo. En vez de dejarlo solo, Moisés confronta a este Dios enojado: "Señor, ¿por qué ha de encenderse tu ira contra este pueblo tuyo, que sacaste de Egipto con gran poder y con mano ponderosa? ¿Por qué dar pie a que los egipcios digan que nos sacaste de su país con la intención de matarnos en las montañas y borrarnos de la faz de la tierra? ¡Calma ya tu enojo! ¡Aplácate y no traigas sobre tu pueblo esa desgracia! (32:11-12). Como lectores y lectoras esperamos que Moisés caiga fulminado por confrontar a un Dios enojado de esa manera. En lugar de eso, Dios escucha lo que dice Moisés y cambia sus planes (32:14). Este Dios es muy diferente a los humanos que se vuelven ciegos (y sordos) de ira e insisten en su propia forma de hacer las cosas.

Las imágenes bíblicas de la ira divina deben tomarse en serio y deben causarnos algo de temor. Deberían sacarnos de la complacencia con el mal. Al mismo tiempo, estas imágenes no deberían volverse tan dominantes como para pasar por alto (1) la paciencia de Dios, (2) el valor de la ira divina, o (3) el amor de Dios que persiste más allá de las expresiones de enojo. El resto de este capítulo examina estos tres temas.

Lento para la ira

Ningún concepto es más útil para pensar en la ira de Dios que este: *Dios es lento para la ira.*

Muchos teólogos bíblicos han sugerido que la imagen más clara de Dios en el Antiguo Testamento se encuentra en Éxodo 34:6-7.[19] (Ver

---

19 Ver G. E. Wright, *God Who Acts*, 85-86; Brueggemann, *Teología del Antiguo Testamento*, 215-16; Goldingay, *Old Testament Theology*, 338, 828; Fretheim, *God and World*, 333, n. 6; Childs, *Biblical*

"Discerniendo el carácter de Dios"). En ese relato, Dios pasa ante Moisés. Los lectores y lectoras esperan una descripción física de Dios. En cambio, conocen su compasión y paciencia:

> *El S*ᴇÑᴏʀ *pasó ante [Moisés] y proclamó: "El S*ᴇÑᴏʀ*, el S*ᴇÑᴏʀ*, Dios misericordioso y de gracia,* **lento para la ira**, *y abundante en misericordia y fidelidad, que guarda la misericordia hasta la milésima generación, que perdona la iniquidad, la transgresión y el pecado, pero que de ninguna manera declara inocente al culpable, sino que visita la iniquidad de los padres sobre los hijos y los hijos de los hijos, hasta la tercera y cuarta generación". (NRSV, énfasis agregado)*

> Dɪsᴄᴇʀɴɪᴇɴᴅᴏ ᴇʟ ᴄᴀʀÁᴄᴛᴇʀ ᴅᴇ Dɪᴏs
>
> "Esta lista de cualidades es una de las definiciones más importantes del carácter de Dios en toda la Biblia".
>
> Dennis Olson, "Exodus", 143-44 AT, comentando Éxodo 34:6-7

Estos versículos confirman claramente la realidad de la ira de Dios, especialmente al final, pero también dejan en claro que Dios abunda en amor leal y compasión. La balanza de Dios se inclina hacia el perdón. Los versículos del Antiguo Testamento se hacen eco de esta descripción.[20]

En efecto, los libros de 1 y 2 Reyes se pueden leer como una larga historia que ilustra el mismo punto: Dios es lento para la ira. Estos libros abarcan alrededor de 400 años. Durante todo ese tiempo, se describe al pueblo de Israel y Judá como una nación pecaminosa. Rey tras rey, hacen lo que es malo a los ojos del Señor. Sin embargo, el castigo por el pecado no llega de inmediato. Solo después de generaciones de adoradores de ídolos llega el juicio de Dios y el pueblo es enviado al exilio. En 722 a. e. c., los asirios atacaron y conquistaron Israel, y en el 587 a. e. c. los babilonios hicieron lo mismo con Judá. La Biblia nunca dice que este castigo llegó en el momento en que una persona dijo una mala palabra o quebrantó un solo mandamiento. En cambio, a pesar de la continua falta de fidelidad del pueblo, la ira de Dios tardó siglos en materializarse.

La idea de que Dios es lento para la ira corrige dos de las percepciones más problemáticas entre los cristianos y cristianas de hoy. La primera noción errónea es que *Dios nunca se enojará*. Esta idea es problemática

---

Theology, 354; Boda, *A Severe Mercy*, 522-23; Crenshaw, *Defending God*, 3-4, 93.
20 Números 14:18; Nehemías 9:17; Salmos 86:15; 103:8; 145:8; Joel 2:13; Jonás 4:2; Nahum 1:3.

porque no concuerda con la Biblia, sugiere que Dios no se opone al mal y promueve la religión sin moralidad. Dios se reduce a un cachorro. Ver a Dios indiferente a nuestros pecados solo nos anima a sumergirnos más profundamente en nuestras malas acciones.

La otra noción errónea es que *Dios se abalanzará sobre nosotros por el más mínimo error espiritual.* Esta segunda idea es problemática porque tampoco concuerda con la Biblia, sugiere que Dios es cruel y que atrapa a las personas en jaulas de culpa y miedo. Si adoptamos esta perspectiva, Dios se convierte en un monstruo atormentador.

Si nos adherimos a la simple idea de que Dios es lento para la ira, evitamos ambas trampas. Entonces, podemos afirmar que Dios es perdonador y misericordioso, así como también afirmamos que es justo y se opone al mal.

La idea de que Dios es lento para la ira puede expresarse de otra manera: la ira de Dios surge en respuesta al pecado, que está marcado por tres características. *La primera es que el pecado es persistente.* En los profetas, la ira de Dios no surge simplemente porque la gente peca. Surge porque la gente peca sin cesar. Aparte de algunas raras excepciones, los líderes y las naciones tienden a sumergirse cada vez más en la maldad.[21] Con el tiempo, la paciencia de Dios se agota. Solo entonces entra en escena la ira divina.

En segundo lugar, el pecado es omnipresente. Los profetas están más preocupados por una sociedad entera que se ha vuelto loca que por las transgresiones de una persona.[22] Los profetas levantan su voz contra el pueblo en su conjunto, o se enfocan en los líderes y en aquellos que tienen poder e influencia sobre el pueblo en su totalidad (como el Rey David, 2 Samuel 12:1-15).

En tercer lugar, este pecado es horrendo. A los profetas no les importan los pecados pequeños o las transgresiones triviales. Por ejemplo, nunca dicen que los babilonios aplastarán a Jerusalén por el lenguaje soez de una persona.[23] En lugar de eso, condenan cosas que son especialmente

---

[21] Dos excepciones son Josías, en 2 Reyes 23:25, y los asirios, en Jonás 3:6-10.

[22] En el canon antes de los profetas, hay ejemplos del castigo de Dios por los pecados de un individuo (por ejemplo, Génesis 12:17-19; Números 15:32-36; Josué 7). Sin embargo, para cuando llegamos a los profetas literarios, el enfoque está más en los pecados de la nación y sus líderes.

[23] Al contrario, en ocasiones los propios profetas se sintieron obligados a usar malas palabras. El hebreo de Ezequiel 23 es mucho más explícito de lo que admiten la mayoría de las traducciones al castellano.

horrendas. Amós ataca a los que cometen crímenes masivos contra la humanidad, que matan a los inocentes (1:11-12).[24] En reiteradas ocasiones, los profetas denuncian el sacrificio de niños (Isaías 57:5; Jeremías 7:31-32; 32:35; Ezequiel 16:20-21, 36; 20:31). Una y otra vez, los profetas claman contra la idolatría porque la gente está abandonando al mismo Dios que los rescató de la esclavitud. Además, expresan la furia de Dios por la explotación de los pobres, de los necesitados y de los vulnerables, cosas que deberían molestarnos a todos.

Por qué es bueno que Dios se enoje

Por extraño que parezca, realmente hay cosas buenas en la ira de Dios. Tan solo imagina la alternativa: un Dios que nunca se enoja por las peores atrocidades, un Dios que escucha el grito de los necesitados pero que se niega a responder con justicia, un Dios que le dice "te amo" al faraón, en lugar de "deja ir a mi pueblo" (Ver "Un Dios al que Hitler amaría").

Un Dios al que Hitler amaría

Una ex monja escribe: "Es maravilloso no tener que acobardarnos ante una deidad vengativa que nos amenaza con la condenación eterna si no cumplimos sus reglas".[a]

Conor Cunningham, un experto en el estudio de las religiones, responde: "Imagínese si Hitler, y no una ex monja, hubiera escrito esas palabras".[b] Cunningham luego refiere a sus lectores a Czesław Miłosz, quien escribió: "Un verdadero opio para la gente es la creencia en la nada después de la muerte, el gran consuelo de pensar que nuestras traiciones, codicia, cobardía, y los asesinatos no serán juzgados".[c]

a. Armstrong, *Una historia de Dios*, 378.
b. Cunningham, *Darwin's Pious Idea*, 235.
c. Miłosz, "Discreto encanto del nihilismo".

¿Sería el tal digno de nuestra alabanza? ¿Podríamos adorar honestamente a esa deidad? ¿Es justo pedirles a las personas que sufren injusticias que le canten himnos a un Dios que permanece tan desconectado de los asuntos de la humanidad? ¿Debería decirles a mis estudiantes de África Oriental, que han perdido a la mitad de sus familiares a causa de la gue-

---

24 Schlimm, "Teaching the Hebrew Bible... Amos 1:3-2:3".

> **Dios no es una tarjeta Hallmark**
> "No creo que deba molestarnos que [Dios] no sea una tarjeta de felicitación de Hallmark. Si Dios ha de ser Dios, el Creador de todo, debe estar completamente más allá de nuestra comprensión y, por lo tanto, debe ser terriblemente aterrador".
> Thomas Cahill, *Gifts of the Jews*, 245.

rra, que Dios no se enoja con quienes mataron a sus seres queridos? (Ver "Dios no es una tarjeta Hallmark").

El padre de la iglesia, Tertuliano, en respuesta a Marción, observó que, si Dios no castigaba la iniquidad impenitente, entonces la dejaría ir libre; esencialmente, la condonaría. El Creador del universo quedaría reducido a un cobarde incapaz de luchar contra el mal.[25]

En el libro de Jeremías, Dios describe los pecados de las personas y pregunta cuál debería ser la respuesta adecuada:

> *Sin duda en mi pueblo hay malvados,*
> *que están al acecho como cazadores de aves,*
> *que ponen trampas para atrapar a la gente.*
> *Como jaulas llenas de pájaros,*
> *llenas de engaño están sus casas;*
> *por eso se han vuelto poderosos y ricos,*
> *gordos y pedantes.*
> *Sus obras de maldad no tienen límite:*
> *no le hacen justicia al huérfano,*
> *para que su causa prospere;*
> *ni defienden tampoco*
> *el derecho de los menesterosos.*
> *¿Y no los he de castigar por esto?*
> *¿No he de vengarme de semejante nación?*
> *—afirma el* Señor*—. (Jeremías 5:26-29)*

Aquí, Dios denuncia la forma en que las personas explotan a los débiles, a los pobres y a los vulnerables. Dios cree que está mal que algunas personas se vuelvan glotonas mientras otras mueren de hambre. Dios cree que está mal que se descuiden los derechos de los pobres en los tribunales. Dios cree que está mal engañar a las personas con el poco dinero que

---

25 Tertuliano, *Against Marcion* 1.27 (ANF 3: 292).

tienen. Nosotras y nosotros deberíamos sentirnos de la misma manera.

Martin Luther King Jr. observó que pocas cosas eran peores que ver la injusticia y no hacer nada en respuesta. Como él dice, "cualquiera que acepte el mal de manera pasiva está igual de implicado en él como quienes ayudan a perpetuarlo. Quienes aceptan el mal sin protestar contra él, realmente están cooperando con él". Para King, permanecer en silencio ante la injusticia era aún más deplorable que la maldad flagrante. En otro lugar escribió:

> *Si los moderados del sur blanco no actúan ahora, la historia tendrá que registrar que la mayor tragedia de este período de transición social no fue el estridente clamor de la gente mala, sino el espantoso silencio de la gente buena.*[26]

A diferencia de las personas complacientes, el Dios de la Biblia no se queda de brazos cruzados mientras florece la maldad desenfrenada. Este Dios se niega a permanecer en silencio mientras las personas se dañan entre sí o mientras dañan la creación. Este Dios no acepta pasivamente el mal. El mal lo ofende. No querríamos que fuera de otra manera. (Ver "La crueldad infernal de la humanidad").

LA CRUELDAD INFERNAL DE LA HUMANIDAD

"La destructividad del poder de Dios no se debe a su hostilidad hacia la humanidad, sino a su preocupación por la justicia, a su intolerancia a la injusticia… La ira de Dios es feroz porque la crueldad de la humanidad es infernal".[a]

Abraham Joshua Heschel, *Los profetas*, 1:80 (texto alterado para reflejar la inclusión de género)

---

a. Heschel puede estar aludiendo al Holocausto. Esta obra fue dedicada "a los mártires de 1940-1945" (1: v).

LEYENDO EL TEXTO CON ATENCIÓN

Cuando estudiamos la Biblia de cerca, encontramos otras imágenes que surgen junto con la ira de Dios. A veces, por ejemplo, encontramos a Dios no enojado, sino afligido por el continuo rechazo de la gente:

---

26 King, *Testamento de esperanza*, 429, texto alterado para reflejar la inclusión de género; 475.

> *¿Acaso he sido para Israel*
> *un desierto o una tierra tenebrosa?*
> *¿Por qué dice mi pueblo:*
> *"Somos libres, nunca más volveremos a ti"?*
> *¿Acaso una joven se olvida de sus joyas,*
> *o una novia de su atavío?*
> *¡Pues hace muchísimo tiempo*
> *que mi pueblo se olvidó de mí! (Jeremías 2:31-32)*

El erudito bíblico Terence Fretheim ha demostrado que Dios sufre no solo por el rechazo de su pueblo. Dios también sufre junto a la gente que sufre, incluso si el dolor se debe a su propio pecado.[27] Este sufrimiento de Dios en el Antiguo Testamento presagia lo que viene con Jesús en el Nuevo.[28]

Aunque los escritos proféticos contienen algunas de las imágenes más aterradoras de la ira de Dios, también incluyen algunas de las imágenes más esperanzadoras de Su amor, que perdura incluso más allá de su castigo. En la Biblia, la ira divina rara vez tiene la última palabra. Debido a que Dios es misericordioso, los profetas no solo traen palabras condenatorias sobre el futuro. También resuenan sus oráculos de esperanza. Ya había dicho antes que la ira de Dios tardó siglos en fructificar a través de la conquista babilonia de Jerusalén. En repetidas ocasiones, el Antiguo Testamento ofrece la esperanza al otro lado de este evento catastrófico. Como dice Dios en Isaías 54:

> *Por un breve momento te abandoné*
> *pero con gran compasión te reuniré.*
> *En ira desbordante, por un momento escondí mi rostro de ti*
> *pero con amor eterno tendré compasión de ti, dice el* SEÑOR, *tu Redentor…*
> *Porque los montes se apartarán y los collados desaparecerán,*
> *pero mi misericordia no se apartará de ti,*
> *y mi pacto de paz no será quitado,*
> *dice el* SEÑOR, *que se compadece de ti. (54:7-8,10, NRSV)*

---

27 Fretheim, *Suffering of God*, caps. 7-8.
28 Cf. Íbid., 6–7, 166; Brueggemann, *Teología del Antiguo Testamento*, 302.

Lamentablemente, las personas que usan la Biblia para condenar a otras rara vez siguen el ejemplo de los profetas de tranquilizar a las personas al decirles que, incluso más allá del castigo, el amor de Dios persistirá en abundancia.

El libro de Amós, que continuamente lanza acusaciones y pronostica destrucción, termina, sin embargo, con una nota de esperanza:

Restauraré la fortuna de mi pueblo Israel,
y reconstruirán las ciudades arruinadas y las habitarán;
plantarán viñas y beberán su vino,
y cultivarán huertos y comerán de sus frutos. (Amós 9:14, NRSV)[29]

Al otro lado de la catástrofe, encontramos atisbos de una buena vida, incluso aquí en la tierra.

Cuando la gente lee a los profetas, suele ignorar la ira de Dios o pasar por alto el consuelo divino. Sin embargo, nuestra Biblia entrelaza los dos. Como dicen los salmos:

Porque la ira [de Dios] es solo por un momento;
su favor es para toda la vida.
El llanto puede durar la noche
pero la alegría viene con la mañana. (Sal. 30:5, NRSV)

El Antiguo Testamento es muy consciente de cómo las malas decisiones tienen consecuencias terribles. También es consciente de que el amor de Dios persiste antes, durante y después de esas consecuencias.[30]

Conclusión

A primera vista, puede parecer que hacerse amigo del Antiguo Testamento es como hacerse amigo de una persona con ideas distorsionadas de lo divino, alguien que se deleita con la idea de un Dios airado. Sin em-

---

[29] Muchos estudiosos plantean que este epílogo no es original del libro (por ejemplo, Jeremías, *Book of Amos*, 5, 9). En cualquier caso, el texto, tal como ha sido transmitido, se niega a omitir cualquier sentido de esperanza.

[30] Como explico en Schlimm, "Different Perspectives", 693, incluso algunas de las declaraciones más iracundas de Dios traen consigo destellos de su gracia (cf. Jeremías 12:8 y 12:15).

>
> **IRA EN TENSIÓN**
> "A pesar de su trágica necesidad […], la ira no se describe como una emoción en la que Dios se deleita; por el contrario, le duele estar enojado (Lamentaciones 3:33) y preferiría evitar por completo la ira (Isaías 27:2-3; Oseas 11:9)".[a]
> Gary A. Herion, "Wrath of God (OT)", 995
>
> a. También Isaías 28:21 indica que la ira no es la forma normal en la que Dios interactúa con las personas.

bargo, cuando aprendemos más, descubrimos que la Biblia habla de la ira de Dios de formas complicadas e intrincadas. El Antiguo Testamento revela a un Dios que está profundamente preocupado por el mal y se opone firmemente a él, pero que también es lento para la ira. Descubrimos que la ira de Dios existe en una tensión incómoda con el amor.[31] (Ver "Ira en tensión").

Entender la ira de Dios requiere mantener varias cosas claras. Al mirar el Antiguo Testamento como un todo, descubrimos lo siguiente:

1- La ira de Dios es real.
2- La ira de Dios debe tomarse en serio.
3- Dios es lento para la ira.
4- Esta ira no perdura.

Si nos equivocamos en alguno de estos puntos, terminamos con una imagen sesgada de Dios. Si descuidamos los ítems 1 y 2, Dios se convierte en un cachorro que nos permite hacer lo que queramos, sin oponerse al mal grave. Si descuidamos los 3 y 4, Dios se convierte en una presencia cruel en nuestras vidas, un monstruo que busca destruirnos.

Ninguna de estas imágenes retorcidas coincide con lo que la Biblia en su conjunto dice acerca de la Divinidad. La ira de Dios es como la ira humana y, a la vez, es diferente a la ira humana.

Uno de mis profesores universitarios favoritos dijo que la herejía no es tanto la aceptación de mentiras descaradas. La herejía es fracasar en la consecución de las prioridades correctas, dándoles preponderancia a las

---

31 Brueggemann, en *Teología del Antiguo Testamento*, 267-313, esp. 268, 295-96, plantea que hay tensiones similares en Dios; habla de las disyunciones entre "soberanía ilimitada y solidaridad arriesgada" y entre "el ego de Yavé" y "el compromiso de Yavé con Israel".

menos importantes y quitándoles valor a las más trascendentes.[32] Infortunadamente, los cristianos y cristianas de hoy tienden a lanzar al área de asuntos menores algunos de los cuatro puntos anteriores y terminan con una imagen no bíblica de Dios.

Otras partes de este libro han enfatizado la importancia de leer la Biblia junto con otras personas que caminan en pos del evangelio. Cuando se trata de textos sobre la ira de Dios, es especialmente útil leerlos con otras personas fieles. Nuestras hermanas y hermanos en Cristo pueden ayudarnos a evitar los extremos de imaginar a Dios como incapaz o como alguien que solo es capaz de enojarse.

Para un estudio posterior

Brueggemann, Walter. *Teología del Antiguo Testamento: Un juicio a Yavé*. Sígueme, 2007. Esp. 267–313.

Fretheim, Terence E. "Theological Reflections on the Wrath of God". Horizons in Biblical Theology 24 (diciembre de 2002): 1–26.

Heschel, Abraham. *Los profetas*. 2 vols. Buenos Aires: Editorial Paidós, s/f.

Schlimm, Matthew R. "Different Perspectives on Divine Pathos: An Examination on Hermeneutics in Biblical Theology". *Catholic Biblical Quarterly* 69, no. 4 (2007): 673–94.

> Brueggemann, Fretheim y Heschel son destacados intérpretes que han estudiado cuidadosamente la ira de Dios y su apasionada participación en el mundo. Mi artículo explica las diferencias entre estos autores, mostrando, por ejemplo, que Brueggemann conecta estrechamente la ira humana y divina, mientras que Heschel las diferencia claramente, y Fretheim, por otro lado, encuentra un término medio.

El sitio web www.MatthewSchlimm.com tiene recursos adicionales, incluidas preguntas para la discusión grupal.

---

32 Victor Hamilton solía compartir esa idea en muchas de sus clases en Asbury College (ahora Asbury University).

12

La autoridad del Antiguo Testamento

Una pregunta ha estado al acecho debajo de la superficie de todas las discusiones anteriores: ¿Cómo debemos pensar la autoridad del Antiguo Testamento? Las personas que nos declaramos cristianas solemos hablar de la Biblia como *la palabra de Dios*, *inspirada* y como la *revelación de Dios*. Sin embargo, ¿es posible ser más específicos? ¿Cómo deberíamos ver el poder del Antiguo Testamento sobre nuestras vidas? Este capítulo final explora diferentes modelos de autoridad bíblica, buscando las mejores formas de pensar sobre el Antiguo Testamento.

¿Qué es una autoridad?

Es útil comenzar pensando en qué es una autoridad. Muchos tipos de personas funcionan como autoridades. Un *sargento* en el batallón, sin dudas, es una autoridad. Se espera que los soldados obedezcan sin cuestionar todas las órdenes que se emiten. De no hacerlo, se enfrentarían a graves consecuencias.

Los *jefes o jefas* también son figuras de autoridad. Algunos de nosotros y nosotras tenemos grandes jefes. Otros tenemos jefes desastrosos. Sin embargo, sean buenos o no, nuestros superiores en el lugar de trabajo ejercen cierto nivel de control sobre cómo nos desempeñamos en nuestras funciones.

Los *profesores y profesoras* también son autoridades. Saben más que nosotros, pero comparten sus conocimientos y nos ayudan a ser mejores personas.

A veces, la gente habla de autoridades más ajenas a sus vidas. Por ejemplo, puedo ver un programa de televisión sobre dinosaurios que tiene como invitada a una autoridad en paleontología. La idea aquí es que esta *persona experta* es una fuente confiable. Del mismo modo, un *libro* sobre dinosaurios escrito por esa científica sería considerado una autoridad (en efecto, la palabra *autoridad* está relacionada con la palabra *autor*).

Esto trae a colación un punto importante. La gente suele usar *autoridad* para *algo que no es humano*. El fallo de un juez, por ejemplo, puede considerarse autoritativo para futuros casos judiciales.

En la actualidad, demasiada autoridad resulta sospechosa. Desde el siglo XVII (el llamado Siglo de las Luces), los pensadores fundamentales han sido extremadamente recelosos de las formas tradicionales de autoridad. Incluso se podría decir que, hoy, rechazar la tradición es una tradición.

Además, muchos de nosotros y nosotras vivimos en países que celebran la independencia de nuestra nación del control de otra. Amamos la libertad, especialmente la que nos garantiza que otras personas no nos van a decir lo que debemos hacer. Valoramos la libertad, ya sea que eso signifique que somos nuestras propias autoridades o que podemos decidir qué autoridades influyen en nuestras vidas.

Autoridad bíblica: diferentes puntos de vista

Así como hay muchas formas de pensar sobre la autoridad en general, hay muchas formas de pensar sobre la autoridad del Antiguo Testamento en particular.

Autoridad nula o limitada

En un extremo del espectro están quienes rechazan por completo la autoridad de la Biblia. Obviamente, muchos ateos adoptan esa postura. Como vimos en el capítulo 1, Marción y sus discípulos también siguieron este enfoque, desechando el estatus sagrado del Antiguo Testamento.

Otros afirman que el Antiguo Testamento tiene una autoridad limitada en cuanto reliquia histórica del mundo antiguo. Incluso en este punto hay un debate sobre cuán confiable es ese texto como manuscrito histórico, dada la naturaleza sesgada de esos escritos que no dudan en hablar de lo sobrenatural.

O también están quienes podrían decir que la Biblia es importante porque le ha dado forma a la cultura moderna, especialmente en el hemisferio occidental. Sin embargo, esta posición aún está muy lejos de decir que el Antiguo Testamento debería moldear nuestras propias vidas de manera definitiva en la actualidad.

El modelo Sargento de Infantería

Entre las personas que aceptan el Antiguo Testamento como una autoridad en sus vidas, los extremistas suelen tener las voces más estridentes. Muchos ven a la Biblia como algo parecido a un sargento instructor de ejercicios: nos dice qué hacer y lo hacemos. No se hacen preguntas. Como reza un dicho popular, "Dios lo dijo. Yo lo creo. Eso lo resuelve. Siempre".

Ese refrán puede ser una fuente de consuelo para las personas que luchan con dudas o que necesitan seguridad. En términos más generales, el modelo de autoridad bíblica de Sargento de Infantería puede funcionar para algunas personas, especialmente para quienes se sienten cómodos con los modelos militares de autoridad. Sin embargo, mucha gente tiene problemas cuando este tipo de autoridad se convierte en su base principal para pensar en el poder de la Biblia en nuestras vidas. Por ejemplo, si el Dios de la Biblia nos ama, entonces, ¿por qué la Biblia habría de ser más un sargento que un maestro amable?

Otro problema con este modelo de autoridad es el siguiente: los cristianos y cristianas del Nuevo Testamento no lo seguían de tal manera. Como se señaló en los capítulos 7 y 8, el Antiguo Testamento ordena la circuncisión y las restricciones alimentarias. Si la iglesia primitiva hubiera visto el Antiguo Testamento como un sargento de infantería, nunca se habría desviado de esos mandamientos. Por el contrario, la iglesia se reunió y trabajó con el Espíritu Santo para discernir que Dios estaba haciendo algo nuevo.

El modelo de autoridad bíblica Sargento de Infantería también es susceptible al mal uso. En las comunidades de fe donde la Biblia debe ser aceptada sin espacio para ninguna pregunta, con demasiada frecuencia los líderes usan sus propias (a veces bastante erróneas) interpretaciones de las Escrituras para manipular a otros a fin de que cumplan sus órdenes. Para evitar las imágenes malsanas de dominio y sumisión, la mayoría de nosotros y nosotras haríamos bien en mirar más allá de este modelo de autoridad bíblica.[1]

---

[1] Lancaster, "Authority and Narrative", 84. Ver también Lancaster, *Women and the Authority of Scrip-*

El modelo inerrante-infalible

Otro enfoque considera a la Biblia menos como alguien que grita órdenes y más como un orador persuasivo y preciso. Este modelo afirma que la Biblia es *inerrante* (libre de errores) e *infalible* (incapaz de decepcionar a los lectores).[2]

Este tipo de lenguaje apunta a que la Biblia es algo así como un diccionario confiable que da definiciones de Dios, la humanidad y el mundo. La Biblia lo resuelve todo y define quién es Dios.

También, para quienes tienen una mentalidad más científica, puede ser que palabras como "infalible" impliquen que la Biblia es algo similar a *una fórmula matemática para la vida*: solo se necesita aplicarla (la Biblia) a los números correctos (su vida), y para obtener la respuesta correcta (lo que debe hacer) cada vez.

Otra posibilidad es que, para quienes gustamos de la historia, palabras como "infalibilidad" sugieran que cada detalle de la Biblia siempre será comprobado según los estándares históricos modernos.

Muchas personas encuentran atractivo el lenguaje de la *inerrancia* y la *infalibilidad*. En la medida en que su principal preocupación sea decir que la Biblia en su conjunto es confiable cuando se trata de pensar en Dios, la humanidad y la creación, no tengo ningún problema con quienes piensan así. Sin embargo, pueden surgir muchos problemas cuando palabras como "infalible" marcan el tono de nuestra forma de pensar acerca de la Biblia (ver "Allí donde la Biblia enmudece").

> **Allí donde la Biblia enmudece**
>
> "En ninguna parte, la Biblia habla de inerrancia"
> William Abraham *Divine Inspiration*, 31

Para empezar, el lenguaje de la "inerrancia" propone que tratamos con el tipo de sentencias que pueden tener un valor verdadero o falso. Sin embargo, la Biblia se niega a limitarse

---

ture, esp. Cap. 7. En 166-77, la autora habla de tomar "[a] la Biblia como maestra". Si bien me gusta mucho más la metáfora de la maestra que la del sargento de instrucción, puede que no funcione para las personas que no han sido profundamente inspiradas por sus maestros. Esta metáfora también se rompe con bastante rapidez: el Antiguo Testamento es íntimo con sus lectores y lectoras, lo comparte todo, desde las actividades sexuales en el Cantar de los Cantares hasta la ira cruda y desenfrenada en muchos salmos. Obviamente, los maestros con límites saludables no comparten esos aspectos de su vida personal con los estudiantes.

2 Si bien muchos autores perciben una distinción entre inerrancia e infalibilidad, las diferencias pueden variar de un escritor a otro (Thorsen y Reeves, *What Christians Believe about the Bible*, 165–79; cf. Plummer, *40 Questions about Interpreting*, 38).

a oraciones declarativas susceptibles de clasificarse como un hecho o una mentira. Algunas de las mejores partes de la Biblia no son sus declaraciones, sino sus preguntas, sus mandamientos y sus exclamaciones. La mayor parte de esas alocuciones no se puede evaluar de acuerdo con un simple esquema de verdadero o falso. Sin embargo, estas preguntas, mandamientos y exclamaciones pueden moldear nuestras vidas en formas poderosas. ¿Dónde estaríamos si no tuviésemos la libertad de hacer preguntas honestas en oración (vea el capítulo 9)? ¿Dónde estaríamos sin los mandamientos de amar a Dios con todo lo que somos? ¿Dónde estaríamos sin exclamaciones como las siguientes?

> Oh Señor, Soberano nuestro,
> ¡qué imponente es tu nombre en toda la tierra! (Sal. 8:1)

En segundo lugar, un lenguaje de "inerrancia" hace que los lectores y lectoras de la Biblia se concentren en las cosas incorrectas. Además de los diccionarios y las fórmulas matemáticas, el lenguaje de la infalibilidad sugiere algo así como un relato histórico exacto o una descripción científica precisa. Sin embargo, como vimos en los capítulos 2 y 3, resulta fácil pasarnos por alto los puntos principales de los textos bíblicos si nos acercamos a ellos pensando que su objetivo es transmitir información histórica o científica.

En tercer lugar, si la "infalibilidad" es la manera principal en la que debemos pensar acerca de la Biblia, entonces estamos en la obligación de lidiar con expresiones antiguas y extrañas como "los cuatro confines de la tierra" (Isaías 11:12; Ezequiel 7:2; Mateo 24:31; Marcos 13:27; Apocalipsis 7:1), si es que tales expresiones están libres de errores. De repente, necesitamos preocuparnos por los detalles más pequeños, como si Ocozías

Pérdida de energía

"El énfasis en la infalibilidad no contribuye a tomar el texto de las Escrituras con gran seriedad. Tiende a desviar la energía de la tarea de interpretar las Escrituras a una preocupación por la armonización, lo que dificulta, antes que ayudar, la comprensión de textos particulares".[a]
John Goldingay, *Models for Scripture*, 277

---

a. Sobre "la idolatría de la historia", ver Mark S. Smith, *Memoirs of God*, 164–65.

se convirtió en rey de Judá cuando Joram estaba en su undécimo o duodécimo año como rey de Israel (2 Reyes 8:25; 9:29). Antes bien, debemos centrarnos en asuntos más importantes, como la salvación del mundo (ver "Pérdida de energía").

> #### Cuernos de Moisés
>
> Un buen ejemplo de intérpretes que malinterpretaron la Biblia se muestra en la estatua de Moisés, de Miguel Ángel (Ver Figura 6). Como bien observarás, Moisés tiene cuernos que le salen de la cabeza. Éxodo 34:29-35 dice que Moisés no sabía que su rostro irradiaba después de haber pasado un tiempo hablando con Dios. Sin embargo, la palabra hebrea para *irradiar* es similar a la palabra hebrea para *cuerno*. Entonces, cuando Jerónimo tradujo el texto al latín en el siglo IV, escribió erróneamente: "Moisés no sabía que su rostro tenía cuernos". Hoy, este error parece divertido, pero ilustra cómo la iglesia cometió algunos errores importantes al traducir e interpretar la Biblia.

Figura 6. Cuernos de Moisés. *Wikimedia Commons*, http://commons.wikimedia.org/wiki/File:Moses_San_Pietro_in_Vincoli.jpg

En cuarto lugar, el lenguaje de la "inerrancia" puede dar a entender que la Biblia nunca defraudará a la gente. Sin embargo, sabemos que las personas somos finitas y pecadoras. Sabemos que la iglesia ha malinterpretado las Escrituras, a veces durante siglos (ver "Los cuernos de Moisés"). Sabemos que incluso el diablo puede citar las Escrituras (Mateo 4:1-11). Sabemos que necesitamos de otras personas y del Espíritu Santo para encontrarle un sentido adecuado a la Biblia, e incluso así, no logramos llegar a respuestas definitivas. Quizás todos estos problemas se encuentran más en nosotros como seres humanos pecadores que en la Biblia misma. Sin embargo, ¿de qué sirve hablar de la Biblia como inerrante si nosotras y nosotros, como seres humanos, no podemos usarla de manera infalible?[3] Sabemos que, en ocasiones, las personas en la Biblia sintieron que

---

[3] A veces, la gente intenta argumentar que, si bien puede haber errores en los manuscritos antiguos

Dios los había defraudado (véase el capítulo 9). Nos equivocaríamos al pensar que nunca sentiremos lo mismo acerca de la Biblia.

Por último, y lo más condenatorio, las únicas Escrituras que pueden considerarse libres de errores y a prueba de fallas son las aburridas. Si quieres dormir, lee algo que cuente solo hechos secos, algo que pueda comprobarse como cierto en un laboratorio y que nunca haga afirmaciones audaces. Pero no leas la Biblia. Evita sus relatos memorables de la creación, sus historias con clasificación +18, sus afirmaciones innovadoras sobre el género, sus leyes particulares, sus oraciones brutalmente honestas y sus historias de una deidad colérica.

¡Apégate a literatura más segura! Abre un diccionario y observa hasta dónde puedes llegar antes de que tus ojos se muevan sobre las palabras sin que nada quede registrado en tu mente. Dedica algún tiempo a un libro de texto de filosofía. Examina relatos históricos que se ciñan solo a los hechos desnudos, con una interpretación mínima. Estudia los primeros mil dígitos de π. Pero no leas la Biblia en sí, ni pretendas enfocar tu atención en las rarezas, maravillas y sorpresas que contiene.

Una forma de acercarnos a Dios

Los cristianos y cristianas han propuesto una variedad de otros modelos de autoridad bíblica. Muchos de estos modelos enfatizan que la Biblia no es Dios, sino tan solo una manera de acercarse a Dios.[4] El teólogo Karl Barth dice que la Biblia es como un vaso de barro que contiene tesoros celestiales. Tiene sus limitaciones y debilidades y, sin embargo, podemos maravillarnos de que Dios aparezca incluso en medio de las deficiencias del texto.[5]

Otra parte afirma que la Biblia es *simplemente un dedo que señala a Dios*. Nosotros como seguidores y seguidoras del Evangelio necesitamos centrarnos en Dios más que en el dedo, o nos perderemos todo el panorama.[6] (Ver "Dios aprisionado"). Juan Calvino hizo un planteo similar al

---

sobrevivientes de la Biblia, los originales (llamados "autógrafos") eran infalibles. Sin embargo, no tenemos esos manuscritos originales, por lo que el argumento hace poca diferencia significativa.

4 Ver McKnight, *Blue Parakeet*, 87–88.

5 Barth, *Dogmática eclesiástica*, vol. 3, pt. 1: 93–94. Esta metáfora de Barth es parte de una idea suya más amplia de que Jesús es la Palabra de Dios, y la Biblia sirve como testimonio de esa Palabra (ver, por ejemplo, ídem, *Evangelical Theology*, 36). Cf. Sparks, *Sacred Word*, 156–57.

6 Weems, *Battered Love*, 119; Yang, "Word of Creative Love, Peace, and Justice."

> **Dios aprisionado**
> La Biblia cristiana "solo puede convertirse en y ser la Palabra de Dios en la medida en que no pretendamos confinar a Dios a sus páginas, pues de esa manera la haríamos una sustituta del Dios que nos habla y que reclama sus prerrogativas sobre nosotros".
> Ernst Käseman, "Canon of the New Testament", 105-6

comparar la Biblia con *un par de anteojos que nos permiten ver quién es Dios*. Nos permite ver a Dios, pero no debe equipararse con la presencia de Dios en el mundo.[7]

Estas imágenes brindan recordatorios importantes de que nuestro enfoque final es Dios, no la Biblia en sí. Sin embargo, cuando dichas imágenes se convierten en nuestra forma principal de pensar sobre la Biblia, no logran sus propósitos. Primero, porque implican que la Biblia solo trata acerca de Dios. Si bien Dios es el personaje dominante en la Biblia, esta tiene mucho que enseñarnos sobre la creación, otras personas y nosotros mismos. Las metáforas presentadas no le hacen justicia a lo mucho que la Biblia tiene que decirnos sobre esas otras cosas.

En segundo lugar, ninguna de esas metáforas capta lo extraña que es la Biblia. La Biblia trastorna nuestras expectativas. Está llena de complejidad. Sorprende a sus lectores y lectoras. En comparación, una pieza de cerámica, un dedo que señala o un par de anteojos son imágenes demasiado aburridas como para capturar los desafíos y las alegrías de leer la Biblia.

Un modelo mejor

La iglesia de hoy necesita un mejor modelo de autoridad bíblica, uno que refleje la naturaleza viva de la Palabra de Dios, uno que comprenda mejor todas las partes de la Biblia, no solamente oraciones verdaderas o falsas. Necesitamos una manera de abordar las Escrituras que implique respeto y honor y que, al mismo tiempo, nos dé espacio para admitir que algunos textos tienen muy poco sentido para nuestra vida hoy. Necesitamos un modelo que no provenga de ideas de autoridad de las que se pueda abusar fácilmente, uno que tenga menos que ver con sargentos de infantería o con la inerrancia, y más con las relaciones saludables.[8]

---

[7] Calvino, *Institución* 1.6.1. Véase también Kort, "Take, Read", 31. Bloesch, *Holy Scripture*, 59, se une a Calvino en el uso de una metáfora óptica, diciendo que la Biblia es como una bombilla.
[8] Cf. McKnight, *Blue Parakeet*, 84-86, 89-93.

A lo largo de este libro, sostuve que EL ANTIGUO TESTAMENTO ES NUESTRO AMIGO EN LA FE. Esta metáfora sugiere que, por muy antiguo que sea el Antiguo Testamento, todavía está vivo, algo puede decirnos hoy de manera poderosa. Como un amigo con el que te encanta estar, el Antiguo Testamento es divertido, emocionante, honesto, apasionado y lleno de vida.

Ver al Antiguo Testamento como nuestro amigo en la fe explica de qué manera podemos establecer un compromiso firme con las Escrituras, incluso al expresar preguntas, dudas y posibles desacuerdos con ellas. Lo mismo pasa con nuestros amigos y amigas. Los respetamos. Les honramos. Tomamos sus dichos con gran seriedad, incluso si a veces cuestionamos o dudamos de lo que dicen.

Algunos dirán que necesitamos un modelo más contundente de autoridad bíblica, uno que evoque mayor poder y control. Sin embargo, ¿quién tiene más poder sobre nosotros que nuestros amigos más cercanos? ¿Quién nos influye más que la compañía que mantenemos? (Ver "Exigencia *vs.* invitación").

EXIGENCIA VS. INVITACIÓN

El sociólogo Christian Smith habla de dos tipos de autoridad. El primero implica un poder que se ejerce sobre los demás: obligar a las personas a hacer lo que quizás no quieran. El otro es el poder para hacer las cosas, que implica transformar a las personas para que actúen de manera diferente. Smith propone que pensemos menos en la autoridad bíblica en términos de obligatoriedad y más en términos de poder transformador.[a]

El erudito del Nuevo Testamento Joel Green tiene una idea similar: "La autoridad de las Escrituras es menos una exigencia y más una invitación a venir y vivir esta historia, a habitar el relato del propósito continuo y misericordioso de Dios para su pueblo".[b]

a. C. Smith, *Bible Made Impossible*, 164–65.
b. J. Green, *Seized by Truth*, 170; cf. Pregeant, *Reading the Bible*, pág. 32; Lancaster, *Women and The Authority of Scripture*, cap. 6.

Como ya resalté en el capítulo 6, ha habido ocasiones en las que mis amigos más cercanos me han dicho: "Matt, creo que estás cometiendo un gran error". En esos momentos, mis amigos y amigas me hablaron con un poder transformador que llegó hasta lo más profundo de lo que soy. Mis

> **Una verdad dolorosa**
> "Amar [demasiado] a los demás al punto de que no puedes tolerar verlos llevar a cuestas la mancha del pecado, y decirles verdades dolorosas con palabras amorosas: en eso consiste la amistad".
> Henry Ward Beecher, *Life Thoughts*, 81-82, alt

amigos cambiaron el rumbo de mi vida. Me hicieron una mejor persona (ver "Una verdad dolorosa").

Es posible que con los gobernantes solo seamos amables de labios para afuera y que nos limitemos a cumplir lo que nuestro jefe nos asignó, pero nuestros amigos y amigas son las personas que nos cambian de manera profunda. Recurrimos a ellos y ellas cuando más necesitamos a alguien. Sus palabras son las que tomamos más en serio que las de cualquier otra persona. Dejamos que las palabras de nuestras amistades más cercanas sean las que lleguen a lo profundo de nuestro corazón, y es así como nos hacen mejores personas.

De todos nuestros amigos y amigas en la fe, el Antiguo Testamento es fácilmente el más peculiar. Es un amigo de otra cultura y habla con un marcado acento hebreo. También hay una gran brecha generacional, una que abarca más de 2000 años. Tan pronto como el Antiguo Testamento comienza a hablar, nuestra mente se llena de preguntas.

Sin embargo, necesitamos a este extraño compañero precisamente porque el Antiguo Testamento rompe nuestras expectativas y nos obliga a pensar en las cosas de una manera nueva y de formas creativas y diferentes. El Antiguo Testamento asegura que siempre habrá más que aprender sobre Dios, sobre sus deseos y sobre su creación.

Conclusión

¿Qué clase de amigo en la fe es el Antiguo Testamento? Es más parecido a alguien a quien conocerías en un bar que a alguien a quien conocerías en una iglesia. A primera vista, es áspero. Habla con una honestidad brutal. No endulza las cosas en absoluto. No le importa compartir su dolor, su ira o sus secretos. El Antiguo Testamento no es en absoluto lo que esperamos que sea la Biblia. No coincide muy bien con su tan bíblica reputación.

Se ha dicho que este amigo se opone a la ciencia, hasta el punto de negar las mayores áreas de consenso en la comunidad científica. Sin embargo, cuando conocemos mejor al Antiguo Testamento, aprendemos que le encanta hablar sobre los fundamentos de la humanidad y el mundo a través de historias conmovedoras y simbólicas. También descubrimos que tiene una apertura crítica sobre los orígenes del mundo. Está bastante abierto a lo que la gente piensa sobre los albores de los tiempos, pero se niega a utilizar los relatos de los orígenes del mundo para excusar la violencia o la desigualdad.

Nos sorprende descubrir que el Antiguo Testamento habla con franqueza sobre temas que se evitan entre gente educada. Habla abiertamente sobre escándalos, sexo, violencia y sangre. Y, aunque al principio sus temas favoritos nos parecen extraños, justo lo contrario de lo que creemos que Dios querría que hablemos, pronto nos damos cuenta de que el Antiguo Testamento se refiere a esos momentos de la vida en que lo que más necesitamos es un amigo, una amiga. Se mete con nuestra pecaminosidad y violencia porque las cicatrices de la maldad cubren nuestro mundo caído.

Nos preocupa que el Antiguo Testamento sea un machista irrecuperable de una cultura patriarcal muy alejada de la nuestra. Sin dudas, a menudo refleja esa cultura. Sin embargo, cuando lo estudiamos con detenimiento, vemos que hay momentos en los que se libera de los prejuicios restrictivos de su época. En su declaración fundamental sobre el género, afirma de manera audaz que las mujeres y los hombres comparten la imagen de Dios. A medida que avanza, nos sorprende una y otra vez la forma en que subraya el valor de las mujeres, aunque la cultura circundante no lo haya hecho.

Estamos tentados a ignorar el Antiguo Testamento por considerarlo un mojigato legalista. Sin embargo, a medida que pasamos más y más tiempo con él, descubrimos que, en realidad, se parece más a un profesor de derecho que conoce diferentes leyes y que, en un estudio detenido, tiene mucho que enseñarnos hoy.

El Antiguo Testamento nos da la impresión de ser un individuo muy confundido que tiene grandes dificultades para mantener las cosas claras y que habla de maneras contradictorias. Sin embargo, entre más nos acercamos a él, con mayor claridad percibimos que, en realidad, tiene concepciones muy complejas acerca de la verdad, que son totalmente apropiadas para hablar de un Dios infinitamente complejo.

Nos escandaliza, la verdad es que nos ofende, la cruda intensidad con la que el Antiguo Testamento ora: no esconde nada en su corazón; grita de rabia y dolor, le hace preguntas incisivas a Dios, si no insultantes.

Consideramos incorrecto orar de la misma manera, hasta que nos damos cuenta de que la ira y el dolor están abriendo agujeros en nuestros propios corazones mientras oramos con una cortesía superficial apenas similar a cómo realmente nos sentimos.

Tememos que el Antiguo Testamento haya distorsionado las ideas acerca de Dios, especialmente cuando se trata de la ira divina. Preferimos mucho más un ser supremo que coincida con nuestras definiciones de amor, en lugar de una deidad iracunda que no podemos controlar. Sin embargo, a medida que nuestra amistad con el Antiguo Testamento se profundiza, nos damos cuenta de que la ira de Dios es una extensión de su bondad. Aprendemos que Dios es lento para la ira. Cuando esta ira se materializa, es frente a males horrendos que cualquier persona con un mínimo de decencia quisiera que terminaran. Descubrimos que el Antiguo Testamento nos dice la verdad acerca de Dios. Se niega a hablar de un Dios complaciente con el mal, un Dios que es un cobarde ante los grandes males del mundo, una deidad que haría sonreír a Hitler.

El Antiguo Testamento tiene mala reputación. Nuestras primeras impresiones no son buenas. Pero, al leerlo, releerlo y leerlo una vez más, aprendemos que es un amigo que posee el realismo que necesitamos para una auténtica vida de fe.

El Antiguo Testamento no es solo literatura interesante. No es simplemente útil para la vida de fe. Como un amigo, el Antiguo Testamento también ofrece una invitación irresistible a una vida más rica, más plena y más fiel de la que podríamos llevar por nuestra cuenta.[9]

Para un estudio posterior

Brown, William P. (ed). *Engaging Biblical Authority: Perspectives on the Bible as Scripture*. Louisville: Westminster John Knox, 2007.

> Esta excelente colección de ensayos ofrece una variedad de perspectivas sobre la autoridad de la Biblia y busca un término medio entre los extremos de la Biblia como autoridad inerrante y como carente de autoridad alguna.

---

[9] Aquí me refiero de manera intencional a Booth, *Company We Keep*, 223, que utiliza un lenguaje casi idéntico para describir las amistades literarias que ha formado con los grandes clásicos de la literatura.

Enns, Peter. *Inspiration and Incarnation:Evangelicals and the Problem of the Old Testament*. Grand Rapids: Baker Academic, 2005.

En este libro, Enns desarrolla el argumento (algo que otros han hecho, pero no de la misma manera) de que, así como Jesús era completamente divino y completamente humano, también lo es la Biblia. Lo hace abordando tres temas clave: (1) cómo se relaciona el Antiguo Testamento con su antiguo entorno del Cercano Oriente; (2) cómo el Antiguo Testamento es excepcionalmente diverso; y (3) cómo se interpreta el Antiguo Testamento en los escritos del Nuevo Testamento.

Goldingay, John. *Models for Interpretation of Scriptures*. Grand Rapids: Eerdmans, 1995.

———. *Models for Scripture*. Grand Rapids: Eerdmans, 1994.

En estos volúmenes, Goldingay analiza de manera útil cuatro formas comunes de pensar sobre la Biblia: como una tradición de testigos, como canon autorizado, como palabra inspirada y como revelación experimentada. Goldingay explica que cada modelo se relaciona principalmente con una parte de la Biblia: narrativa, Torá, profecía y apocalipsis, respectivamente. Además, explora hasta qué punto es apropiado relacionar cada modelo con la totalidad de las Escrituras. Estos son libros excelentes para estudiar la inspiración bíblica.

Lancaster, Sarah Heaner. *Women and the Authority of Scripture*. Harrisburg, PA: Trinity, 2002.

Este libro proporciona un relato reflexivo y erudito sobre cómo se puede respaldar la autoridad de la Biblia a la luz de las preocupaciones planteadas por las eruditas feministas.

Smith, Christian. *The Bible Made Impossible: Why Biblicism Is Not a Truly Evangelical Reading of Scripture*. Grand Rapids: Brazos, 2011.

En este libro, el sociólogo Christian Smith analiza las suposiciones conservadoras populares sobre la autoridad de la Biblia. Mientras permanece comprometido con el valor sagrado de la Biblia, Smith desafía presupuestos comunes que no concuerdan con las propias Escrituras, como la noción de que la autoridad bíblica es comparable a la autoridad de un oficial de policía.

El sitio web www.MatthewSchlimm.com tiene recursos adicionales, incluidas preguntas para la discusión grupal.

Apéndice

Una traducción literal de Génesis 2:4b-4:16

MI TRADUCCIÓN A CONTINUACIÓN SIGUE EL HEBREO más de cerca que la mayoría de las traducciones modernas. Las palabras hebreas se dan entre paréntesis para llamar la atención sobre características como la repetición.

2: 4b En el tiempo en que el SEÑOR Dios hizo la tierra [*erets*] y los cielos:

5 Aún no había planta del campo en la tierra [*erets*].
Todavía no había brotado ninguna vegetación del campo.

Porque el SEÑOR Dios no había hecho llover sobre la tierra [*erets*],
y no había terrestre [*adam*] para trabajar la tierra [*adamah*].
6 Un arroyo [*ed*] subía de la tierra [*erets*], y regó toda [*kol*] la faz de la tierra [*adamah*].

7 Entonces el SEÑOR Dios formó al terrestre [*adam*] del polvo [*apar*] de la tierra [*adamah*].
Inspiró en sus fosas nasales el aliento de vida [*hay*].
Así, el terrestre [*adam*] se convirtió en una criatura que vivió [*hay*].

8 Entonces el SEÑOR Dios plantó un huerto [*gan*] en Deleite, al oriente.
Allí [*sham*] puso [*sim*] al terrestre [*adam*] que él formó.
9 Entonces el SEÑOR Dios hizo brotar de la tierra [*adamah*]
todo [*kol*] árbol [*ets*] agradable a la vista y bueno para comer [*maakal*].
El árbol [*ets*] de la vida [*hay*] estaba en medio del jardín [*gan*],
junto con el árbol [*ets*] de experimentar el bien y el mal. (Ver "Experimentar el Bien y el Mal").

10 Un río sale de Deleite [*eden*] para regar el jardín [*gan*].
A partir de ahí [*sham*], se divide y se convierte en cuatro cabeceras.
11 El nombre [*shem*] de uno es Pisón.
Rodea toda [*kol*] la tierra [*erets*] de Havilah,
donde allí [*sham*] hay oro.

Experimentar el bien y el mal

La mayoría de las traducciones hablan del "árbol del conocimiento del bien y del mal". Sin embargo, la palabra hebrea en 2:9 puede referirse no solo al conocimiento en un sentido abstracto, sino también a la experiencia en un sentido concreto y vívido de conocer algo de primera mano o familiarizarse con él.

"Experimentar" tiene más sentido en el contexto. Cuando Adán y Eva desobedecen el mandamiento de Dios de no comer del árbol, experimentan las categorías del Bien y el Mal de una manera que no habían experimentado antes, descubriendo de primera mano lo que significa hacer el bien y el mal.

Aliteración

Génesis 2:14 contiene una docena de palabras en hebreo. La mayoría de estas palabras presentan de forma destacada un sonido "h":[a]

veshem hannahar hashelishi hid- deqel hu haholek qidmat ashur vehannahar harebii hu perat.

La repetición de sonidos de consonantes se llama "aliteración".

---

a. Consonante que se acerca a la /j/ en español. (Nota del traductor).

---

[12] El oro de esa tierra [*erets*] es bueno.
Allí [*sham*] hay también bedelio y la piedra de cornalina.
[13] El nombre [*shem*] del segundo río es Guijón.
Rodea toda [*kol*] la tierra [*erets*] de Cus.
[14] El nombre [*shem*] del tercer río es Tigris.
Fluye al este de Asiria.
El cuarto río es el Éufrates. (Ver "Aliteración").

[15] El Señor Dios tomó al terrestre [*adam*]
y lo hizo descansar en el Jardín [*gan*] de Deleite [*eden*],
para que lo trabajara y vigilara. (Ver "Oxímoron").

[16] El Señor Dios ordenó al terrestre [*adam*]:
"De todo [*kol*] árbol [*ets*] del jardín [*gan*] —comen [*akal*]— ¡comerás [*akal*]!
[17] Pero del árbol [*ets*] de experimentar el bien y el mal, ¡No comas [*akal*] de él!
¡Porque en el momento que comas [*akal*] de él —mueres [*mut*]— tú morirás [*mut*]!".

[18] El Señor Dios dijo:

Oxímoron

Un oxímoron es una forma de hablar contradictoria, como cuando decimos que algo es "terriblemente bueno". El versículo 2:15b contiene un ejemplo obvio de un oxímoron. La mayoría de las traducciones dicen que el Señor Dios "puso" al humano en el Jardín del Edén. Sin embargo, el hebreo significa literalmente "le hizo descansar". A un nivel superficial, este significado literal parece incongruente con las siguientes palabras "para que lo trabajara y cuidara". Sin embargo, parece que esta idea de descanso sirve para calificar el tipo de trabajo previsto: es diferente tanto al trabajo que induce el sudor de 3:17-19 como del trabajo impuesto a la humanidad por las deidades en otros mitos del mundo antiguo (como el babilónico En*uma Elish*).

"No es bueno que el terrestre [*adam*] esté solo.
Le haré para él: una ayudante como su contraparte". (Ver "Asonancia").

[19] Entonces el Señor Dios formó de la tierra [*adamah*]
todo [*kol*] ser viviente [*hayyah*] en el campo
y todo [*kol*] pájaro en los cielos.
Luego llevó cada uno al terrícola [*adam*]
para ver cómo lo llamaría.
Lo que sea que [*kol*] el terrestre [*adam*] llamó una criatura viviente [*hay*],
 ese era su nombre [*shem*].

Asonancia

"Asonancia" significa *repetición de sonidos vocales*. En hebreo, el final de Génesis 2:18 muestra esta característica literaria. Está dominado por el sonido *"e"*:

 e'eseh-lo ezer kenegdo

[20] El terrícola [*adam*] gritó nombres [*shem*] para cada [*kol*] bestia, para cada [*kol*] ave en los cielos,[1]
 y para todo [*kol*] ser viviente [*hayyah*] en los campos.
Pero para el terrestre [*adam*], no pudo encontrar un ayudante como su contraparte.

[21] Entonces el Señor Dios hizo caer un sueño profundo sobre el terrestre [*adam*]. Él durmió.
Luego tomó una de sus costillas, y encerró carne [*basar*] en su sitio.
[22] El Señor Dios construyó —con la costilla que tomó del terrestre [*adam*]— una mujer [*ishah*].

---

1 La palabra para "todos / cada" en este renglón probablemente se eliminó debido a un error del escriba. Otros manuscritos antiguos la contienen.

La llevó al terrestre [adam].
²³ El terrestre [adam] dijo:
"Esta vez, está correcto,
Hueso [etsem] de mis huesos [etsem]. Carne [basar] de mi carne [basar].
Esta se llamará Mujer [ishah], porque del Hombre [ish] esta fue tomada".
²⁴ Por esta razón el hombre [ish] dejará a su padre y a su madre.
Él se aferrará a su mujer [ishah].
Ellos se convertirán en una sola carne [basar].

²⁵ Ambos estaban desvestidos a plena vista [arom],
el terrestre [adam] y su mujer [ishah], pero no sentían vergüenza.
³:¹ Ahora la serpiente era más perspicaz [arum]
que toda [kol] cosa viviente [hayyah] del campo
que el Señor Dios hizo.
Le dijo a la mujer [ishah]:
"¿Qué sigue? Dios esta diciendo
'¡No comas [akal] de ningún [kol] árbol [ets] del jardín [gan]!'"
² La mujer [ishah] dijo a la serpiente:
"Del fruto de los árboles [ets] del jardín [gan], podemos comer [akal].
³ Pero del fruto del árbol [ets] que está en medio del huerto [gan],
Dios dijo: '¡No comas [akal] de él!
¡No lo toques! O morirás [mut]'".
⁴ La serpiente le dijo a la mujer [ishah]:
"No muerte [mut], ¡tú no morirás [mut]!
⁵ Pues Dios sabe que en el tiempo que comas [akal] de él,
tus ojos se abrirán.
Serás como Dios, conociendo el bien y el mal de primera mano".

⁶ La mujer [ishah] vio que el árbol [ets] era delicioso para comida [maakal],
y que era hermoso para los ojos.
El árbol [ets] era deseable para el éxito.
Entonces tomó algo de su fruto y comió [akal].
Ella también le dio a su hombre [ish] junto a ella, y él comió [akal].

⁷ Los ojos de ambos fueron abiertos.
Sabían que estaban desnudos [erom].
Pegaron hojas de higuera juntas.
Hicieron pequeñas coberturas para ellos mismos.

⁸ Luego, oyeron el sonido del Señor Dios
caminando en el jardín [*gan*] durante la brisa de la tarde.
Así que el terrestre [*adam*] y su mujer [*ishah*] se escondieron
del Señor Dios en los árboles [*ets*] del jardín [*gan*].
⁹ El Señor Dios llamó al terrestre [*adam*].
Él le dijo a él: "¿Dónde estás?".
¹⁰ Él respondió: "Tu sonido, lo escuché en el jardín [gan].
Tenía miedo porque estaba desnudo [*erom*], así que me escondí".
¹¹ Él dijo: "¿Quién te ha dicho que estás desnudo [*erom*]?
Del árbol [*ets*] que te mandé que no comieras [*akal*],
¿comiste [*akal*] de él?".
¹² El terrestre [*adam*] dijo: "La mujer [*ishah*] a quien diste para estar conmigo—
ella misma me dio del árbol [*ets*], así que comí [*akal*]".
¹³ El Señor Dios dijo a la mujer [*ishah*]:
"¿Qué es esto que has hecho?".
La mujer [*ishah*] dijo: "La serpiente —me engañó, así que comí [*akal*]".
¹⁴ Entonces el Señor Dios dijo a la serpiente:
"Porque hiciste esto,
serás más maldito que toda [*kol*] bestia,
más que cualquier [*kol*] cosa viviente [*hayyah*] en el campo.
Sobre tu vientre, así es como irás.
Polvo [*apar*], eso es lo que comerás [*akal*]
todo [*kol*] los tiempos de tu vida [*hay*].
¹⁵ Odio, eso es lo que pongo entre tú y la mujer [*ishah*],
entre tu descendencia y su descendencia.
Su descendencia, esa es la que te golpeará la cabeza.
Tú, ese es el que golpeará el talón de la descendencia.
¹⁶ A la mujer [*ishah*], dijo:
"Multiplicando —multiplicaré tus dolores en el embarazo.
En dolor, así es como darás a luz a tus hijos.
Aún así, para tu hombre [*ish*], ese será tu deseo.
Él, ese es el que gobernará sobre ti".
¹⁷ Al terrestre [*adam*], dijo:
"Porque obedeciste a tu mujer [*ishah*],
y comiste [*akal*] del árbol [*ets*] que te mandé diciendo:
'¡No comas [akal] de él!',
la tierra [*adamah*] será maldita a causa de ti.
En dolor, así es como comerás [*akal*] de ella
todos [*kol*] los tiempos de tu vida [*hay*].
¹⁸ Espinas y cardos, eso es lo que te brotará

cuando comas [*akal*] la vegetación del campo.
¹⁹ Con sudor en tu rostro, así es como comerás [*akal*] comida
hasta que vuelvas a la tierra [*adamah*].
En verdad, de ella, es de ahí de donde fuiste tomado.
En verdad, eres polvo [*apar*].
Al polvo [*apar*] volverás".

²⁰ El terrestre [*adam*] llamó [*shem*] a su mujer [*ishah*] Vida [*havvah*],
porque ella fue la madre de toda [*kol*] vida [*hay*].

²¹ El Señor Dios hizo
para el terrestre [*adam*] y su mujer [*ishah*]
ropas de cuero, y él los vistió.

²² Entonces el Señor Dios dijo: "¡Mira!
El terrestre [*adam*] se ha vuelto como uno de nosotros,
conociendo el bien y el mal de primera mano.
¿Y qué si ahora extiende su mano?
y también toma del árbol [*ets*] de la vida [*hay*]
y coma [*akal*] y viva [*hayah*] para siempre?".
²³ Entonces el Señor Dios lo envió fuera del Jardín [*gan*] de Deleite [*eden*]
para trabajar la tierra [*adamah*] de la cual fue tomado.
²⁴ Expulsó al terrestre [*adam*],
y colocó al este del Jardín [*gan*] de Deleite [*eden*]
los seres celestiales y la llama de la espada
que gira y regresa para proteger el camino hacia el árbol [*ets*] de la vida [*hay*].

⁴:¹ El terrestre [*adam*] tuvo una experiencia con Vida [*havvah*], su mujer [*ishah*],
y ella concibió y dio a luz a Lanza [*qayin*].
Ella dijo: "He asegurado [*qanah*] un hombre [*ish*] con el Señor".
² Una vez más, dio a luz a su hermano, Aliento Fugaz [*hebel*].
Aliento Fugaz [*hebel*] era un pastor del rebaño.
Lanza [*qayin*] fue un trabajador de la tierra [*adamah*].
³ Ocurrió al cabo de unos días,
que trajo Lanza [*qayin*]
algún fruto de la tierra [*adamah*] como regalo para el Señor.
⁴ Pero Aliento Fugaz [*hebel*], por su parte, trajo
algunos de los primogénitos de su rebaño y algunos de las mejores carnes.

El Señor prestó atención a Aliento Fugaz [*hebel*] y a su don.
⁵ Pero a Lanza [*qayin*] y a su regalo, no les prestó atención.
Entonces Lanza [*qayin*] se enojó mucho. Su rostro decayó.
⁶ El Señor le dijo a Lanza [*qayin*]:
"¿Por qué estás enojado? ¿Por qué ha caído tu rostro?
⁷ ¿No es cierto que si haces el bien, un levantamiento?[2]
Pero si evitas el bien, a la entrada del pecado,[3] algo acecha.
Su deseo es para ti. Tú mismo, ese es el que debe gobernarlo".
⁸ Lanza [*qayin*] le dijo a Aliento Fugaz [*hebel*], su hermano:
"Vamos al campo".[4]
Sucedió cuando estaban en el campo.
Lanza [*qayin*] se levantó hacia Aliento Fugaz [*hebel*], su hermano, y lo mató.
⁹ Entonces el Señor dijo a Lanza [*qayin*]:
"¿Dónde está Aliento Fugaz [*hebel*] tu hermano?".
Él dijo: "No lo sé.
¿Soy yo el protector de mi hermano?".
¹⁰ Él dijo: "¡¿Qué has hecho?!
La voz de la sangre de tu hermano
clama a mí desde la tierra [*adamah*]!

¹¹ Así que ahora, serás maldito lejos de la tierra [*adamah*],
que abrió su boca para tomar la sangre de tu hermano de tu mano.
¹² Cuando trabajes la tierra [*adamah*],
ya no te dará a ti su poder.
Un errante [*na*] y un vagabundo [*nad*],[5] eso es lo que serás en la tierra [*erets*]".
¹³ Lanza [*qayin*] dijo al Señor:
"Mi castigo es demasiado grande para levantarlo.
¹⁴ Piénsalo, hoy me has echado
de la faz de la tierra [*adamah*].
Lejos de tu rostro, estaré escondido.
Seré un errante [*na*] y un vagabundo [*nad*] en la tierra [*erets*].
Cualquiera [*kol*] que me encuentre me matará".

---

2 En el contexto inmediato, este "levantamiento" se refiere al rostro de Caín, que el versículo anterior describe como caído (o abatido) de la ira. Para más información sobre cómo esta línea se relaciona con el resto del Génesis, ver Schlimm, *From Fratricide to Forgiveness*, 137-38, 178-79, 183-84.

3 Esta interpretación se explica en Schlimm, "At Sin's Entryway".

4 Este renglón en la traducción no está en el hebreo, pero sí en otros manuscritos antiguos. Lo más probable es que haya sido omitido debido a un error del escriba.

5 Esta traducción se usa en Gowan, *From Eden to Babel*, 71.

¹⁵ El Señor le dijo:
"No así. Quien quiera [*kol*] que mate a Lanza [*qayin*]
será vengado siete veces".
Entonces estableció el Señor una señal para Lanza [*qayin*],
para que cualquiera [*kol*] que lo encontrara no lo derribara.
¹⁶ Entonces Lanza [*qayin*] se alejó del Señor.
El vivió en la tierra [*erets*] de Vagancia [*nod*], al este de Deleite [*eden*].
(Ver "Inclusio").

Inclusio

A veces, los textos bíblicos contienen material similar al principio y al final. Este recurso literario tiene muchos nombres. Puede llamarse *inclusio*, *marco*, *sujetalibros* o *estructura envolvente*. La idea es que el texto ofrezca una sensación de cierre al volver a una idea clave que se encuentra al principio del texto. Aquí, Génesis 4:16 (como 3:23-24) menciona el Edén (o "Deleite"). Este nombre ya había aparecido al principio del pasaje, en 2:8. El texto regresa al punto de partida donde comenzamos, haciendo que sus lectores nos demos cuenta de cuánto han cambiado las cosas: la humanidad se ve obligada a salir del paraíso a un mundo de vagabundeo y violencia.

Obras consultadas

Abraham, William J. *The Divine Inspiration of Holy Scripture*. Oxford: Oxford University Press, 1981.

Aharoni, Yohanan, and Michael Avi-Yonah. *The Macmillan Bible Atlas*. 3.ª ed. New York: Macmillan, 1993.

Albright, William F. "The Location of the Garden of Eden", *American Journal of Semitic Languages and Literatures*, 39 (1922): 15-31.

Allen, Marvin y Jo Robinson. *Angry Men, Passive Men: Understanding the Roots of Men's Anger and How to Move beyond It*. New York: Fawcett Columbine, 1993.

Alter, Robert. *The Art of Biblical Narrative*. New York: Basic Books, 1981.

———. *The David Story*. New York: Norton, 1999.

Anderson, Bernhard W. *The Living Word of the Bible*. Philadelphia: Westminster, 1979.

Anderson, Gary A. "Sacrifice and Sacrificial Offerings [OT]", en *Anchor Bible Dictionary vol. 5*. D. N. Freedman (ed.), 6 vols. New York: Doubleday, 1992. pp. 870-86

Anderson, Herbert; Edward Foley. *Mighty Stories, Dangerous Rituals*. San Francisco: Jossey-Bass, 1998.

Aquinas. *See* Thomas Aquinas

Aristóteles. *Nichomachean Ethics*. H. Rackham (trad). Loeb Classical Library 73. Cambridge, MA: Harvard University Press, 1926.

Armstrong, Karen. *A History of God: The 4,000-Year Quest of Judaism, Christianity and Islam*. 1993. Repr. New York: Random House, 2011.

Astley, Jeff. "Evolution and Evil: The Difference Darwinism Makes in Theology and Spirituality", en *Reading Genesis after Darwin*. Stephen C. Barton y David Wilkinson (eds.). Oxford: Oxford University Press, 2009. pp. 163-80.

Augustine. *On Genesis*. The Works of Saint Augustine I/13. Edited by John E. Rotelle. Translated by Edmund Hill. Hyde Park, NY: New City, 2002. (*Sobre el Génesis: Contra los maniqueos*. Disponible en https://www.augustinus.it/spagnolo/genesi_dcm/index2.htm).

Ávalos, Héctor. *Fighting Words: The Origins of Religious Violence*. Amherst, NY: Prometheus, 2005.

———. "The Letter Killeth: A Plea for Decanonizing Violent Biblical Texts", *Journal of Religion, Conflict, and Peace* 1 (2007). http://www.religionconflictpeace.org/volume-1-issue-1-fall-2007 /letter-killeth.

Axworthy, Lloyd. "Opening Remarks by the Honourable Lloyd Axworthy, Minister of Foreign A airs of Canada, to the 1999 Post-Ministerial Conference ASEAN-Canada 'Ten-Plus-One' Dialogue, Singapore, July 27, 1999". http://www.asean.org/communities/asean-political -security-community/ item/opening-remarks-by-the-honourable-lloyd-axworthy-minister-of -foreign-a airs-of-canada-to-the-1999-post-ministerial-conference-asean-canada-ten-plus-one -dialogue-singapore-july-271999-2.

Babylonian Talmud. See Neusner.

Bader, Barbara. *Aesop and Company*. New York: Houghton Mifflin, 1991.

Bakhtin, Mikhail. *Problems of Dostoevsky's Poetics*. Minneapolis: University of Minnesota Press, 1984. (*Problemas de la poética de Dostoievski*, trad. por Tatiana Bubnova. México: Fondo de Cultura Económica, 2003).

Bal, Mieke. "Dealing/With/Women: Daughters in the Book of Judges", en *Women in the Hebrew Bible: A Reader*. Alice Bach (ed). New York: Routledge, 1999. pp. 317–33.

Balentine, Samuel E. *The Hidden God: The Hiding of the Face of God in the Old Testament*. Oxford: Oxford University Press, 1983.

———. *Job*. Macon, GA: Smyth & Helwys, 2006.

———. *Prayer in the Hebrew Bible: The Drama of Divine-Human Dialogue*. Overtures to Biblical Theology. Minneapolis: Fortress, 1993.

———. *The Torah's Vision of Worship*. Overtures to Biblical Theology. Minneapolis: Fortress, 1999.

Barr, James. *The Concept of Biblical Theology: An Old Testament Perspective*. Minneapolis: Fortress, 1999.

———. "Old Testament and the New Crisis of Biblical Authority". *Interpretation* 25 (1971): 24–40.

———. *The Semantics of Biblical Language*. London: Oxford University Press, 1961.

Barth, Karl. *Church Dogmatics*. 4 vols. en 13 pts. Edinburgh: T&T Clark, 1936–69.

———. *Evangelical Theology: An Introduction*. Grand Rapids: Eerdmans, 1979.

Barton, John. *Ethics and the Old Testament*. 2.ª ed. London: SCM, 2002.

———. *Understanding Old Testament Ethics: Approaches and Explorations*. Louisville: Westminster John Knox, 2003.

Barton, Stephen C. "'Male and Female He Created Them' (Gen. 1:27): Interpreting

Gender after Darwin", en *Reading Genesis after Darwin*. Stephen C. Barton y David Wilkinson (eds.). Oxford: Oxford University Press, 2009. pp. 181–201.

"Bas-Relief from Palace of Tiglath-Pileser III, 746–727 B.C." Minneapolis Institute of Arts. https://collections.artsmia.org/index.php?page=detail&id=1337.

Bauckham, Richard. "Reading Scripture as a Coherent Story", en *The Art of Reading Scripture*. Ellen F. Davis y Richard B. Hays (eds). Grand Rapids: Eerdmans, 2003. pp. 38–53.

Bauer, W.; F. W. Danker; W. F. Arndt; F. W. Gingrich. *Greek-English Lexicon of the New Testament and Other Early Christian Literature*. 3.ª ed. Chicago: University of Chicago Press, 2000.

Bechtel, Carol M. (ed). *Touching the Altar: The Old Testament for Christian Worship*. Grand Rapids: Eerdmans, 2008.

Bechtel, Lyn M. "What If Dinah Is Not Raped? (Genesis 34)", *Journal for the Study of the Old Testament* 62 (1994): 19–36.

Beck, Richard. *Unclean: Meditations on Purity, Hospitality, and Mortality*. Eugene, OR: Cascade, 2011.

Beckwith, Roger T. "The Jewish Background to Christian Worship", en *The Study of Liturgy*. Cheslyn Jones, Edward Yarnold, Geoffrey Wainwright y Paul Bradshaw (eds.). Rev. ed. London: SPCK, 1992. pp. 68–80.

Beecher, Henry Ward. *Life Thoughts*. Google ebook. London: James Blackwood, 1858. http://books.google.com/books/about/life_thoughts.html?id=1iuAxwQdMS0C.

Bell, Rob. *Love Wins: Heaven, Hell, and the Fate of Every Person Who Ever Lived*. New York: HarperOne, 2011. (*El amor gana*. Disponible en https://es.scribd.com/document/359864024/El-Amor-Gana-Love-Wins-Rob-Bell)

Bellis, Alice Ogden. *Helpmates, Harlots, and Heroes: Women's Stories in the Hebrew Bible*. Louisville: Westminster John Knox, 1994.

Bellis, Alice Ogden; Joel S. Kaminsky (eds.). *Jews, Christians, and the Theology of the Hebrew Scriptures*. Society of Biblical Literature Symposium Series. Atlanta: Society of Biblical Literature, 2000.

Benjamin, Walter. "The Storyteller: Reflections on the Works of Nikolai Leskov", en *Illumination*. Hannah Arendt (ed). Harry Zohn (trad). New York: Harcourt, Brace & World, 1968. (*Iluminaciones*, Madrid: Taurus, 2018). pp. 83–109.

Berlin, Adele. "Introduction to Hebrew Poetry", en vol. 4 del *New Interpreter's Dictionary of the Bible*. Katharine Doob Sakenfeld (ed). 5 vols. Nashville: Abingdon, 2009. pp. 301–15.

Berry, Wendell. *Bringing It to the Table: On Farming and Food.* Berkeley: Counterpoint, 2009.

———. "The Pleasures of Eating", *Ecoliteracy.* www.ecoliteracy.org/essays/pleasures-eating.

———. *What Are People For?* San Francisco: North Point, 1990.

Bettelheim, Bruno. *The Uses of Enchantment: The Meaning and Importance of Fairy Tales.* New York: Alfred A. Knopf, 1976.

Binz, Stephen J. *Women of the Torah: Matriarchs and Heroes of Israel.* Grand Rapids: Brazos, 2011.

Black, M. C., K. C. Basile, M. J. Breiding, S. G. Smith, M. L. Walters, M. T. Merrick, J. Chen, and M. R. Stevens. *The National Intimate Partner and Sexual Violence Survey (NISVS): 2010 Summary Report.* Atlanta: National Center for Injury Prevention and Control, Centers for Disease Control and Prevention, 2011. http://www.cdc.gov/violenceprevention/pdf/nisvs_report2010-a.pdf.

Blake, William. "A Poison Tree", *Poetry Foundation.* http://www.poetryfoundation.org/poem/175222.

Bloesch, Donald. *Holy Scripture.* Downers Grove, IL: InterVarsity, 1994.

Bloom, Harold. *The Book of J.* New York: Grove Weidenfeld, 1990. (Harold Bloom y David Rosenberg, *El libro de J.* Trad. por Marcelo Cohen. Barcelona: Ediciones Interzona. 1995)

Boda, Mark J. *A Severe Mercy: Sin and Its Remedy in the Old Testament.* Siphrut: Literature and Theology of the Hebrew Scriptures 1. Winona Lake, IN: Eisenbrauns, 2009.

Bonhoeffer, Dietrich. *The Cost of Discipleship.* New York: Touchstone, 1959. (*El costo del discipulado.* Trad. por Andrés Kline. Pensamiento Cristiano Breve, 2012).

Booth, Wayne C. *The Company We Keep: An Ethics of Fiction.* Berkeley: University of California Press, 1988.

———. *The Rhetoric of Fiction.* Chicago: University of Chicago Press, 1961.

Bowler, Kate. *Blessed: A History of the American Prosperity Gospel.* New York: Oxford University Press, 2013.

Brett, Mark G. "Motives and Intentions in Genesis 1", *Journal of Theological Studies* 42 (1991): 116.

Briggs, Richard S. *The Virtuous Reader: Old Testament Narrative and Interpretive Virtue.* Studies in Theological Interpretation. Grand Rapids: Baker Academic, 2010.

Brooks, Roger, and John J. Collins, eds. *Hebrew Bible or Old Testament? Studying the Bible in Judaism and Christianity.* Notre Dame, IN: University of Notre Dame Press, 1990.

Brown, William P. (ed). *Engaging Biblical Authority: Perspectives on the Bible as Scripture*. Louisville: Westminster John Knox, 2007.
Brueggemann, Walter. *The Covenanted Self: Explorations in Law and Covenant*. Minneapolis: Fortress, 1999.
——. *Divine Presence amid Violence: Contextualizing the Book of Joshua*. Eugene, OR: Cascade, 2009.
——. *The Message of the Psalms*. Minneapolis: Augsburg, 1984. (*El mensaje de los Salmos*. México: Universidad Iberoamericana. 1998).
——. *The Psalms and the Life of Faith*. Minneapolis: Fortress, 1995.
——. *Theology of the Old Testament: Testimony, Dispute, Advocacy*. Minneapolis: Fortress, 1997. (*Teología del Antiguo Testamento: Un juicio a Yavé. Testimonio, Disputa, Defensa*. Trad. por Francisco J. Molina de la Torre. Salamancia: Ediciones Sígueme. 2007).
Brueggemann, Walter, William C. Placher, and Brian K. Blount. *Struggling with Scripture*. Louisville: Westminster John Knox, 2002.
Bultmann, Rudolf. "The Significance of the Old Testament for the Christian Faith", en *The Old Testament and Christian Faith*. Bernhard W. Anderson (ed). New York: Harper & Row, 1963. pp. 8–35.
Bunyan, John. *The Pilgrim's Progress*. 1678. Repr. New York: Holt, Rinehart & Winston, 1949.
Burke, Kenneth. "Literature as Equipment for Living", en *The Philosophy of Literary Form*. Rev. ed. New York: Vintage, 1957. (*El progreso del peregrino: Viaje de Cristiano a la Ciudad Celestial bajo el símil de un sueño*. www.elcristianismoprimitivo.com). pp. 253–62.
——. *The Rhetoric of Religion*. Boston: Beacon, 1961.
Cahill, Thomas. *The Gifts of the Jews: How a Tribe of Desert Nomads Changed the Way Everyone Thinks and Feels*. New York: Nan A. Talese, 1998.
Calvino, Juan. *Calvin: Institutes of the Christian Religion*. John T. McNeill (ed.). Ford Lewis Battles (trad.). 2 vols. Louisville: Westminster John Knox Press, 2011. (*Institución de la religión cristiana*. 5ª edición. Barcelona: Fundación Editorial de Literatura Reformada. 1999).
Carroll R., M. Daniel. *Christians at the Border: Immigration, the Church, and the Bible*. Grand Rapids: Baker Academic, 2008.
——. Introduction to *Theory and Practice in Old Testament Ethics*, por John Rogerson. London: T&T Clark, 2004.
Carvalho, Corrine L. "Finding a Treasure Map: Sacred Space in the Old Testament", en *Touching the Altar: The Old Testament for Christian Worship*. Carol M. Bechtel (ed). Grand Rapids: Eerdmans, 2008. pp. 123–53.
Cary, Phillip. *Good News for Anxious Christians*. Grand Rapids: Brazos, 2010.

Cassuto, Umberto. *A Commentary on the Book of Genesis: Part I*. Israel Abrahams (trad). Jerusalem: Magnes, 1961.

Chapman, Stephen B. "Ban, The", en *The Dictionary of Scripture and Ethics*. Joel Green (ed). Grand Rapids: Baker Academic, 2011. pp. 89.

———. "Holy War", en *The Dictionary of Scripture and Ethics*. Joel Green (ed). Grand Rapids: Baker Academic, 2011. pp. 369-70.

Charlesworth, James H. (ed). *Old Testament Pseudepigrapha*. 2 vols. Peabody, MA: Hendrickson, 1983-85.

Childs, Brevard. *Biblical Theology of the Old and New Testaments*. Minneapolis: Fortress, 1993. (*Teología bíblica del Antiguo y del Nuevo Testamento*. Salamanca: Ediciones Sígueme. 2011).

Clabeaux, John J. "Marcion", en *Anchor Bible Dictionary vol 4*. D. N. Freedman (ed). 6 vols. New York: Doubleday, 1992. pp. 514-16.

Collins, John J. *Does the Bible Justify Violence?* Minneapolis: Fortress, 2004.

Context of Scripture, The. W. W. Hallo (ed). 3 vols. Leiden: Brill, 1997-2003.

Copan, Paul. *Is God a Moral Monster? Making Sense of the Old Testament God*. Grand Rapids: Baker, 2011.

Cosgrove, Charles. *Appealing to Scripture in Moral Debate: Five Hermeneutical Rules*. Grand Rapids: Eerdmans, 2002.

Cowles, C. S., Daniel L. Gard, Stanley N. Gundry, and Eugene H. Merrill. *Show Them No Mercy: Four Views on God and Canaanite Genocide*. Grand Rapids: Zondervan, 2003.

Crenshaw, James L. *Defending God: Biblical Responses to the Problem of Evil*. Oxford: Oxford University Press, 2005.

———. "The Human Dilemma and Literature of Dissent", en *Tradition and Theology in the Old Testament*. Douglas A. Knight (ed). Philadelphia: Fortress, 1977. pp. 235-58.

———. *Old Testament Wisdom: An Introduction*. Rev. ed. Louisville: Westminster John Knox, 1998.

———. *A Whirlpool of Torment: Israelite Traditions of God as an Oppressive Presence*. Overtures to Biblical Theology. Philadelphia: Fortress, 1984.

Crouch, Carly Lorraine. *War and Ethics in the Ancient Near East: Military Violence in Light of Cosmology and History*. Beihefte zur Zeitschrift für die alttestamentliche Wissenschaft 407. Berlin: Walter de Gruyter, 2009.

"Cuneiform Tablet: Atra-hasis, Babylonian Flood Myth." *The Metropolitan Museum of Art*. http://www.metmuseum.org/collections/search-the-collections/30000627?img=1.

Cunningham, Conor. *Darwin's Pious Idea: Why the Ultra-Darwinists and Creationists Both Get It Wrong*. Grand Rapids: Eerdmans, 2010.

Curtis, Val, Robert Aunger; Tamer Rabie. "Evidence That Disgust Evolved to Protect from Risk of Disease", *Proceedings of the Royal Society of London* B (Supplement) 271 (2004): S13133.

Daniels, Kevin; Paul Archibald. "The Levitical Cycle of Health: The Church as a Public Health Social Work Conduit for Health Promotion", *Social Work and Christianity* 38 (2011): 88100.

Darr, Katheryn Pfisterer. *Far More Precious Than Jewels: Perspectives on Biblical Women.* Louisville: Westminster John Knox, 1991.

Darwin, Charles. *The Descent of Man: And Selection in Relation to Sex.* 2 vols. New York: P. F. Collier & Son, 1905. (*El origen del hombre.* Trad. por Joandomènec Ros. Barcelona: Ciencia Austral).

——. *Origin of Species by Means of Natural Selection, or, The Preservation of Favored Races in the Struggle for Life.* New York: P. F. Collier & Son, 1902.

Davidsohn, A. S. "Soap and Detergent", *Encyclopaedia Britannica Online.* http://www.britannica.com/EBchecked/topic/550751/soap.

Davis, Ellen F. *Getting Involved with God: Rediscovering the Old Testament.* Cambridge, MA: Cowley, 2001.

——. *Imagination Shaped: Old Testament Preaching in the Anglican Tradition.* Valley Forge, PA: Trinity, 1995.

——. "Losing a Friend: The Loss of the Old Testament to the Church", en *Jews, Christians, and the Theology of the Hebrew Scriptures.* Alice Ogden Bellis; Joel S. Kaminsky (eds). Society of Biblical Literature Symposium Series. Atlanta: Society of Biblical Literature, 2000. pp. 83–94.

——. "The Poetics of Generosity", en *The Word Leaps the Gap: Essays on Scripture and Theology in Honor of Richard B. Hays.* R. Wagner, K. Rowe, A. K. Grieb (eds). Grand Rapids: Eerdmans, 2008. pp. 626–45.

——. *Scripture, Culture, and Agriculture: An Agrarian Reading of the Bible.* Cambridge: Cambridge University Press, 2009.

——. *Wondrous Depth: Preaching the Old Testament.* Louisville: Westminster John Knox, 2005.

Davis, Ellen F., and Richard B. Hays, eds. *The Art of Reading Scripture.* Grand Rapids: Eerdmans, 2003.

Davies, Eryl W. *The Immoral Bible: Approaches to Biblical Ethics.* London: T&T Clark, 2010.

Dawkins, Richard. *The God Delusion.* Kindle ed. Boston: Mariner, 2008. (*El espejismo de Dios.* Trad. por Regina Hernández Weigand. Barcelona. Espasa Calpe. 2007).

Day, John. *Yahweh and the Gods and Goddesses of Canaan.* Sheffield Academic Press, 2000.

Day, Troy, Andrew Park, Neal Madras, Abba Gumel, Jianhong Wu. "When Is Quarantining a Useful Control Strategy for Emerging Infectious Diseases?", *American Journal of Epidemiology* 163 (2006): 479–85.

Delitzsch, Friedrich. *Die grosse Täuschung.* 2 vols. Stuttgart: Deutsche Verlags-Anstalt, 1920–21.

Dickinson, Emily. "1129 (Tell All the Truth but Tell It Slant)", en *The Complete Poems of Emily Dickinson.* Thomas H. Johnson (ed). Boston: Little, Brown, & Co., 1960. pp. 506–7.

Dickinson, Greg, Carole Blair; Brian L. Ott, eds. *Places of Public Memory: The Rhetoric of Museums and Memorials.* Tuscaloosa: University of Alabama Press, 2010.

Dik, Bryan. "Why the Bill Nye vs. Ken Ham Debate Makes Me Sad", *Acculturated: Pop Culture Matters.* February 12, 2014. http://acculturated.com/why-the-bill-nye-vs-ken-ham-debate-makes-me-sad.

Dikkers, Scott, (ed). *Our Dumb Century.* New York: Three Rivers, 1999.

Donne, John. "Devotions upon Emergent Occasions", *The Anglican Library.* HTML ed. 2000. http://www.anglicanlibrary.org/donne/devotions/devotions19.htm

Douglas, Mary. "The Forbidden Animals in Leviticus", *Journal for the Study of the Old Testament* 59 (1993): 3–23.

———. "Holy Joy: Rereading Leviticus, the Anthropologist and the Believer", *Conservative Judaism* 46 (1994): 3–14.

———. *Leviticus as Literature.* Oxford: Oxford University Press, 1999.

———. *Purity and Danger: An Analysis of Concepts of Pollution and Taboo.* New York: Praeger, 1966.

Dueck, Ryan. "Sometimes I'm Afraid of God", *Christian Century.* 20 de febrero de 2013. http://www.christiancentury.org/blogs/archive/2013-02/sometimes-im-afraid-god.

Duggan, Michael. *The Consuming Fire: A Christian Introduction to the Old Testament.* San Francisco: Ignatius, 1991.

Dunn, James D. G. *The New Perspective on Paul.* Rev. ed. Grand Rapids: Eerdmans, 2005.

———. *Romans 1–8.* Word Biblical Commentary 38A. Dallas: Word, 1988.

Edwards, Jonathan. "Sinners in the Hands of an Angry God", en *American Sermons.* Michael Warner (ed). New York: Library of America, 1999. (*Pecadores en manos de una Dios airado.* Pensacola, Fl.: Chapel Library, 2013). pp. 347–64.

Ellington, Scott A. *Risking Truth: Reshaping the World through Prayers of Lament.* Eugene, OR: Pickwick Publications, 2008.

Enns, Peter. *The Evolution of Adam: What the Bible Does and Doesn't Say about Human Origins*. Grand Rapids: Brazos, 2012.

———. *Inspiration and Incarnation*. Grand Rapids: Baker Academic, 2005.

"Equal Pay", United States Department of Labor. www.dol.gov/equalpay.

Evans, Rachel Held. *A Year of Biblical Womanhood*. Nashville: Nelson, 2012.

Exum, J. Cheryl. "'You Shall Let Every Daughter Live': A Study of Exodus 1.8–2.10", en *A Feminist Companion to Exodus to Deuteronomy*. Athalya Brenner (ed). Sheffield: Sheffield Academic Press, 1994. pp. 37–61.

Feder, Yitzhaq. "Between Contagion and Cognition: Bodily Experience and the Conceptualization of Pollution (*tum'ah*) in the Hebrew Bible", *Journal of Near Eastern Studies* 72 (2013): 15167.

Finley, Bill. "A Moralist Who Loves Racing", *New York Times*. 22 de abril de 2002. http://www.nytimes.com/2002/04/22/sports/horse-racing-a-moralist-who-loves-racing.html

Flaubert, Gustave. *Madame Bovary*. Raymond N. MacKenzie (trad). Indianapolis: Hackett, 2009.

Fontaine, Carole R. "The Abusive Bible: On the Use of Feminist Method in Pastoral Contexts", en *A Feminist Companion to Reading the Bible: Approaches, Methods, and Strate- gies*. Athalya Brenner, Carole Fontaine (eds). She eld: She eld Academic Press, 1997. pp. 84–113.

Fortey, Stuart. *Collins German-English, English-German Dictionary*. 4.ª ed. Glasgow: Harper-Resource, 2003.

Fretheim, Terence E. *About the Bible: Short Answers to Big Questions*. Rev. ed. Minneapolis: Augsburg, 2009.

———. *God and World in the Old Testament: A Relational Theology of Creation*. Nashville: Abingdon, 2005.

———. *Jeremiah*. Macon, GA: Smyth & Helwys, 2002.

———. *The Suffering of God: An Old Testament Perspective*. Overtures to Biblical Theology. Philadelphia: Fortress, 1984.

———. "Theological Reflections on the Wrath of God in the Old Testament", *Horizons in Biblical Theology* 24 (Diciembre de 2002): 1–26.

Fretheim, Terence E., and Karlfried Froehlich. *The Bible as Word of God in a Postmodern Age*. Minneapolis: Fortress, 1998.

Frishman, Elyse D., ed. *Mishkan T'filah: A Reform Siddur*. New York: Central Conference of American Rabbis, 2007.

Frykholm, Amy. *Rapture Culture: "Left Behind" in Evangelical America*. Oxford: Oxford Uni- versity Press, 2004.

Frymer-Kensky, Tikva. *In the Wake of the Goddesses: Women, Culture, and the Biblical Transformation of Pagan Myth*. New York: Fawcett Columbine, 1992.

———. *Reading the Women of the Bible: A New Interpretation of Their Stories*. New York: Schocken, 2002.

Fuchs, Esther. "Men in Biblical Feminist Scholarship", *Journal of Feminist Studies in Religion* 19 (2003): 93–114.

———. "Reclaiming the Hebrew Bible for Women", *Journal of Feminist Studies in Religion* 24 (2008): 45–65.

———. *Sexual Politics in the Biblical Narrative: Reading the Hebrew Bible as a Woman*. Journal for the Study of the Old Testament: Supplement Series 310. Sheffield: Sheffield Academic Press, 2000.

"Geneva Conventions", *Legal Information Institute*. Cornell University Law School. http://www.law.cornell.edu/wex/geneva_conventions.

George, Mark K. *Israel's Tabernacle as Social Space*. Atlanta: Society of Biblical Literature, 2009.

Gerstenberger, Erhard S. *Psalms*. 2 vols. Grand Rapids: Eerdmans, 1987.

Gervais, Ricky. "Humpty Dumpty from Politics", *YouTube*. http://youtu.be/hYy-taZ06Hco.

Giles, Richard. *Re-pitching the Tent: Re-ordering the Church Building for Worship and Mission*. Rev. ed. Norwich, UK: Canterbury, 1999.

Glover, Neil. "Your People, My People: An Exploration of Ethnicity in Ruth", *Journal for the Study of the Old Testament* 33 (2009): 293–313.

Goddu, André L. "Science and the Bible" en *The Oxford Companion to the Bible*. Bruce M. Metzger, Michael D. Coogan (eds). New York: Oxford University Press, 1993. pp. 681–84.

Goitein, Shelomo Dov. "Women as Creators of Biblical Genres", *Prooftexts* 8 (1988): 1–33.

Goldin, Judah, (ed). *The Living Talmud: The Wisdom of the Fathers and Its Classical Commentaries*. Chicago: University of Chicago Press, 1957.

Goldingay, John. *Approaches to Old Testament Interpretation*. Toronto: Clements, 1990.

———. *Key Questions about Biblical Interpretation: Biblical Answers*. Grand Rapids: Baker Academic, 2011.

———. *Models for Interpretation of Scripture*. Grand Rapids: Eerdmans, 1995.

———. *Models for Scripture*. Grand Rapids: Eerdmans, 1994.

———. *Old Testament Theology: Israel's Gospel*. Downers Grove, IL: InterVarsity, 2003.

———. *Theological Diversity and the Authority of the Old Testament*. Grand Rapids: Eerdmans, 1987.

Gorman, Frank H. "Sacrifices and Offerings", en *New Interpreter's Dicionary of the Bible, vol 5*. Katharine Doob Sakenfeld (ed). 5 vols. Nashville: Abingdon,

2009. 20–32.

Gossai, Hemchand. "The Old Testament: A Heresy Continued?", *Word and World* 8 (1988): 150–57.

Gowan, Donald E. *From Eden and Babel: A Commentary on the Book of Genesis I-II*. International Theological Commentary. Grand Rapids: Eerdmans, 1988.

Green, Garrett. "'The Bible as...': Fictional Narrative and Scriptural Truth", en *Scriptural Authority and Narrative Interpretation*. Garrett Green, Hans Frei (eds). Philadelphia: Fortress, 1987. pp. 79–96.

Green, Joel B. "The Authority of Scripture", en *CEB Study Bible*. Nashville: Common English Bible, 2013. pp. 527–31.

———. *Seized by Truth: Reading the Bible as Scripture*. Nashville: Abingdon, 2007.

Greenstein, Edward. "Biblical Law", en *Back to the Sources*. Barry W. Holtz (ed). New York: Summit, 1984. pp. 83–103.

Grossman, Jonathan. *Esther: The Outer Narrative and the Hidden Reading*. Siphrut: Literature and Theology of the Hebrew Scriptures 6. Winona Lake, IN: Eisenbrauns, 2011.

Gunkel, Hermann; Joachim Begrich. *Introduction to Psalms: The Genres of the Religious Lyric of Israel*. Macon, GA: Mercer University Press, 1998.

Gunter, W. Stephen, Ted A. Campbell, Scott J. Jones, Randy Maddox, y Rebekah L. Miles. *Wesley and the Quadrilateral: Renewing the Conversation*. Nashville: Abingdon, 1997.

Habel, Norman C. *The Book of Job*. Old Testament Library. Philadelphia: Westminster, 1985.

Haidt, Jonathan, Clark McCauley, y Paul Rozin. "Individual Di erences in Sensitivity to Disgust: A Scale Sampling Seven Domains of Disgust Elicitors", *Personality and Individual Differences* 16 (1993): 701–13.

Hakham, Amos, Israel V. Berman. *Psalms with the Jerusalem Commentary*. 3 vols. Jerusalem: Mosad Harav Kook, 2003.

Hamilton, Victor. "One on One", *Ambassador* 39, no. 1 (Spring 2012): 6–8.

Handey, Jack. *Deepest Thoughts: So Deep They Squeak*. New York: Hyperion, 1994.

Hanson, Paul D. *The Diversity of Scripture: A Theological Interpretation*. Overtures to Biblical Theology. Philadelphia: Fortress, 1982.

———. "The Theological Significance of Contradiction within the Book of the Covenant", en *Canon and Authority: Essays in Old Testament Religion and Authority*. George W. Coats y Burke O. Long (ed). Philadelphia: Fortress, 1984. pp. 110–31.

———. "War and Peace in the Hebrew Bible", *Interpretation* 38 (1984): 341–62.

"Hardcover Advice & Misc", *New York Times*. 3 de abril de 2011. http://www.nytimes.com/best-sellers-books/2011-04-03/hardcover-advice/list.html.

Hardy, Barbara. "Towards a Poetics of Fiction: (3) An Approach through Narrative" *Novel: A Forum on Fiction* 2 (1968): 5-14.

Hare, Douglas R. A. *Matthew. Interpretation: A Commentary for Teaching and Preaching.* Louisville: John Knox, 1993.

Harlow, Daniel C. "After Adam: Reading Genesis in an Age of Evolutionary Science", en *Perspectives on Science and Christian Faith* 62 (2010): 179-95.

Harmless, William, (ed). *Augustine in His Own Words.* Washington, DC: The Catholic University of America Press, 2010.

Harnack, Adolf von. *Marcion: The Gospel of the Alien God.* J. E. Steely, L. D. Bierma (eds). Durham, NC: Labyrinth, 1990.

Harrelson, Walter J. *The Ten Commandments for Today.* Louisville: Westminster John Knox, 2006.

Harrington, Hannah K. "Clean and Unclean", en *The New Interpreter's Dictionary of the Bible, vol 1.* Katharine Doob Sakenfeld (ed). 5 vols. Nashville: Abingdon, 2006. pp. 681-89.

Harris, John F. "God Gave U.S. 'What We Deserve', Falwell Says", *Washington Post.* 14 de septiembre de 2001, C3.

Hauerwas, Stanley. *After Christendom?* Nashville: Abingdon, 1991.

——. *Unleashing the Scripture.* Nashville: Abingdon, 1993.

——. *War and the American Difference.* Grand Rapids: Baker Academic, 2011.

Hauerwas, Stanley, William H. Willimon. *Resident Aliens.* Nashville: Abingdon, 1989.

——. *The Truth about God: The Ten Commandments in Christian Life.* Nashville: Abingdon, 1999.

Hawk, L. Daniel. "The God of the Conquest: The Theological Problem of the Book of Joshua", *The Bible Today* 46 (2008): 141-47.

Hays, Christopher B. *Death in the Iron Age II and in First Isaiah.* Forschungen zum Alten Testament 20. Tübingen: Mohr Siebeck, 2011.

——. "The Silence of the Wives: Bakhtin's Monologism and Ezra 7-10", *Journal for the Study of the Old Testament* 33 (2008): 59-80.

Hays, Richard B. "Can the Gospels Teach Us How to Read the Old Testament?", *Pro ecclesia* 11 (2002): 402-18.

——. *The Moral Vision of the New Testament.* San Francisco: HarperSanFrancisco, 1996.

Herion, Gary A. "Wrath of God (OT)", en *Anchor Bible Dictionary, vol 6.* pp. 989-96. D. N. Freedman (ed). 6 vols. New York: Doubleday, 1992.

Heschel, Abraham Joshua. *Man Is Not Alone.* New York: Jewish Publication Society, 1951. (*El hombre no está solo.* Buenos Aires: Seminario Rabínico Latioamericano. s/f).

———. *The Prophets*. 2 vols. Peabody, MA: Prince, 1999. (*Los profetas*. Buenos Aires: Editorial Paidós, s/f).

Heschel, Susannah. *The Aryan Jesus: Christian Theologians and the Bible in Nazi Germany*. Princeton: Princeton University Press, 2008.

Hess, Carol Lakey. *Caretakers of Our Common House: Women's Development in Communities of Faith*. Nashville: Abingdon, 1997.

Hettema, Theo L. *Reading for Good: Narrative Theology and Ethics in the Joseph Story from the Perspective of Ricoeur's Hermeneutics*. Kampen: Kok Pharos, 1996.

Hill, Edmund, (ed). *On Genesis*. The Works of Saint Augustine I/13. Hyde Park, NY: New City, 2002.

Hill, Joe. "The Preacher and the Slave", en *Songs of Work and Protest*. Edith Fowke, Joe Glazer (eds). New York: Dover, 1973. pp. 155–57.

Hitchens, Christopher. *God Is Not Great: How Religion Poisons Everything*. New York: Twelve, 2007.

Hogue, David A. *Remembering the Future, Imagining the Past*. Cleveland: Pilgrim, 2003.

Hoppe, Leslie J. *There Shall Be No Poor among You: Poverty in the Bible*. Nashville: Abingdon, 2004.

Horn, Stephan Otto; Siegfried Wiedenhofer, (eds). *Creation and Evolution: A Conference with Pope Benedict XVI in Castel Gandolfo*. San Francisco: Ignatius, 2008.

Imber-Black, Evan; Janine Roberts. *Rituals for Our Times*. Northvale, NJ: Jason Aronson, 1998.

Jacob, Benno. *The First Book of the Bible: Genesis*. Ernest I. Jacob y Walter Jacob (trad). New York: Ktav, 1974.

Jacobs, A. J. *The Year of Living Biblically: One Man's Humble Quest to Follow the Bible as Literally as Possible*. New York: Simon & Schuster, 2007.

Jacobs, Mignon R. *Gender, Power, and Persuasion: The Genesis Narratives and Contemporary Portraits*. Grand Rapids: Baker Academic, 2007.

Jacobsen, Eric O. *The Space Between: A Christian Engagement with the Built Environment*. Grand Rapids: Baker Academic, 2012.

Janzen, Waldemar. *Old Testament Ethics: A Paradigmatic Approach*. Louisville: Westminster John Knox, 1994.

Jenkins, Philip. *Laying Down the Sword: Why We Can't Ignore the Bible's Violent Verses*. New York: HarperOne, 2011.

Jenson, Philip P. "Snakes and Ladders: Levels of Biblical Law", en *Ethical and Unethical in the Old Testament: God and Humans in Dialogue*. Katharine J. Dell (ed). New York: T&T Clark, 2010. pp. 187–207.

Jeremias, Jörg. *The Book of Amos*. Douglas W. Stott (trad). Old Testament Library. Louisville: Westminster John Knox, 1998.

Johnson, Luke Timothy. "The Bible's Authority for and in the Church" en *Engaging Biblical Authority: Perspectives on the Bible as Scripture*. William P. Brown (ed). Louisville: Westminster John Knox, 2007. pp. 62–72.

Johnson, Willa M. *The Holy Seed Has Been Defiled: The Interethnic Marriage Dilemma in Ezra 910*. Sheffield: Sheffield Phoenix, 2011.

Johnson, William Stacy. "Reading the Scriptures Faithfully in a Postmodern Age", en *The Art of Reading Scripture*. Ellen F. Davis y Richard B. Hays (eds). Grand Rapids: Eerdmans, 2003. pp. 109–24.

Käsemann, Ernst. "The Canon of the New Testament and the Unity of the Church", en *Essays on New Testament Themes*. W. J. Montague (trad). Naperville, IL: Alec R. Allenson, 1964. pp. 95–107.

Kazen, Thomas. *Emotions in Biblical Law: A Cognitive Science Approach*. Sheffield: Sheffield Phoenix, 2011.

———. *Jesus and Purity* Halakhah: *Was Jesus Indifferent to Impurity?* Coniectanea biblica: New Testament Series 38. Stockholm: Almqvist & Wiksell, 2002.

Kelle, Brad E. "Dealing with the Trauma of Defeat: The Rhetoric of the Devastation and Reju- venation of Nature in Ezekiel", *Journal of Biblical Literature* 128 (2009): 469–90.

King, Martin Luther, Jr. *A Testament of Hope: The Essential Writings and Speeches of Martin Luther King, Jr*. James M. Washington (ed). San Francisco: HarperSanFrancisco, 1986.

Kirk, J. R. Daniel. "Does Paul's Christ Require a Historical Adam?" *Fuller Theology, News & Notes* (Spring 2013). http://cms.fuller.edu/TNN/Issues/Spring_2013/Does_Paul_s_Christ_Require_a_Historical_Adam.

Klawans, Jonathan. "Concepts of Purity in the Bible" en *The Jewish Study Bible*. Adele Berlin y Marc Zvi Brettler (eds). Oxford: Oxford University Press, 2004. pp. 2041–47.

———. *Impurity and Sin in Ancient Judaism*. Oxford: Oxford University Press, 2000.

———. "Ritual Purity, Moral Purity, and Sacrifice in Jacob Milgrom's *Leviticus*", *Religious Studies Review* 20 (2003): 19–28.

Knowles, Melody D., John Pawlikowski, Esther Menn, y Timothy J. Sandoval, (eds). *Contesting Texts: Jews and Christians in Conversation about the Bible*. Minneapolis: Fortress, 2007.

Kort, Wesley A. *"Take, Read": Scripture, Textuality, and Cultural Practice*. University Park: Penn State University Press, 1996.

Kraeling, Emil G. *The Old Testament since the Reformation*. New York: Harper &

Brothers, 1955.

Kuhn, Karl Allen. *Having Words with God: The Bible as Conversation*. Minneapolis: Fortress, 2008.

LaCocque, André. *Onslaught against Innocence: Cain, Abel, and the Yahwist*. Eugene, OR: Cascade, 2008.

Lamb, David T. *God Behaving Badly: Is the God of the Old Testament Angry, Sexist and Racist?* Downers Grove, IL: InterVarsity, 2011.

Lancaster, Sarah Heaner. "Authority and Narrative", en *Engaging Biblical Authority: Perspectives on the Bible as Scripture*. William P. Brown (ed). Louisville: Westminster John Knox, 2007. pp. 81–89.

——. *Women and the Authority of Scripture*. Harrisburg, PA: Trinity, 2002.

Lapsley, Jacqueline. *Whispering the Word: Hearing Women's Stories in the Old Testament*. Louisville: Westminster John Knox, 2005.

LeMon, Joel M. "Saying Amen to Violent Psalms: Patterns of Prayer, Belief, and Action in the Psalter", en *Soundings in the Theology of Psalms: Perspectives and Methods in Contemporary Scholarship*. Rolf A. Jacobson (ed). Minneapolis: Fortress, 2011. pp. 93–109.

Lesser, Harry. "'It's Difficult to Understand': Dealing with Morally Difficult Passages in the Hebrew Bible". en *Jewish Ways of Reading the Bible*. Journal of Semitic Studies Supplement 11. George J. Brooke (ed). Oxford: Oxford University Press, 2000. pp. 292–302.

Lessl, Thomas M. *Rhetorical Darwinism: Religion, Evolution, and the Scientific Identity*. Waco: Baylor University Press, 2012.

Levenson, Jon D. *Creation and the Persistence of Evil: The Jewish Drama of Divine Omnipotence*. San Francisco: Harper & Row, 1988.

Levine, Amy-Jill. "Jewish-Christian Relations from the 'Other Side': A Response to Webb, Lodahl, and White", *Quarterly Review* 20 (2000): 297–304.

Lewis, C. S. *An Experiment in Criticism*. London: Cambridge University Press, 1961. (*Crítica literaria: Un experimento*. Editorial Anotni Bosch).

——. *The Lion, the Witch and the Wardrobe*. New York: HarperCollins, 2000. (*El león, la bruja y el armario*. Trad. por Gemma Gallart. Editorial Planetalector).

Lichtheim, Miriam (ed). *Ancient Egyptian Literature*. 2.ª ed. Vol 3. Berkeley: University of California Press, 2006.

Linafelt, Tod. *Surviving Lamentations: Catastrophe, Lament, and Protest in the Afterlife of a Biblical Book*. Chicago: University of Chicago Press, 2000.

Locke, John L. *The De-voicing of Society: Why We Don't Talk to Each Other Anymore*. New York: Simon & Schuster, 1998.

Luther, Martin. *Luther's Works*. 55 vols. St. Louis: Concordia, 1955–76.

Lyotard, Jean-François. *The Postmodern Condition: A Report on Knowledge*. Geo

Bennington y Brian Massumi (trads). Minneapolis: University of Minnesota Press, 1984. (*La condición posmoderna: Informe sobre el saber*. Trad. por Mariano Antolín Rato. Madrid: Ediciones Cátedra. 1987).

MacDonald, Nathan."Deuteronomy", en *CEB Study Bible*. Nashville:Common English Bible, 2013. pp. 259–324 OT.

———. *What Did the Ancient Israelites Eat? Diet in Biblical Times*. Grand Rapids: Eerdmans, 2008.

Magallanes, Hugo. "Preferential Option for the Poor". en *Dictionary of Scripture and Ethics*. Joel Green (ed). Grand Rapids: Baker Academic, 2011. pp. 618–20.

Marquand, Robert. "Pat Robertson Haiti Comments: French View Theory with Disbelief", *Christian Science Monitor*. 14 de enero de 2010. http://www.csmonitor.com/World/Europe/2010/0114/Pat-Robertson-Haiti-comments-French-view-theory-with-disbelief

Marriott, William K. "Biographical Note: Nicolò Machiavelli 1469–1527", en *Great Books of the Western World 21: Machiavelli, Hobbes*. Mortimer J. Adler (ed). 2.ª ed. Chicago: Encyclopaedia Britannica, 1990. ix–x.

Martin, Jonathan (@renovatuspastor). Twitter. 17 de agosto de 2012. https://twitter.com/renovatus pastor/status/236573520790945793.

———. Twitter. 18 de marzo de 2013. https://twitter.com/renovatuspastor/status/313834245464399873.

Matthews, Thomas Stanley. *Under the Influence*. London: Cassell, 1977.

Matthews, Victor H. *A Brief History of Ancient Israel*. Louisville: Westminster John Knox, 2002.

———. *Judges and Ruth*. New Cambridge Bible Commentary. Cambridge: Cambridge University Press, 2004.

"May 21, 1901: Connecticut Enacts First Speed-Limit Law", *This Day in History*. http://www.history.com/this-day-in-history/connecticut-enacts-first-speed-limit-law.

McBride, William T. "Esther Passes: Chiasm, Lex Talio, and Money in the Book of Esther." en *Not in Heaven*. Jason P. Rosenblatt y Joseph C. Sitterson Jr (eds). Bloomington: Indiana University Press, 1991. pp. 211–23.

McFague, Sallie. *Models of God*. Philadelphia: Fortress, 1987.

McGrath, Alister E. *Darwinism and the Divine: Evolutionary Thought and Natural Theology; The 2009 Hulsean Lectures, University of Cambridge*. Oxford: Wiley-Blackwell, 2011.

McKnight, Scot. *The Blue Parakeet: Rethinking How You Read the Bible*. Grand Rapids: Zondervan, 2008.

Meacham, Jon. "Rob Bell". *Time* 177, no. 17 (2 de mayo de 2011): 75.

Meyers, Carol. *Discovering Eve: Ancient Israelite Women in Context*. New York: Oxford University Press, 1988.

——. "The Hebrew Bible" en *Women in Scripture*. Carol Meyers (ed). Grand Rapids: Eerdmans, 2000. pp. 4–11.

——, (ed). *Women in Scripture*. Grand Rapids: Eerdmans, 2000.

Middleton, J. Richard. *The Liberating Image: The Imago Dei in Genesis 1*. Grand Rapids: Brazos, 2005.

Middleton, J. Richard, y Brian J. Walsh, *Truth Is Stranger Than It Used to Be: Biblical Truth in a Postmodern Age*. Downers Grove, IL: InterVarsity, 1995.

Midgley, Mary. "Evolutionary Dramas". en *The Essential Mary Midgley*. David Midgley (ed). New York: Routledge, 2005. pp. 239–45.

Milgrom, Jacob. "The Alien in Your Midst", *Biblical Research* 11, no. 6 (Diciembre de 1995): 18, 48.

——. "Food and Faith: The Ethical Foundations of the Biblical Diet Laws", *Biblical Research* 8, no. 6 (Diciembre de 1992): 5, 10.

——. "Jews Are Not Hunters: Biblical Kashrut as an Ethical System", *Reconstructionist* 25, no. 11 (Octubre de 1959): 27–30.

——. *Leviticus: A Book of Ritual and Ethics*. Continental Commentaries. Minneapolis: Fortress, 2004.

——. "The Rationale for Biblical Impurity", *Journal of the Ancient Near Eastern Society of Columbia University* 22 (1993): 107–11.

——. "Seeing the Ethical within the Ritual", *Biblical Research* 8, no. 4 (Agosto de 1992): 6, 13.

Miller, Patrick D., Jr. "Current Issues in Psalms Studies", *Word and World* 5 (1985): 132–43.

——. "God the Warrior: A Problem in Biblical Interpretation and Apologetics", *Interpretation* 19 (1965): 39–46.

——. *The Ten Commandments*. Interpretation: Resources for the Use of Scripture in the Church. Louisville: Westminster John Knox, 2009.

——. *They Cried to the Lord: The Form and Theology of Biblical Prayer*. Minneapolis: Fortress, 1994.

Milne, Pamela J. "The Patriarchal Stamp of Scripture: The Implications of Structuralist Analyses for Feminist Hermeneutics", *Journal of Feminist Studies in Religion* 5 (1989): 17–34.

Miłosz, Czesław. "Discreet Charm of Nihilism", *New York Review of Books*. 19 de noviembre de 1998. http://www.nybooks.com/articles/archives/1998/nov/19/discreet-charm-of-nihilism.

Miner, Horace. "Body Ritual among the Nacirema", *American Anthropologist* 58 (1956): 503–7.

Miscall, Peter D. *1 Samuel*. Bloomington: Indiana University Press, 1986.

Moberly, Walter. "How Should One Read the Early Chapters of Genesis?", en *Reading Genesis after Darwin*. Stephen C. Barton y David Wilkinson (eds). Oxford: Oxford University Press, 2009. pp. 5–21.

Moll, Sebastian. *The Arch-Heretic Marcion*. Tübingen: Mohr Siebeck, 2010.

Moltmann, Jürgen. *God in Creation: A New Theology of Creation and the Spirit of God*. Minneapolis: Fortress, 1993. (*Dios en la creación: Doctrina ecológica de la creación.*Trad. por Víctor A. Martínez de Lapera. Salamanca: Ediciones Sígueme. 1987).

Moore, Russell D. "After Patriarchy, What? Why Egalitarians Are Winning the Gender Debate", *Journal of the Evangelical Theological Society* 49 (2006): 569–76.

Morgan, Thomas. *The Moral Philosopher*. 3 vols. Günter Gawlick (ed). Stuttgart-Bad Cannstatt: Friedrich Frommann, 1969.

Morris, Leon. *The Gospel according to Matthew*. Grand Rapids: Eerdmans, 1992.

Murdoch, Iris. *An Accidental Man*. Reissue ed. New York: Penguin, 1988.

Murphy, Roland E. *The Gift of the Psalms*. Peabody, MA: Hendrickson, 2000.

Myers, Steven Lee, and Diana Jean Schemo. "After the Attacks: The Pentagon; Amid the Soot and Uncertainty, Officials Try to Portray Business as Usual", *New York Times*. 13 de septiembre de 2001. http://www.nytimes.com/2001/09/13/us/after-attacks-pentagon-amid-soot-uncertainty-officials-try-portray-business.html.

Neusner, Jacob, ed. *The Babylonian Talmud: A Translation and Commentary*. 22 vols. Peabody, MA: Hendrickson, 2005.

Newsom, Carol A. "Bakhtin, the Bible, and Dialogic Truth", *Journal of Religion* 76 (1996): 290306.

———. "Spying Out the Land: A Report from Genology" en *Bakhtin and Genre Theory in Biblical Studies*. Atlanta: Society of Biblical Literature, 2007. pp. 19–30.

Newsom, Carol A., Sharon H. Ringe, y Jacqueline E. Lapsley, (eds). *Women's Bible Commentary: Twentieth-Anniversary Edition*. Ed. Rev y Act. Louisville: Westminster John Knox, 2012.

Niditch, Susan. *War in the Hebrew Bible: A Study in the Ethics of Nonviolence*. New York: Oxford University Press, 1993.

Nowak, Martin A., y Roger Highfield. *SuperCooperators: Altruism, Evolution, and Why We Need Each Other to Survive*. New York: Free Press, 2011.

Nussbaum, Martha. *The Fragility of Goodness: Luck and Ethics in Greek Tragedy and Philosophy*. Rev. ed. Cambridge: Cambridge University Press, 2001. (*La fragilidad del bien: Fortuna y ética en la tragedia y la filosofía griega*. Madrid:

Visor. 1995).

———. *Hiding from Humanity: Disgust, Shame, and the Law*. Princeton: Princeton University Press, 2004.

———. *Love's Knowledge: Essays on Philosophy and Literature*. New York: Oxford University Press, 1990. (*El conocimiento del amor*. Trad. por Rosa Helena Santos-Ihlau. Universidad Libre de Berlín).

———. *Poetic Justice: The Literary Imagination and Public Life*. Boston: Beacon, 1995. (*Justicia poética: La imaginación literario y la vida pública.*. Trad. por Carlos Gardini. Editorial Andrés Bello. 1997)

OED Online. Oxford University Press: Marzo de 2013. www.oed.com

Olson, Dennis T. "Biblical Theology as Provisional Monologization: A Dialogue with Childs, Brueggemann and Bakhtin", *Biblical Interpretation* 6 (1998): 162-80.

———. "Exodus", en *CEB Study Bible*. Nashville: Common English Bible, 2013. pp. 81-153 OT.

———. "Untying the Knot? Masculinity, Violence, and the Creation-Fall Story of Genesis 2-4", en *Engaging the Bible in a Gendered World*. Linda Day y Carolyn Pressler (eds). Louisville: Westminster John Knox, 2006. pp. 73-86.

Osteen, Joel. *Your Best Life Now*. New York: Faith Words, 2004. (*Su mejor vida ahora: Siete pasos para vivir a su máximo potencial*. Trad. por Nola J. Theo. Lake Mary, Fl: Casa Creación. 2005).

Ostling, Richard N. "The Search for the Historical Adam", *Christianity Today* 55, no. 6. (Junio de 2011): 22-27.

Otto, Eckart. *Theologische Ethik des alten Testaments*. Stuttgart: W. Kohlhammer, 1994.

Parry, Robin Allinson. *Lamentations*. Two Horizons. Grand Rapids: Eerdmans, 2010.

———. *Old Testament Story and Christian Ethics: The Rape of Dinah as a Case Study*. Milton Keynes, UK: Paternoster, 2004.

"Pat Robertson Net Worth", *Celebrity Net Worth*. 2013. http://www.celebritynetworth.com/richest-celebrities/pat-robertson-net-worth.

Patrick, Dale. *Old Testament Law*. Atlanta: John Knox, 1985.

Paul, Annie Murphy. "Your Brain on Fiction", *New York Times*. 17 de marzo de 2012. http://www.nytimes.com/2012/03/18/opinion/sunday/the-neuroscience-of-your-brain-on-fiction.html?_r=2&ref=general&src=me&pagewanted=print.

Pearl, Debi. *Created to Be His Help Meet: Discover How God Can Make Your Marriage Glorious*. Pleasantville, TN: No Greater Joy Ministries, 2004.

Perry, Ben Edwin, (ed). *Babrius and Phaedrus:... Fables in the Aesopic Tradition*.

Loeb Classical Library 436. Cambridge: Harvard University Press, 1965.

Petersen, David L., y Kent Harold Richards. *Interpreting Hebrew Poetry.* Old Testament Studies. Minneapolis: Fortress, 1992.

Pinnock, Clark H. "Climbing Out of a Swamp: The Evangelical Struggle to Understand the Creation Texts", *Interpretation* 43 (1989): 143–55.

Plummer, Robert L. *40 Questions about Interpreting the Bible.* Grand Rapids: Kregel, 2010.

Pope, Marvin H. *Job.* Anchor Bible 15. Garden City, NY: Doubleday, 1973.

Portier-Young, Anathea. *Apocalypse against Empire: Theologies of Resistance in Early Judaism.* Grand Rapids: Eerdmans, 2011.

———. "Drinking the Cup of Horror and Gnawing on Its Shards: Biblical Theology through Biblical Violence, Not around It", en *Beyond Biblical Theologies.* Heinrich Assel, Stefan Beyerle y Christfried Böttrich (eds). Tübingen: Mohr Siebeck, 2012. pp. 387–408.

Porton, Gary G. "Midrash", en *Anchor Bible Dictionary vol 4.* D. N. Freedman (ed). 6 vols. New York: Doubleday, 1992. pp. 818–22.

Postell, Seth D. *Adam as Israel: Genesis 1–3 as the Introduction to the Torah and Tanakh.* Eugene, OR: Pickwick Publications, 2011.

Pregeant, Russell. *Reading the Bible for All the Wrong Reasons.* Minneapolis: Fortress, 2011.

Price, Reynolds. *A Whole New Life: An Illness and a Healing.* New York: Atheneum, 1994.

Pritchard, James B. (ed). *The Ancient Near East: An Anthology of Texts and Pictures.* Princeton: Princeton University Press, 1958.

Rad, Gerhard von. *Old Testament Theology.* D. M. G. Stalker (trad). 2 vols. Louisville: Westminster John Knox, 1965. (*Teología del Antiguo Testamento.* Trad. por Victorino Martín Sánchez. Salamanca: Ediciones Sígueme. 1969).

Radday, Yehuda T. "The Four Rivers of Paradise", *Hebrew Studies* 24 (1982): 23–31.

Ratheiser, Gershom M. H. *Mitzvoth Ethics and the Jewish Bible: The End of Old Testament Theology.* New York: T&T Clark, 2007.

Ricoeur, Paul. *Oneself as Another.* Kathleen Blamey (trad). Chicago: University of Chicago Press, 1992.

———. *The Symbolism of Evil.* Emerson Buchanan (trad). New York: Harper & Row, 1967.

Rivera, Diego. "South Wall of a Mural Depicting Detroit Industry, 1932–33 (Fresco)". *Bridgeman.* http://tinyurl.com/chb43lj.

Roberts, Alexander; Donaldson, James (eds). *Ante-Nicene Fathers.* 1885–87. 10 vols. Repr. Peabody, MA: Hendrickson, 1994.

Roberts, J. J. M. "The Importance of the Old Testament for the Church", *Christian*

Studies 21 (20056): 15-25.

Roberts, Robert C. "Narrative Ethics", en *A Companion to Philosophy of Reli- gion*. Philip L. Quinn y Charles Taliaferro (eds). Cambridge, MA: Blackwell, 1997. pp. 473-80.

Rodale, J. I. *The Synonym Finder*. Edited by Laurence Urdang and Nancy LaRoche. Emmaus, PA: Rodale, 1978.

Rodd, Cyril S. *Glimpses of a Strange Land: Studies in Old Testament Ethics*. Edinburgh: T&T Clark, 2001.

Rogerson, John. *According to the Scriptures? The Challenge of Using the Bible in Social, Moral and Political Questions*. London: Equinox, 2007.

———. *Theory and Practice in Old Testament Ethics*. M. Daniel Carroll R (ed). New York: T&T Clark, 2004.

———. "What Difference Did Darwin Make? The Interpretation of Genesis in the Nineteenth Century", en *Reading Genesis after Darwin*. Stephen C. Barton y David Wilkinson (eds). Oxford: Oxford University Press, 2009. pp. 75-91.

Roncace, Mark. *Raw Revelation: The Bible They Never Tell You About*. North Charleston, SC: CreateSpace, 2012.

Rose, Michael S. *Ugly as Sin: Why They Changed Our Churches from Sacred Places to Meeting Spaces—and How We Can Change Them Back Again*. Manchester, UK: Sophia Institute, 2001.

Rowlett, Lori L. *Joshua and the Rhetoric of Violence*. Journal for the Study of the Old Testament: Supplement Series 226. Sheffield: Sheffield Academic Press, 1996.

Rozin, Paul, Jonathan Haidt, y Clark R. McCauley. "Disgust", en *Handbook of Emotions*. Michael Lewis, Jeannette M. Haviland-Jones, y Lisa Feldman Barrett (eds). 3.ª ed. New York: Guilford, 2008. pp. 757-67.

Sakenfeld, Katharine Doob. *Just Wives? Stories of Power and Survival in the Old Testament and Today*. Louisville: Westminster John Knox, 2003.

Salzberg, Hugh W. *From Caveman to Chemist: Circumstances and Achievements*. Washington, DC: American Chemical Society, 1991.

Sanders, E. P. *Jewish Law from Jesus to the Mishnah: Five Studies*. London: SCM, 1990.

Santmire, H. Paul. "Partnership with Nature according to the Scriptures: Beyond the Theology of Stewardship", *Christian Scholar's Review* 32 (2003): 381-412.

Santucci, Peter John. "Telling Details: No Safe Parts in Scripture", *Christian Century*, 8 de septiembre de 1999. http://www.christiancentury.org/article/2011-07/telling-details.

Schleiermacher, Friedrich. *The Christian Faith*. H. R. Mackintosh y J. S. Stewart (eds). Edinburgh: T&T Clark, 1928. (*Compendio de la fe cristiana expuesta coordinadamente según los principios de la Iglesia evangélica*. Trad. por Constantino Ruiz-Garrido. Salamanca: Ediciones Sígueme. 2013)

Schlimm, Matthew Richard. "At Sin's Entryway: A Reply to C. L. Crouch", *Zeitschrift für die alttestamentliche Wissenschaft* 124 (2012): 409–15.

———. "Different Perspectives on Divine Pathos: An Examination of Hermeneutics in Biblical Theology", *Catholic Biblical Quarterly* 69, no. 4 (2007): 673–94.

———. *From Fratricide to Forgiveness: The Language and Ethics of Anger in Genesis*. Siphrut: Literature and Theology of the Hebrew Scriptures 7. Winona Lake, IN: Eisenbrauns, 2011.

———. "Prisoners of War", en *The Dictionary of Scripture and Ethics*. Joel Green (ed). Grand Rapids: Baker Academic, 2011. pp. 627–28.

———. "Teaching the Hebrew Bible amid the Current Human Rights Crisis: The Pedagogical Opportunities Presented by Amos 1:3–2:3", *SBL Forum*. 2006. http://sbl-site.org/Article.aspx?ArticleId=478.

———. "Wrestling with Marduk: Old Testament Parallels and Prevenient Grace", *Wesleyan Theological Journal* 48, no. 2 (2013): 181–92.

Scholz, Susanne. *Introducing the Women's Hebrew Bible*. New York: T&T Clark, 2007.

———. "Was It Really Rape in Genesis 34? Biblical Scholarship as a Reflection of Cultural Assumptions", en *Escaping Eden: New Feminist Perspectives on the Bible*. Harold C. Washington, Susan Lochrie Graham y Pamela Thimmes (eds). Washington Square: New York University Press, 1999. pp. 182–98.

Seibert, Eric A. *Disturbing Divine Behavior: Troubling Old Testament Images of God*. Min- neapolis: Fortress, 2009.

———. *The Violence of Scripture: Overcoming the Old Testament's Troubling Legacy*. Min- neapolis: Fortress, 2012.

Seymour, Peter, (ed). *The Treasure of Friendship*. Kansas City, MO: Hallmark, 1968.

Sharp, Carolyn J. *Irony and Meaning in the Hebrew Bible*. Bloomington: Indiana University Press, 2009.

Sheldon, Charles M. *In His Steps: What Would Jesus Do?* Chicago: Chicago Advance, 1896. (*En sus pasos: ¿Qué haría Jesús?* Barcelona: Editorial CLIE, 2014).

Smith, Christian. *The Bible Made Impossible*. Grand Rapids: Brazos, 2011.

Smith, Jonathan Z. *To Take Place: Toward Theory in Ritual*. Chicago: University of Chicago Press, 1987.

Smith, Mark S. *The Memoirs of God: History, Memory, and the Experience of the Divine in Ancient Israel*. Minneapolis: Fortress, 2004.

———. *The Priestly Vision of Genesis 1*. Minneapolis: Fortress, 2010. Smith, Michael J. "The Role of the Pedagogue in Galatians", *Bibliotheca sacra* 163 (2006): 197–214.

Smith-Christopher, Daniel L. *A Biblical Theology of Exile*. Overtures to Biblical Theology. Minneapolis: Fortress, 2002.

———. *Jonah, Jesus, and Other Good Coyotes: Speaking Peace to Power in the Bible*. Nashville: Abingdon, 2007.

Sommer, Benjamin D. *The Bodies of God and the World of Ancient Israel*. Cambridge: Cambridge University Press, 2009.

Southern Baptist Convention. "The Family", Section 18 en *The Baptist Faith and Message*. http://www.sbc.net/bfm2000/bfm2000.asp.

Southwood, Katherine. "The Holy Seed: The Significance of Endogamous Boundaries and Their Transgression in Ezra 9–10", en *Judah and the Judeans in the Achaemenid Period*. Oded Lipschits, Gary N. Knoppers y Manfred Oeming (eds). Winona Lake, IN: Eisenbrauns, 2011. pp. 189–224.

Sparks, Kenton L. *Ancient Texts for the Study of the Hebrew Bible: A Guide to the Background Literature*. Peabody, MA: Hendrickson, 2005.

———. *God's Word in Human Words: An Evangelical Appropriation of Critical Biblical Schol- arship*. Grand Rapids: Baker Academic, 2008.

———. *Sacred Word, Broken Word: Biblical Authority and the Dark Side of Scripture*. Grand Rapids: Eerdmans, 2012.

Speiser, E. A. *Genesis: A New Translation with Introduction and Commentary*. 3.ª ed. Anchor Bible 1. New York: Doubleday, 1980.

Spong, John Shelby. *The Sins of Scripture: Exposing the Bible's Texts of Hate to Reveal the God of Love*. Kindle ed. New York: HarperCollins, 2005.

Stearns, Peter N. *American Cool: Constructing a Twentieth-Century Emotional Style*. New York: New York University Press, 1994.

Stone, Lawson. "Ethical and Apologetic Tendencies in the Redaction of the Book of Joshua", *Catholic Biblical Quarterly* 53 (1991): 25–35.

Stott, John R. W. *The Message of the Sermon on the Mount (Matthew 5–7): Christian Counter-Culture*. Leicester, UK: Inter-Varsity, 1978. (*El Sermón del Monte: Contracultura cristiana*. Trad. por Carmen Pérez de Camargo. Buenos Aires: Ediciones Certeza. 1998).

Strawn, Brent. "Evolution(ism) and Creation(ism), Canon and Creed", *Nazarenes Exploring Evolution*. http://exploringevolution.com/essays/2013/03/04/evolutionism-creationism-cannon-creed/#.Uaj4TEDFXTo.

———. "Genesis, Gilgamesh, and 'Gettin' Jiggy wit It': Ancient Near Eastern Parallels, Scripture, and Hip Hop Sampling", *Teaching Theology and Religion* 10, no. 2 (2007): 66–69.

———. "Teaching the Old Testament: When God Seems Unjust", *Circuit Rider* 36, no. 4 (Agosto–octubre de 2012): 7-9.

Talmon, Shemaryahu. "The 'Comparative Method' in Biblical Interpretation—Principles and Problems", en *Congress Volume*. Vol. 29. Leiden: E. J. Brill, 1978. pp. 320-55.

Tanner, Beth LaNeel. *The Psalms for Today*. Louisville: Westminster John Knox, 2008.

Tennyson, Alfred Lord. "XCVI." Pages 96-97 in *In Memoriam*. Eugene Parsons (ed). New York: Thomas Y. Crowell, 1902.

Theological Dictionary of the New Testament. Edited by G. Kittel and G. Friedrich. G. W. Bromiley (trad). 10 vols. Grand Rapids: Eerdmans, 1964-76.

Theological Dictionary of the Old Testament. Edited by G. J. Botterweck and H. Ringgren. J. T. Willis, G. W. Bromiley y D. E. Green (trad). 15 vols. Grand Rapids: Eerdmans, 1974-95.

Thomas Aquinas. *The Old Law (1a2æ. 98-105). Traducido y editado por* David Bourke and Arthur Littledale. In *Summa theologica* 29. London: Blackfriars, 1969.

Thompson, John L. *Writing the Wrongs: Women of the Old Testament among Biblical Commentators from Philo through the Reformation*. Oxford: Oxford University Press, 2001.

Thorsen, Don, and Keith H. Reeves. *What Christians Believe about the Bible*. Grand Rapids: Baker Academic, 2012.

Trible, Phyllis. "Depatriarchalizing in Biblical Interpretation", *Journal of the American Academy of Religion* 41 (1973): 30-48.

———. *God and the Rhetoric of Sexuality*. Overtures to Biblical Theology. Philadelphia: Fortress, 1978.

———. "Take Back the Bible", *Review and Expositor* 97 (2000): 425-31.

———. *Texts of Terror: Literary-Feminist Readings of Biblical Narratives*. Overtures to Biblical Theology. Philadelphia: Fortress, 1984.

Turkle, Sherry. *Alone Together: Why We Expect More from Technology and Less from Each Other*. New York: Basic Books, 2011.

Tutu, Desmond. *God Is Not a Christian: And Other Provocations*. New York: HarperOne, 2011. (*Tu Dios no es cristiano: Y otras provocaciones*. Bilbao: Desclée de Brouwer. 2012).

Verhey, Allen. *Remembering Jesus: Christian Community, Scripture, and the Moral Life*. Grand Rapids: Eerdmans, 2002.

Visotzky, Burton L. *The Genesis of Ethics*. New York: Crown, 1996.

Waltke, Bruce K. "The Literary Genre of Genesis, Chapter One", *Crux* 27, no. 7 (1991): 2-10.

Walton, John H. *Ancient Near Eastern Thought and the Old Testament: Introducing the Conceptual World of the Hebrew Bible*. Grand Rapids: Baker Academic, 2006.

———. *The Lost World of Genesis One*. Downers Grove: IVP Academic, 2009.

Walzer, Michael. *Exodus and Revolution*. New York: Basic Books, 1985.

Watterson, Bill. *There's Treasure Everywhere*. Kansas City, MO: Andrews McMeel, 1996.

Watts, James W. *Ritual and Rhetoric in Leviticus: From Sacrifice to Scripture*. Cambridge: Cambridge University Press, 2012.

Weems, Renita J. *Battered Love: Marriage, Sex, and Violence in the Hebrew Prophets*. Overtures to Biblical Theology. Minneapolis: Fortress, 1995.

Wenham, Gordon J. *Genesis 1-15*. Word Biblical Commentary 1. Nashville: Nelson, 1987.

———. *The Psalter Reclaimed: Praying and Praising with the Psalms*. Wheaton: Crossway, 2013.

———. *Story as Torah: Reading Old Testament Narrative Ethically*. Grand Rapids: Baker Academic, 2000.

Wenham, John W. *The Goodness of God*. Downers Grove, IL: InterVarsity, 1974.

Wesley, John. *Sermons*. 4 vols. Albert C. Outler (ed). En *The Works of John Wesley*. Bi-centennial ed. 34 vols. Nashville: Abingdon, 1976–.

West, Gerald O. *Review of Voices from the Margin: Interpreting the Bible in the Third World*, (ed). R. S. Sugirtharajah, *Review of Biblical Literature*, 2007. http://www.bookreviews.org/pdf/5534_5829.pdf.

Westermann, Claus. "The Bible and the Life of Faith: A Personal Reflection", *Word and World* 13 (1993): 337-44.

———. *Genesis 1-11*. John J. Scullion (trad). Continental Commentaries. Minneapolis: Fortress, 1994.

———. *Genesis 12-36*. John J. Scullion (trad). Continental Commentaries. Minneapolis: Fortress, 1995.

———. *Lamentations: Issues and Interpretation*. Charles Muenchow (trad). Edinburgh: T&T Clark, 1994.

———. *Praise and Lament in the Psalms*. Keith R. Crim y Richard N. Soulen (trads). Atlanta: John Knox, 1981.

Wilde, Oscar. *The Importance of Being Earnest*, en *The Importance of Being Earnest and Other Plays*. Oxford: Oxford University Press, 2008. (*La importancia de llamarse Ernesto*. Trad. por Antonio de Villena. Visor Libros. 2009). pp. 247-307.

Wilkinson, Bruce. *The Prayer of Jabez: Breaking Through to the Blessed Life*. Multnomah, OR: Sisters, 2000. (*La oración de Jabes: Cómo entrar a una vida de*

bendición. Trad. por Pablo Barreto. Miami: Unilit. 2000).
Wilkinson, David. *The Message of Creation: Encountering the Lord of the Universe*. Downers Grove, IL: InterVarsity, 2002.
Williams, Bernard. *Shame and Necessity*. Berkeley: University of California Press, 1993.
Wolde, Ellen van. *Reframing Biblical Studies: When Language and Text Meet Culture, Cognition, and Context*. Winona Lake, IN: Eisenbrauns, 2009.
Wolterstor , Nicholas. *Lament for a Son*. Grand Rapids: Eerdmans, 1987.
———. "Reading Joshua", en *Divine Evil? The Moral Character of the God of Abraham*. Michael Bergmann, Michael J. Murray, y Michael C. Rea (eds). Oxford: Oxford University Press, 2011. pp. 236-56.
Wright, Christopher J. H. *The God I Don't Understand: Reflections on Tough Questions of Faith*. Grand Rapids: Zondervan, 2008. (*El Dios que no entiendo: Reflexiones y preguntas difíciles acerca de la fe*. Editorial Vida. 2010).
Wright, George Ernest. *God Who Acts: Biblical Theology as Recital*. London: SCM, 1952.
———. *The Old Testament and Theology*. New York: Harper & Row, 1969.
Wright, N. T. *The Climax of the Covenant: Christ and Law in Pauline Theology*. Minneapolis: Fortress, 1993.
Yancey, Philip. *The Bible Jesus Read*. Grand Rapids: Zondervan, 1999. (*La Biblia que leyó Jesús*. Editorial Vida. 2003).
Yang, Seung Ai. "The Word of Creative Love, Peace, and Justice", en *Engaging Biblical Authority: Perspectives on the Bible as Scripture*. William P. Brown (ed). Louisville: Westminster John Knox, 2007. pp. 132-40.
Yoder, Christine Roy. "The Objects of Our Affections: Emotions and the Moral Life in Proverbs 19." en *Shaking Heaven and Earth: Essays in Honor of Walter Brueggemann and Charles B. Cousar*. Christine Roy Yoder et al (ed). Louisville: Westminster John Knox, 2005. pp. 73-88.
———. "The Shape and Shaping of Emotion", @ *This Point: Theological Investigations in Church and Culture* 6 (2011). http://www.atthispoint.net/professional-responses/the-shape-and-shaping-of-emotion/220.
Yoder, John Howard. *The Politics of Jesus*. 2.ª ed. Grand Rapids: Eerdmans, 1994. (*Jesús y la realidad política*. Buenos Aires: Ediciones Certeza. 1985).
Zahnd, Brian (@BrianZahnd). Twitter. August 23, 2012. https://twitter.com/BrianZahnd/status/238791776381583361.
Zenger, Erich. *A God of Vengeance? Understanding the Psalms of Divine Wrath*. Linda M. Maloney (trad). Louisville: Westminster John Knox, 1996.
Zuckerman, Phil. *Faith No More: Why People Reject Religion*. Oxford: Oxford University Press, 2012.

www.ingramcontent.com/pod-product-compliance
Lightning Source LLC
Chambersburg PA
CBHW031058080526
44587CB00011B/731